《以"适佳"为核心的生态教育实践探索》

主　编

赵泽高　何晓虹　余永聪

副主编

陈　进　陈　权　王成勇

编　　委（按照姓氏首字母排序）

陈道丽	陈官智	陈绍有	曹建兵	曹娇娇	戴　敏
付普强	何露明	何明娟	何世东	刘　茜	刘万荣
林清泉	李金蔚	李鹏飞	罗有贵	庞玉康	彭道彬
秦李一	任万洪	荣　枫	唐　强	唐天利	同小花
谭　龙	谭椰霖	王怡静	向姗姗	杨　林	杨春龙
易小蔡	张蓓璐	张亚娇	周丽莉	周小兵	祝小波

学术顾问

李华平　胡　航

以"适佳"为核心的

生态教育实践探索

赵泽高 何晓虹 余永聪／主编

四川大学出版社
SICHUAN UNIVERSITY PRESS

项目策划：蒋　玙
责任编辑：肖忠琴
责任校对：蒋　玙
封面设计：墨创文化
责任印制：王　炜

图书在版编目（CIP）数据

以"适佳"为核心的生态教育实践探索 / 赵泽高，何晓虹，余永聪主编. — 成都：四川大学出版社，2021.9
ISBN 978-7-5690-4826-1

Ⅰ. ①以… Ⅱ. ①赵… ②何… ③余… Ⅲ. ①生态环境－环境教育－教学研究－中学 Ⅳ. ①G633.982

中国版本图书馆CIP数据核字（2021）第138453号

书名	以"适佳"为核心的生态教育实践探索
主　　编	赵泽高　何晓虹　余永聪
出　　版	四川大学出版社
地　　址	成都市一环路南一段24号（610065）
发　　行	四川大学出版社
书　　号	ISBN 978-7-5690-4826-1
印前制作	四川胜翔数码印务设计有限公司
印　　刷	成都金龙印务有限责任公司
成品尺寸	170mm×240mm
印　　张	17
字　　数	319千字
版　　次	2021年11月第1版
印　　次	2021年11月第1次印刷
定　　价	76.00元

版权所有 ◆ 侵权必究

◆ 读者邮购本书，请与本社发行科联系。
　电话：(028)85408408/(028)85401670/
　(028)86408023　邮政编码：610065
◆ 本社图书如有印装质量问题，请寄回出版社调换。
◆ 网址：http://press.scu.edu.cn

四川大学出版社
微信公众号

高度·深度·温度

成都市大弯中学就像一个温暖的家，每一位教师在这样一个大家庭中勤于治学，精心传道，成人成事，在成就学生的同时也成就了自己。他们在课堂上或慷慨陈词，或娓娓道来；在学生中或春风化雨，或严格要求；在学术上或精益求精，或激争思辨。每一位教师始终牢记"为党育人，为国育才"的使命，在几十年的办学过程中，彰显着大弯人鲜明的个性——高度、深度和温度。

一是高度。成立于1957年的成都市大弯中学，在64年的办学历程中，为国家和社会培养了数以万计的优秀人才，始终把"立德树人"作为大弯人的根本使命，坚持党的教育方针和社会主义办学方向。无论是计划经济时代、市场经济时代，还是现在走向创新的新时代，大弯人通过60余年的努力，把一所名不见经传的初级中学建设成了现今的全国知名的优质学校，体现了大弯人的高度。

二是深度。教书有三个层次，第一个层次是育智，第二个层次是育心，第三个层次是育德。成都市大弯中学的教师始终在教育的道路上探寻、实践、反思和修正，让学校的教育从最初的育智走向了今天的育德。今天《以"适佳"为核心的生态教育实践探索》的出版，正是大弯人在实现自己教育理想和落实"立德树人"根本任务过程中的真实记录。成都市大弯中学生态教育特色的形成，正是大弯人深入研究课程、课堂、学生、社会、自然和教育规律的结果，"以生动为特征，以生机为灵魂，以生成为目的"的生态课堂，反映了大弯人遵循教育规律、遵循人的生长规律的治校之道和治学之道。"适天则达、适地则生、适人则和"的适佳文化，充分体现了大弯人对学生的可持续发展的关注，对人与人、人与自然、人与社会的和谐相处的关注，这与新时代的生态文明高度契合，体现了大弯人对教育理解的深度。

三是温度。教育的真谛源于爱，爱自然、爱社会、爱学生、爱学校、爱同事是大弯教育的一大特点。成都市大弯中学的自然环境一流，大弯师生团结和谐，师爱生，生敬师。课堂、操场、食堂、校园的每一个角落都流淌着爱意——"老师好！""同学们好！""大家好！"。成都市大弯中学的上空充满了"三声"——读书声、歌声、笑声，读书声中映射出学子的勤奋，歌声中飞扬着青春和激情，笑声中流淌着欢乐与雅韵。校长、教师、同学的爱让大弯中学有了温度。

我对这本书的出版表示衷心的祝贺！

赵泽高
2021年8月13日

目 录

第一篇 认识篇 ……………………………………………………（1）

第一章　文化浸润——挖掘适佳校园文化的深层次内涵…………（3）
第二章　环境滋养——打造内外平衡和谐生态育人环境…………（7）
第三章　育人目标——培养"适佳"型全面发展的人才……………（21）
第四章　课程结构——开发生态教育课程系列体系………………（22）
第五章　课堂生成——实施四环节四生成课堂教学环节…………（25）
第六章　创新评价——构建师生共生共长生态评价体系…………（33）

第二篇 实践篇 ……………………………………………………（37）

第一章　生态课程实践优秀案例……………………………………（39）
第二章　生态课堂实践优秀案例……………………………………（131）
第三章　生态评价实践优秀案例……………………………………（151）

第三篇 成果篇 ……………………………………………………（207）

第一章　学生成果……………………………………………………（209）
第二章　教师成果……………………………………………………（240）
第三章　学校成果……………………………………………………（254）

第一篇　认识篇

第一章　文化浸润——挖掘适佳校园文化的深层次内涵

一直以来，国家高度重视培养中国特色社会主义事业建设者和接班人。注重文化浸润、感染、熏陶，既要重视显性教育，也要重视潜移默化的隐性教育。学校要更加注重以文化人，以文育人，广泛开展文明校园创建，开展形式多样、健康向上、格调高雅的校园文化活动，广泛开展各类社会实践。

那么，如何创设校园文化？如何搭建适从学生发展规律、符合学生成才生态的"芝兰之室"呢？近年来，成都市大弯中学以培植尊重规律、主动适应、创新发展为核心内涵的"适佳文化"为载体，潜心打造"生态教育"校园文化新模式，注重校园课程建设，不断驱动学校教书育人事业全方位高品质发展，效果显著。

更新观念、培根固土，"适佳文化"对标至高至佳

60多年的历史文化传承，带来了教育理念的深刻变革。面对"培养什么人""怎样培养人""为谁培养人"的时代命题，成都市大弯中学厚植"适佳文化"沃土，赓续"至高至佳、立善立美"的高位追求，探"生态教育"之路，寻教书育人之本，为学校高品质发展积聚力量，为全面提升学校立德树人质量稳扎根基。

如何实现校训中"至高至佳"的办学目标？首先，学校构建了一种"符合个人成长规律，适应教育发展需求，因材施教、适时而学；符合社会科学规律，适应时代发展，事以适时为兴"的"适"环境和生态。循着这个思路，经过多年的办学实践，成都市大弯中学逐步形成了以尊重规律、主动适

应、创新发展为基本思想，以更高更好为根本目标的"适佳文化"。"适天则达，适地则生，适人则和"是成都市大弯中学"适佳文化"的核心和精髓。

破思想之茧，谋创新之策。有了"适佳文化"这片沃土的滋润和孕育，"生态教育"理念便应运而生。学校遵循"严格管理，科学管理"的办学传统和"走创新之路，育和谐之才"的教育思想与办学特色，精心打造"生态德育、生态课堂、生态课程、生态校园"的"生态教育"校园文化体系。在学生培养上，学校"生态教育"注重德、智、体、美、劳和谐发展；在管理思想上，注重科学、强调规范；在课堂教学上，提倡"课堂效益高，课后负担轻，学生有特长，教师有特色"；在日常行为上，强调追求卓越、敢为人先、强调和谐、尊重规律。

文化浸润、育智育情，"生态教育"引领立善立美

"生态教育"的核心是把学校教育视为一个由各种教育因子组成的复杂网络生态系统，各教育因子相互依存、相互促进，其中每一个因子都是这个整体的一部分，并依赖于其他因子动态地呈现出共生与竞争、平衡与发展的状态。

成都市大弯中学正是把教师、学生、课堂、课程环境、校园环境、社会环境等要素看作这一生态系统中的各个因子，并视其为一个有机整体，让这些因子动态、和谐地相互作用，让所有教师和学生各得其所。这就是成都市大弯中学以"适"求"佳"的思想，也是"适佳文化"的生动体现。

生态德育，德才兼备。成都市大弯中学发掘可以利用的育人资源，推动德育内容、德育方法动态良性发展，按照学生的成长规律确定目标并分层推进，促使学生不断提高其道德素养，养成"爱国守法、明礼诚信、团结友善、勤俭自强、敬业奉献"的基本道德品质，建立和谐的人际关系。学校通过一系列实践活动强化"生态教育"，树立生态意识、生态情感，落实生态行为，建立人与自然的和谐关系，尊重自然、爱护自然。在学校内、班级内力求形成多元化、生态化的学生群体，为学生创设多层面和多类型的交流学习与合作的机会，让他们既能学会帮助别人，也能得到别人的帮助。学生在广泛的交往中学会求知、学会做事、学会共处、学会做人。

同时，学校还制定了成都市大弯中学实施生态德育的基本原则，分年级建立了生态教育的基本目标，确定生态德育的基本实施策略，构建起大弯特色生态德育工作体系，使学生获得健康发展的情感品质、思想道德和行为习

惯，实现了学生的健康发展。

生态课堂，以人为本。教育的主阵地是课堂，学校把课堂教学生态化作为构建生态校园文化的核心内容，以"尊重差异，追求个性，保护其自主性"为出发点，注重考查学生的探究精神和创新意识，对不同于常规的思路和方法，给予足够的重视和积极的评价。学校开展多样化的教学活动，使每个学生都有自己的收获，从而使学生的学习主动性不断提高。

学校积极探讨对话式教学模式，探索把研究性学习策略渗透到课堂教学中的方法。学校成立了学术委员会，加强了指导力量，壮大了研究队伍，扩大了实践范围。学校成立了青年教师发展研究会，充分发挥青年教师大胆创新的精神。学校还成立了名师工作室，充分发挥名师的引领作用。

学校构建了以"三个对话"为主线、"四环节四生成"为基本点的研究性学习的教学原则和课型结构，促进教师的教学行为和学生的学习方式的转变，让课堂教学环节之间具有"整体关联性"，各教育因子之间保持着一种动态平衡。学校生态化校园文化关注师生的生命成长，着眼于教学的生命性、生长性、生成性和生活性，使课堂焕发勃勃生机。

生态课程，求适至佳。学校课程内容更加强调形式多样、价值多维、平衡整合。在安排课程内容时，充分评估各类知识的作用，保持多门课程的合理比例，建立平衡的课程结构，以使学生能够协调发展。

学校本着培养学生兴趣、提高学生素质的精神，开足、开齐国家课程。与此同时，学校还开设了部分地方课程，利用校外的有利资源、先进的教学设备和教师的专业特长，不断开发出具有学校特色的校本课程。

目前，学校共开设了语文、数学等16门必修课和科创、陶艺、天象观测等50多门校本选修课，编写了15套校本教材，如《天空的奥秘》《武术》《健康游戏》《快乐成长》《英美文学赏析》《陶艺》《游戏·健康·强志》及6套校本研修丛书。其中，科创、陶艺、天象观测类课程得到社会和上级部门的一致好评，学校也因此被成都市授予市级示范科普基地。

生态校园，循道赋能。学校塑造了自然环境与人文环境兼并的和谐校园。学校校园的一草一木、一砖一石都有目的地被塑造成教育学生的"老师"。雕塑、名人塑像充分显示了"处处育人"的风格。警句格言、中国文化选粹等，让学生在随处可见的审美活动中提升自身的情感。走廊上琳琅满目的获奖书画作品形成了一道亮丽的风景线，让学生处处都享受着成功的喜悦。

成都市大弯中学竭力赋予校园的每一个角落以丰富的生命力，并努力使其成为陶冶学生的"主体的画，无声的诗"，从而达到潜移默化地培养学生人文精神的目的。学校开设了大家讲坛，建立了生态大讲堂和生态博物馆，实现了物质与文化的融合。

校园绿树成荫、鸟语花香，教师爱生乐教、严谨治学，职工敬业爱岗、服务育人，学生好学上进、刻苦拼搏。成都市大弯中学呈现出了一幅生态教学乐园的优美画卷。

第二章　环境滋养——打造内外平衡和谐生态育人环境

1957年，成都市大弯中学的前身——金堂县第三初级中学落成。建校伊始，学校除一栋864 m² 的教学楼外，既无运动场，又无过多其他生活设施。教职工不足30人，学生301人。为了保证按期开学，师生到校后学习"南泥湾精神"，朱晴峰、萧彦楷等校领导带领师生自己动手，边学习边劳动，平整出一处简易的运动场，还用篱栅做围墙，昔日荒芜寂静的青竹林转眼变成了书声琅琅的校园。1960年，青白江区成立，学校经省教育厅批准改名为成都市大弯中学校。

1985—1986年，在上级领导和社会各界的支持下，学校的办学条件较过去有了明显的改善。1986年底，教学综合大楼落成，将校办厂赢利所得全部投入修建了一幢学生宿舍楼，办学条件和校园环境才略有改观。1990年3月，省教委发文批准成都市大弯中学成为四川省重点中学。作为最年轻的省重点中学学校是让人自豪的，但其规模却是省重点中学中最小的，于是政府开始重建成都市大弯中学。1992年3月，青白江第十二届人民代表大会第二次会议把迁建成都市大弯中学正式列入议程并作为区"八五"规划项目着手实施。

为迎接省重点中学复查验收，学校易地重建任务迫在眉睫，校长赵晓明为此决定"破釜沉舟"，拍板实施"超前规划、举债发展"的筹资建校模式。学校这一重大举措突破了公办学校校舍建设的旧有模式，为公办学校超常规发展寻求了一条新路。成都市大弯中学由此从根本上改善了办学条件，办学水平再上新台阶，为创建国家级示范性普通高中创造了物质条件。1996年1月，学校顺利通过了省重点中学复查验收。1996年9月全校搬入新址行课。

后来，在以赵泽高同志为核心的领导班子的不懈努力下，在区委、区政府的关心支持下,学校于 2010 年获得第三次扩建学校的发展机遇:学校与康居景湾携手合作修建国际部教学大楼和学生公寓,于 2012 年完成全部修建任务并投入使用,为成都市大弯中学的跨越式发展奠定了坚实基础。

学校占地面积从最初的 20 多亩增加到 182 亩,扩大了近 8.1 倍,建筑面积由 4605 m² 增至 91300 m²,扩大了十多倍。实验器材设备由最初严重不足发展到如今功能齐备,并配有设施一流的科艺实验大楼。来到成都市大弯中学,风格独特的校园美景亮人眼目。校内分为教学区、生活区、运动区三部分。教学区包括含计算机网络和闭路电视系统的教学大楼、设施齐备的科艺楼、现代气派的学苑楼和新建的国际部大楼,生活区有可容纳 3800 人的学生公寓和食堂,运动区包括 1 个标准塑胶田径场、6 个塑胶篮球场及网球场、游泳池等。校园风景如画,设施一流,钟灵毓秀,人才荟萃,集中西文化于一体。

在学校领导的高度重视下和全校师生的共同努力下,今天的成都市大弯中学布局合理,功能齐备,校园环境优美,做到了绿化、美化、亮化,基本建成了花园式学校;以"适佳""生态"为教育引领,为学生提供了更好的学习和生活环境。成都市大弯中学建立了生态博物馆、天象馆、手工陶艺馆、科技馆、美术馆、数学功能室、地理功能室、历史功能室、校史馆、语文阅读室、生态大讲堂、百木园、适佳苑、生态广场、体育馆等,为生态育人打造了一流的环境。

成都市大弯中学生态博物馆是国家海洋馆馆校合作共建单位、成都市科普教育基地、成都市研学基地,秉承成都市大弯中学"至高至佳"校训,在学校推进"生态课堂"教育教学形态的背景下建设而成。生态博物馆以"生物与环境"为主题,以"生命系统的结构层次"为轴线,依次呈现了细胞、组织、器官、系统、个体、种群、群落、生态系统和生物圈,并使用平面图像、实体标本和视频动画的形式逐步向我们展示了生命的多姿多彩,描绘出一幅惟妙惟肖的大自然画卷。身临其中,仿佛在阅读一本趣味生动的生物百科全书,在不同的生命层次上向我们呈现着地球的神奇之力。同时,它也在警示我们:由于人类对地球无限度的索取,已经给我们共同的"母亲"——地球带来了无法挽回的伤害(如全球气候变暖、臭氧层的耗损与破坏、生物多样性锐减等)。这些实物标本的展示无声地向人们诉说着生命进化的艰难与曲折,激发了学生对生命的珍惜和关爱。

为了确保师生的安全,成都市大弯中学设置了警校共育机制,在每天上学、放学时,由大弯派出所的警官值岗,为学生的出行做好安全保障。

在构建生态育人环境的文化阵地方面,成都市大弯中学以高标准建设道德讲堂、心理咨询室、生态大讲堂、荣誉室等活动阵地，利用学校电子屏、微信公众号、学校官网、QQ群、微信群、法治长廊、宣传橱窗等平台开展文明创建公益广告宣传活动；学校图书室设置廉政文化书架和廉政文化书目专用场地；利用校外实践基地，开展各种社会实践活动；设置法制副校长定期进行专题讲座。

近年来，成都市大弯中学先后荣获"成都市校园环境管理先进学校"、成都市首批"绿色学校"及"四川省文明单位""成都市园林式单位""四川省最佳文明单位""全国生态文明教育示范学校""全国生态文明教育特色学校""成都市环境友好型学校"等100余项集体荣誉称号。

2019年，在区委、区政府的关心下，在区教育局的领导下，成都市大弯中学新修初中部投入建设，耗资近3亿元，校区占地面积为70余亩，校舍总建筑面积为45112.59 m^2，建成后新增学位600个，在2021年春季学期投入使用。

新修初中部整体建筑呈简欧风格，外部墙面主体为喷砂米黄色，屋顶为砖红色，搭配和谐，高端大气。内部分为教学区、办公区、综合区、运动区、生活区、就餐区等六大板块。教学区主要分为功能室和普通教室，功能室包括地理功能室、历史功能室、电子琴教室、泥塑教室、劳技教室、书法教室、美术教室、音乐合唱室、未来教室等。办公区包含了校园电视台、机器人实验室、创客教室、各类心理咨询室等。综合区拥有双层可同时容纳1000人的学术报告厅、室内篮球场、室内游泳馆等。

初中部功能室的设施设备都是目前国内非常高端前沿的教学仪器。如地理功能室里安装有能三维立体动态展示的单体数字化教学仪器——数字星球系统，还有虚拟现实（VR）教学系统；历史功能室配有全息系统，全世界的文物都可以呈现立体教学；书法教室拥有可实时投屏书法过程的系统、自动洗笔器、跟写软件等整套书法教学设备。机器人实验室是开展成功能力和科技素养教育（SITA教育）的理想空间，除了拥有革命性的成功能力训练课程，还拥有项目导向的"外观与机械设计""电子设计"和"芯片设计"等科技素养训练课程，以及竞赛课程和前沿科技课程。

展望未来，学校满怀信心，豪情万丈。新修初中部和本部一脉相承，定会秉承成都市大弯中学"至高至佳，立善立美"的校训，发扬"适佳"文化，携手打造美好和谐的生态育人环境，为青白江建设一流教育强区奉献大弯新力量。

图1-2-1~图1-2-22为学校的校园环境图片和内部教学区、办公区等图片。

◆ 以"适佳"为核心的生态教育实践探索

图1-2-1

图1-2-2

图 1-2-3

图 1-2-4

◆ 以"适佳"为核心的生态教育实践探索

图 1-2-5

图 1-2-6

第一篇　认识篇 ◆

图 1-2-7

图 1-2-8

◆ 以"适佳"为核心的生态教育实践探索

图 1-2-9

图 1-2-10

图 1-2-11

图 1-2-12

◆ 以"适佳"为核心的生态教育实践探索

图 1-2-13

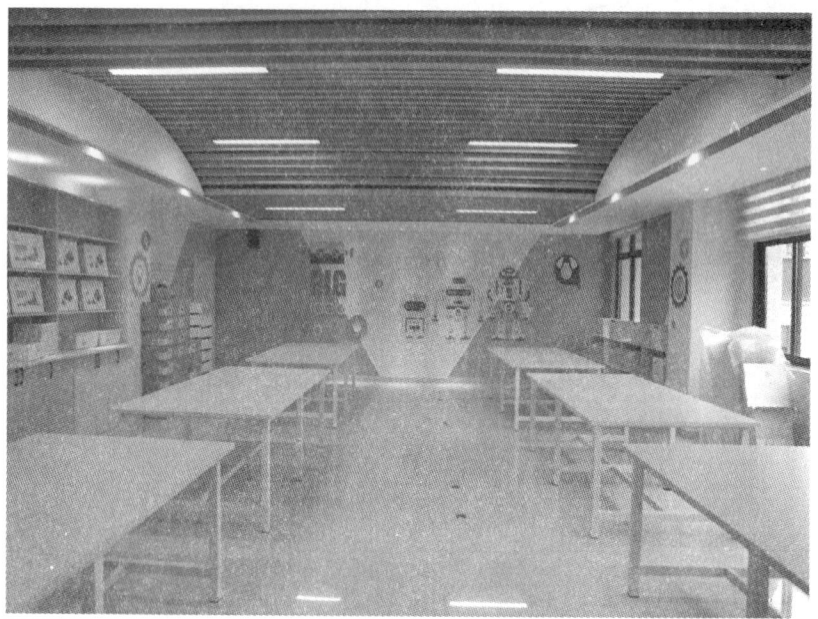

图 1-2-14

第一篇 认识篇 ◆

图 1-2-15

图 1-2-16

017

◆ 以"适佳"为核心的生态教育实践探索

图 1-2-17

图 1-2-18

第一篇 认识篇

图 1-2-19

图 1-2-20

◆ 以"适佳"为核心的生态教育实践探索

图 1-2-21

图 1-2-22

第三章 育人目标——培养"适佳"型全面发展的人才

学校以"适佳"为核心，以培养具有"乐观、大气、自信、从容"的精神气质和具备"能适应、会选择、善合作、勇创新、敢担当"的人格特征的生态公民作为生态教育体系的育人目标（图1-3-1）。"能适应"指的是学生能正确认识人与自然、人与人、人与社会的关系，保持身体健康和心理健康，适应自然环境和社会环境，并与之和谐相处。"会选择"是指学生在知识领域有自己的主见，在情感、态度、价值观的判断上有正向的取向。"善合作"指的是学生在学习和工作环境中与他人有良好的交往和沟通能力、有较强的组织管理和团结协作能力。"勇创新"指的是学生在学习和生活中保持好奇心，不断探索未知领域，不断挑战和超越自我，同时，勇于将新的见解大胆地付诸实践，并逐步有所成就。"敢担当"指的是学会感恩、尊重和体谅他人，同时作为家庭、学校和社会的一员，应明确职责，勇于担当，逐步具有个体、团队和社会责任感。

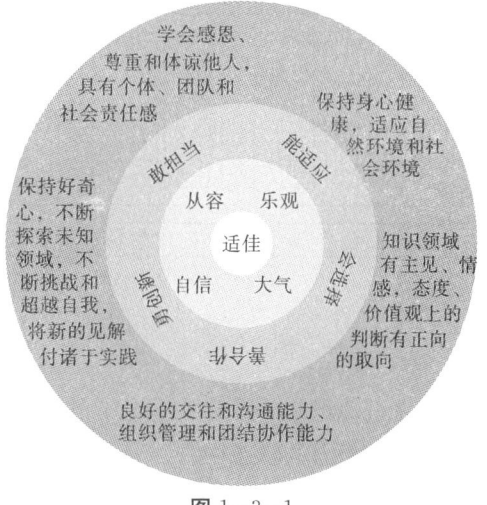

图 1-3-1

第四章　课程结构——开发生态教育课程系列体系

在实践过程中，逐步形成了系列生态校本课程体系，制定了"构建生态校本课程的实践研究"指导纲要、实施方案和细则、开发指南、评价方案及生态校本教材的评价方案、成都市大弯中学校生成性课堂评价表。在生态校本课程培养目标的引领下，从人与人、人与自然、人与社会的内容方面确定了成都市大弯中学校的生态校本课程结构，即适应类课程、选择类课程、综合类课程。图1-4-1为学校课程结构图。

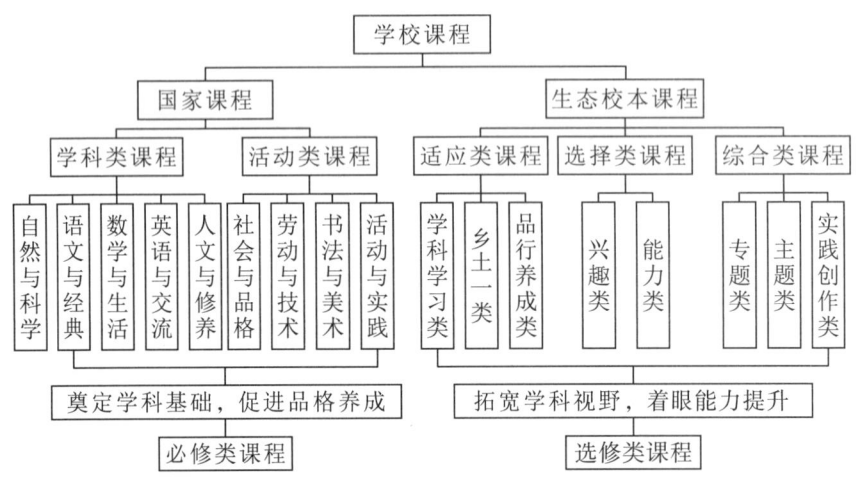

图1-4-1

适应类课程主要是通过课程的开发，让学生了解学校的历史与文化，尽快适应老师与环境，并投入学习的状态中去。我们通过学科学习、乡土一类课程、品行养成三方面深入挖掘课程资源，让学生尽快适应新的校园。其中，学科学习主要通过各学科导学案的开发实现国家课程的校本化，尽量让教师对国家课程的解读贴近我校学生的实际情况。乡土一类课程主要通过与综合类课程相结合，引导学生从了解本土文化入手，挖掘青白江区乃至成都市的有利资源进行实践。品行养成主要是开发系列课程，让学生了解学校对他们品德与行为习惯的要求，促进学生日常行为的规范。图1-4-2为适应类课程结构图。

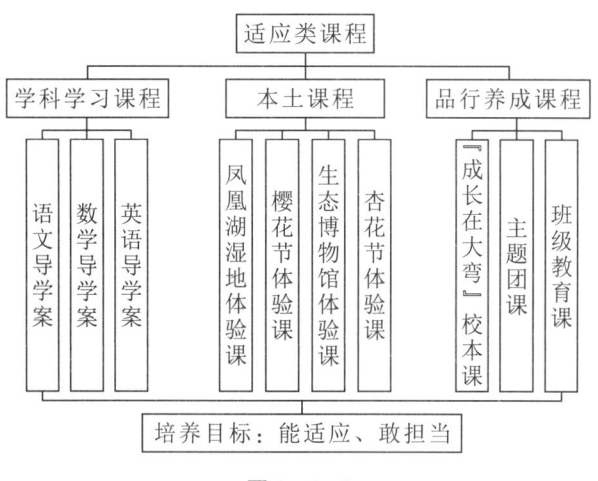

图1-4-2

选择类课程的开发方向主要为选修课，分为兴趣类和能力类。教师按照自己的兴趣或能力开设课程，学生按照自己的兴趣或能力培养目标选择课程。图1-4-3为选择类课程结构图。

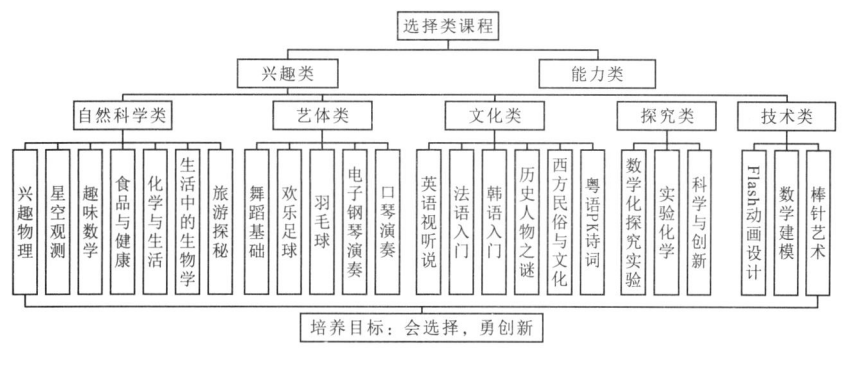

图1-4-3

综合类课程主要从专题学习、主题研究、实践创作三方面完成课程的构建。图1-4-4为综合类课程结构图。

◆ 以"适佳"为核心的生态教育实践探索

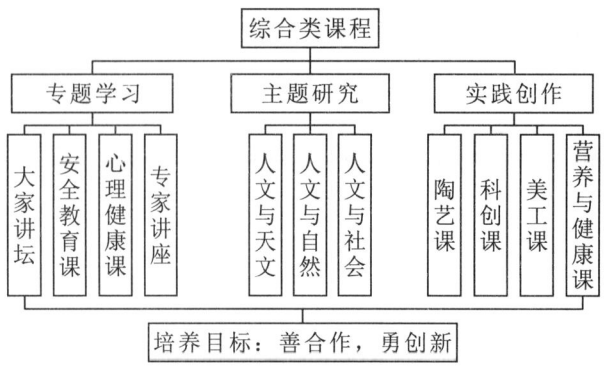

图 1-4-4

第五章　课堂生成——实施四环节四生成课堂教学环节

以"四环节四生成"为抓手实现课堂教学方式的变革。从"尊重差异，追求个性，保护其自主性"为出发点，注重考查学生的探究精神和创新意识，对不同于常规的思路和方法，给予足够的重视和积极的评价。积极探讨对话式教学模式，探索如何将研究性学习策略渗透到课堂教学中。构建起以"三个对话"为主线、"四环节四生成"（"四环节"是指自主学习、合作探究、成果分享和归纳总结，"四生成"是指与四环节相对应的预设生成、碰撞生成、情境生成和提炼生成）为基本点的研究性学习的教学原则和课型结构，促进教师的教学行为和学生的学习方式的转变，让课堂教学环节之间具有"整体关联性"，使各教育因子之间保持一种动态平衡。打造生态课堂，关注师生的生命成长，着眼于教学的生命性、生长性、生成性和生活性，使课堂焕发勃勃生机。图1-5-1为"四环节四生成"生成性教学模式的运用（以语文学科为例）。

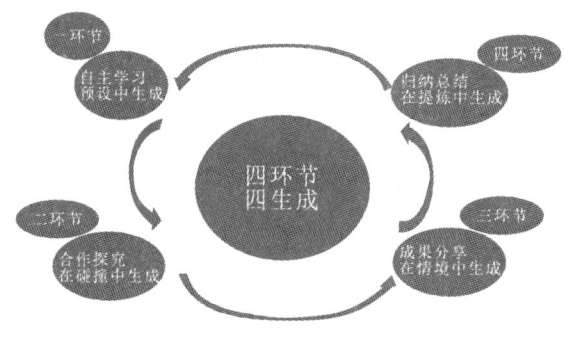

图1-5-1

（一）自主学习，预设生成

在第一个环节——"自主学习，预设生成"中，教师通过一定的媒介研究教学内容，如教材、导学案、微课、云平台资源等，将教学内容传达给学生，学生通过自主学习生成问题并获得相应的基础知识和基本技能。如在教授《故都的秋》一文时，学生可自主学习一课时。教学流程如下：

（1）学生自主提出3个问题，10人一小组，选出小组长，解决问题。

（2）小组长收集需要解决的问题。

（3）小组问题展示。

（4）教师把学生问题合并归类。

学生的问题展示如下：

第一组：周宇组

（1）赏析"可是这秋的深味，尤其是中国的秋的深味，非要到北方，才感受得到的"一句话。

（2）作者描写北国之秋与南国之秋用了什么意象？简要说明他们的作用。

（3）作者运用了哪些表达方法描写北国之秋？

（4）作者在第6段"北方的秋雨……下得更像样"，用了排比手法，这有什么好处？

（5）对北国槐树的描写，突出了秋怎样的特点，以及作者怎样的心情？

（6）为什么要写"都市闲人"？

第二组：周颖组

（1）本篇文章是怎么描写秋的？

（2）文中的"秋"是真正的"秋"吗？

（3）文中写"都市闲人"的作用？

（4）作者对批评家的评论，举出了外国诗人眼中的秋，为什么说"秋之于人，何尝有国别，人种的区别"？

（5）文章最后一段与第一段写秋的用意是什么？

（6）作者不远千里来到北平，难道真的只是想看故都的秋景，品味故都的秋味？有没有蕴含其他的情感呢？

第三组：骆丹组

（1）将国外的诗文与国内的诗文联系起来，有何意义？

（2）为何题目叫"故都的秋"，而不叫"北平的秋"？

（3）文章写秋，第7~10段写故乡的人有什么作用？

(4) 开头说故乡的秋来的悲凉,在文章哪些地方有所体现?

(5) 为什么作者会对故都的秋情有独钟,而不是其他的季节?

教师从五个角度整合学生的问题:①赏析关键句、重点句;②文章的内容;③文章的中心与作者的情感;④文章的结构;⑤作者的写作技巧。教师将学生的问题整合归类后,再用两课时集中解决这五类问题。

具体操作流程如图 1-5-2 所示。

提出问题 ⇒ 收集问题 ⇒ 展示问题 ⇒ 整合问题 ⇒ 解决问题

图 1-5-2

(二) 合作探究,碰撞生成

在第二个环节——"合作探究,碰撞生成"中,通过生生交流、师生交流的方式,对问题进行研究,碰撞彼此的思维,使学生在交流与碰撞中能力得以提升,从而达到智慧生成。

(1) 师生碰撞。

如在教授《窦娥冤》时,教师让学生归纳窦娥的形象特点。

师:窦娥到底是一个什么样的女子,可以感动天地呢?

(教师的预设答案是善良、温硕、守礼节、懂孝道、明事理、善克制,具有反抗精神的封建女性。)

生:窦娥是一个善良、贤惠、孝顺,对爱情忠贞不贰的女性形象。

师:你归纳得不错,但你再思考一下,"对爱情忠贞不贰"概括准确吗?

生:差不多吧。

师:请在文章中勾画出讲述窦娥与她的丈夫之间关系的句子。

生:勾画。(自十三年前窦天章秀才留下端云孩儿与我做儿媳妇,改了他小名,唤作窦娥。自成亲之后,不上二年,不想我这孩儿害弱症死了。媳妇儿守寡,又早三个年头,服孝将除了也。)

师:从你勾画的句子来看,你推测一下,窦娥与她死去的丈夫关系怎么样?她真的爱她的丈夫吗?

生:应该不好,与她丈夫的关系也是被逼无奈,和丈夫生活的时间也很短。

师:那窦娥不愿意改嫁的本质原因是什么?

生:应该是对封建礼教的盲目遵守。

师:那你总结一下,在概括人物形象时要注意哪些呢?

生:一定要根据文本作答,不能想当然地主观臆测。

师：归纳得不错，值得表扬！

在这一环节中，首先，教师要对教学内容相当熟悉，才能自信自如地去面对和解决在课堂中生成的问题；其次，不要因为学生回答错误就否定学生或直接给予学生答案，要注意教授学生思考问题的方式方法，让学生自己思考，自己总结。教师一定要扮演好"引导者"的角色，切不可喧宾夺主，剥夺学生的话语权。

（2）生生碰撞。

如在讨论以"对朱自清与余光中写景散文特点的比较"为主题的阅读中，一个学生在反驳另外一个小组代表观点时的发言如下：

生1：余光中先生善于使用修辞手法来写景，文章思路清楚，并且带有一定的思乡情节，如在散文《桥跨黄金城》里，余光中先生写道："爱桥的人没有一个不恨其短的，最好是永远走不到头，让重吨的魁梧把你凌空托在波上，背后的岸追不到你，前面的岸也捉不着你。于是你超然世外，不为物拘，简直是以桥为鞍，骑在一匹河的背上。"在这里，余光中运用了拟人和比喻的手法，惟妙惟肖地写出了桥的可爱之处，把作者对桥的独特感受表达得淋漓尽致。而朱自清的写景散文则显得更有章法，如《荷塘月色》的圆形结构及文中略显雕琢的比喻。因此，余光中的散文略胜一筹。

生2：我不同意你的看法，朱自清的写景散文不仅章法得当，也蕴含了深深的情感。他的情感委婉细腻、诚挚、真切，有别于周作人的冲淡，有别于俞平伯的缠绵，也有别于徐志摩的矫饰，另有一种真挚。如他的《春》："桃树、杏树、梨树，你不让我，我不让你，都开满了花赶趟儿。红的像火，粉的像霞，白的像雪。花里带着甜味，闭了眼，树上仿佛已经满是桃儿、杏儿、梨儿！"朱自清先生以整齐而有变化的短句，较有规律的停顿，抑扬有致的句调，构成了自然活泼、明快错落的抒情节奏，直接烘托出作者赞美春天的喜爱心情，语言富有音乐美和诗意美。因此，他们二人是各有千秋。

在这堂课上，面对两位优秀的现代散文大师，学生们踊跃发言，把自己在课堂上阅读文章的感受，以及以前积累的感受，毫不掩饰地诉说出来，从两位大师的写景散文——《春》《荷塘月色》《桥跨黄金城》《听听那冷雨》，谈到抒情散文——《从母亲到外遇》《鬼雨》《桨声灯影里的秦淮河》，写人散文——《背影》《我的四个假想敌》，再谈到诗歌——《乡愁》《等你在雨中》《饮一八四二年葡萄酒》等，通过"生生观点"的碰撞，学生在这堂课上充分感受到了文学的魅力，提高了自己的鉴赏水平及比较思维的能力和语言表达的能力。

（三）成果分享，情境生成

在第三个环节——"成果分享，情境生成"中，教师创设一定的情境，并通过教师分享、自我分享、小组分享、全班分享的形式让全班学生对交流的成果进行讨论研究，从而实现资源共享、经验共享、成果共享。

如在教授朱自清的《荷塘月色》中，教师播放凤凰传奇演唱的《荷塘月色》后，同学们都陶醉在美妙的乐曲与美丽的文字中，教师先根据自己对《荷塘月色》的理解，自编一套歌词来唱，以此来激发学生的创作欲望。

创设情境：散文《荷塘月色》，歌曲《荷塘月色》。

教师分享：

> 月色多温柔，弯弯杨柳。
> 云淡雾朦胧，歌声悠悠。
> 那一池塘水慢慢地流，
> 荷塘呀荷塘只留在我梦中。

自我分享：

生1：

> 少年的时光慢慢流淌，
> 流进我心间微微荡漾。
> 看一看书本细细地想，
> 老师的教诲萦绕在耳旁。

生2：

> 我像只鱼儿在温柔荷塘，
> 游来游去自由地徜徉。
> 享受着月色和芬芳花香，
> 一起沉醉在那梦的远方。

小组分享：

> 蝉蛙叫不休，喋喋不休，
> 安静的荷塘为我送走烦忧。
> 想去那多情，多情的西洲，
> 美丽的姑娘来到我身后。

分享流程如图1-5-3所示。

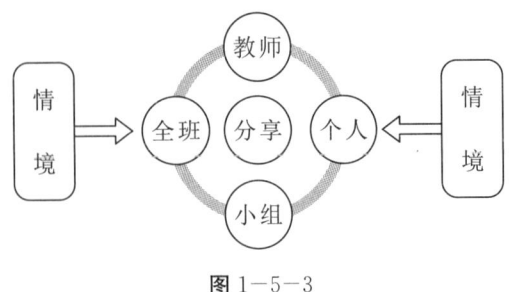

图 1-5-3

(四) 归纳总结,提炼生成

只有分享是不行的,还应固化生成的成果。在第四个环节——"归纳总结,提炼生成"中,通过师生共同归纳总结与学生自我反馈检测两条途径,使学生达成三维目标——知识技能、方法与情感态度价值观。

提炼生成的方式主要有以下四种。

1. 创作生成。

如在复习完新闻阅读这一章节后,学生运用打油诗总结了做新闻阅读题的整个过程:

主观阅读得分难,以心换分是重点。
首先审题找关键,初读找准事和线。
精读题文细筛选,整合衔接加换换。

2. 评价生成。

可以运用高中语文课堂生成评价表来进行自我评价。生成评价表分为教师自我评价表(表1-5-1)和学生自我评价表(表1-5-2)。

表 1-5-1

授课教师		所教学科		授课时间		授课班级	
评价项目							分值与得分
自主学习	教师教学设计体现生态课程的理念,主题鲜明,学生参与积极性高。(10分)						25分
	自主学习问题设计有层次感,循序渐进。(10分)						
	教师的教学设计给学生留有思考空间。(5分)						
差异发展	教师在课前对不同层次的学生进行针对性的问题设计。(10分)						20分
	教师在课中对不同学生进行不同的教学引导,提出的问题难易程度适中。(5分)						
	课后对不同能力的学生布置不同的作业。(5分)						

续表

授课教师		所教学科		授课时间		授课班级	
评价项目						分值与得分	
成功体验	教师启发有效，问题设计逻辑性强，善于导学、质疑、解疑，应变能力强。学生积极参与教学活动，学习情绪高，思维活跃，参与度高，师生、生生合作交流效果好。（10分）					20分	
	学生有积极的学习体验，并能正确掌握知识，并能在教师的引导下获得情感或知识、能力的启迪。（10分）						
集体思维	教师在教学实施过程中采用集体研究、会议集智、书面集智、六三五法、合作与探究等方法。（10分）					25分	
	教师的教学实施采用探究与合作的方法。学生有思考的时间和讨论的空间，教学过程联系生活，联系社会，联系科学技术，关注学科渗透。（10分）						
	教师在教学过程中调动全体学生的积极性，课堂氛围活跃。（5分）						
创新点	教师在处理细节或课堂突发事件中体现了教学智慧。（10分）					10分	
课堂教学综合评价得分						100分	

表1-5-2

授课教师		所教学科		授课时间		授课班级	
评价项目						分值与得分	
自主学习	我是否在这堂课中愿意主动学习？（10分）					25分	
	我提的问题我自己解决了吗？（10分）						
	我还能举一反三提出相关的问题并自己解决吗？（5分）						
差异发展	在这堂课中，我的优点在哪里？（10分）					20分	
	我的想法与其他同学有哪些不同？（5分）						
	在这堂课中，我还有哪些不足？（5分）						
成功体验	通过学习，我体验到了思维的快乐吗？我收获了什么知识？（10分）					20分	
	我的哪些能力得到了训练和提高？（10分）						
集体思维	我愿意和其他同学合作吗？和别人合作的乐趣有哪些？（10分）					25分	
	在合作探究中，哪些同学的表现值得我学习？为什么？（15分）						

续表

授课教师		所教学科		授课时间		授课班级	
评价项目							分值与得分
成果形式	我在这堂课中的成果是什么？（10分）						10分
自我评价综合得分							100分

3. 趣味生成。

这一方法主要可以运用于梳理探究板块。如在教授完"优美的汉字"一课后，可以让学生在课后再去搜索一些有趣的汉字背后的故事。如"百"字，学生搜集到的资料就很有深度：

"十十为百，先有白字，后造百字。百字是一白二字合成的。甲骨文'白'字像拇指之形，就是今人之擘字。人手五指，拇指最壮。数字到十十，堪称为壮了。比拟手拇指，乃用'白'称之。一个十十就是一个白，合写成百。""'白'既有壮大的意思，所以大哥称伯，春秋五霸原称五伯。""商民族尊素色，素色叫作白色，算是敬称。于是白又成了一种色名。"①

又如在教授完"成语"一课后，课堂中学生再做一下成语接龙之类的小游戏；在讲完"修辞无处不在"一课后，学生可以再去欣赏一些优美的古诗词等。

4. 检测生成。

以往的教学通常是教师把练习题抛给学生，有时可以转换一下思维方式，让学生根据自己学习的难点来出题，然后同桌互做互评，实现学习资源共享。

归纳总结，图1-5-4为提炼生成的流程。

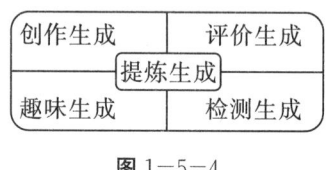

图1-5-4

---

① 流沙河. 文字古今通（一）[J]. 书屋，2007（9）：20-22.

第六章　创新评价——构建师生共生共长生态评价体系

创新教师评价：向专业能力和综合素质转型

在保持原有的教师评价体系上，对需要改善的评价内容，即教师专业能力和综合素质进行了重新评定。将教师专业能力划分为"教育教学能力、教育科研能力、探究创新能力"三个维度，将综合素质的评价维度划分为"自我提升与合作"两个维度（表1-6-1）。

表 1-6-1

专业能力	教育教学能力	1. 钻研课程标准和教材，开发利用教育资源。
		2. 设计和组织课堂教学，编写教案学案。
		3. 应用现代教育技术进行教学。
		4. 反思能力，能及时反思自己的教学并修正。
		5. 具备良好的语文表达能力和沟通能力。
		6. 所授课班级取得优良成绩。
	教育科研能力	1. 撰写教育科研论文。
		2. 开发校本课程。
		3. 开设选修课。
		4. 参与课题研究。
	探究创新能力	1. 具有现代教育观念和创造性思维。
		2. 能创造出新的教育教学方法。
		3. 能优化教育教学过程。
		4. 能创造出新的教育教学模式和新课型。
		5. 注重信息技术与课程、教学的整合。
综合素质	自我提升	1. 主动进行学历提升。
		2. 积极参与校、区等各级教研。
		3. 积极参加各项赛课。
		4. 积极参加各项培训。
		5. 主动进行技能提升。
	合作	1. 参与年级组集体备课。
		2. 参与教研组集体教研。
		3. 能与同事相互尊重、沟通、协调。

探索学生评价：指向素养的"四重"生态评价体系

"四重"生态评价体系是指以学生为本的重自主学习、重差异发展、重成功体验和重集体思维的评价体系（表1-6-2）。作为发展性评价体系，它包含过程性评价也包含表现性评价。"四重"生态评价体系不仅测评学生的学习能力，还对学生的个性、情感态度、思维发展进行了评估，这意味着学生可以探索多样的学习模式来实现学习目标，促进自身的全面发展与个性发展。

表1-6-2

评估类别	合格	良好	优秀
自主学习	设置自我指导的计划、方案，能解决浅层问题，如"是什么""怎么样"的问题。	能自我跟踪学习进程，熟练运用学习技巧和策略，能解决"为什么"的问题。	能运用元认知策略进行自我反思和评价，能从反向角度或其他新的角度思考问题。
差异发展	能够正确认识自身的优劣势，不因劣势而自卑，有积极发挥自己优势的愿望。	有正确发挥自己优势的途径和方法，感受到自己强烈的自信心和成就感。	在相同领域的团体内处于优势地位，能扬长避短，充分发挥自己的个性，有从事相关专业的愿望和潜力。
成功体验	认识到掌握知识和技能的重要性，知道现在的努力与将来的人生息息相关，能找到正确的解题答案，能把自己的生活经历和喜怒哀乐融入课堂教学中，带着情感和个人感悟去参与学习。	将学习理解为一个主动向他人学习的过程，能与其他学习者进行互动，愿意付出努力和实践，能体验生活中和教材中的异同，并做出正确的判断，形成正确的价值观和世界观。	认为并相信自己在学习上能获得成功，能将知识与实践联系起来，并运用于具体情境中，创新、总结、归纳、提升，获得极强的成就感。
集体思维	能畅通无阻地进行交流沟通，有共同的合作目标、计划。	以有意义和有效的形式组织信息和数据，通过口头或书面的形式对复杂概念进行交流，识别完成团队目标所需的资源并能搜集相应的资源。	在倾听之后能为同伴提供建设性和适当的反馈，在合作过程中能实现有效沟通和观点整合。

优化过程评价：建设了综合素质评价系统

在"评专业能力"与"评四重"的基础上，我们通过学乐云平台创设了教师综合素质评价系统和学生综合素质评价系统，从本质上改变了评价结构，使评价功能从鉴定、诊断、监督走向导向、激励和调节。

第二篇 实践篇

第一章　生态课程实践优秀案例

生命系统的结构层次

李鹏飞

案例简介

成都市大弯中学生态博物馆是国家海洋馆馆校合作共建单位、成都市科普教育基地、成都市研学基地，秉承成都市大弯中学"至高至佳"校训，在学校推进"生态课堂"教育教学形态的背景下建设而成。生态博物馆以"生物与环境"为主题，以"生命系统的结构层次"为轴线，身临其中，仿佛在阅读一本趣味生动的生物百科全书，在不同的生命层次上向我们呈现着地球的神奇之力。本课程借助生态博物馆，开展了一系列的实践活动，如了解生态系统、细胞结构、植物生长过程、胎儿的发育过程等。图2-1-1~图2-1-7为生态博物馆内部照片。

◆ 以"适佳"为核心的生态教育实践探索

图 2-1-1

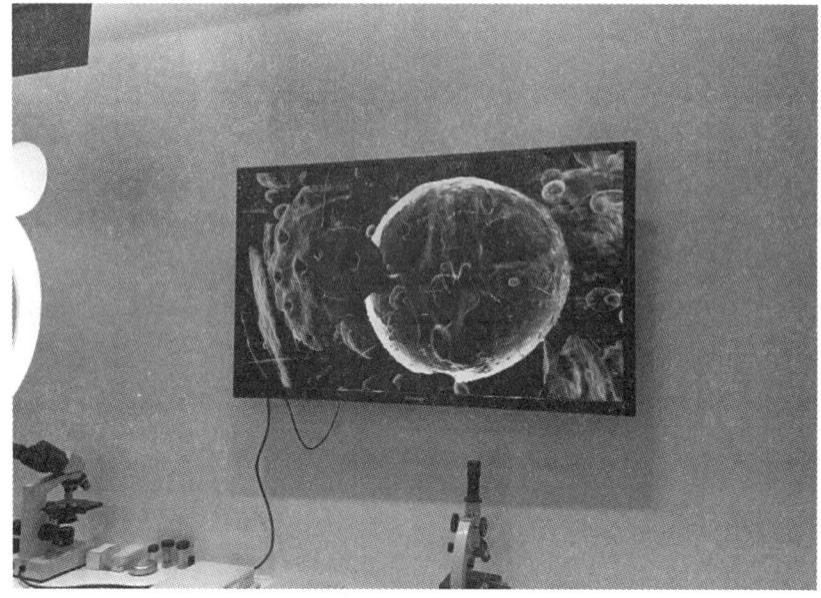

图 2-1-2

图 2-1-3

图 2-1-4

◆ 以"适佳"为核心的生态教育实践探索

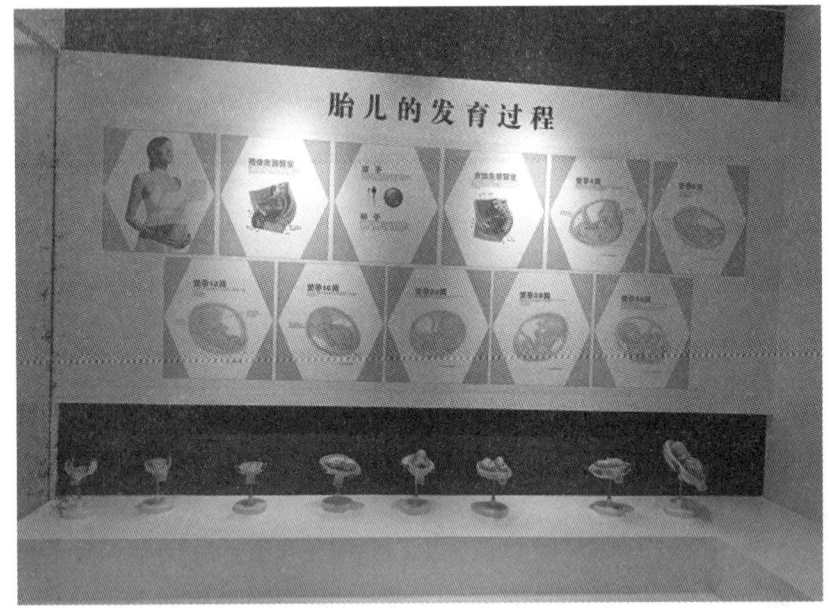

图 2-1-5

图 2-1-6

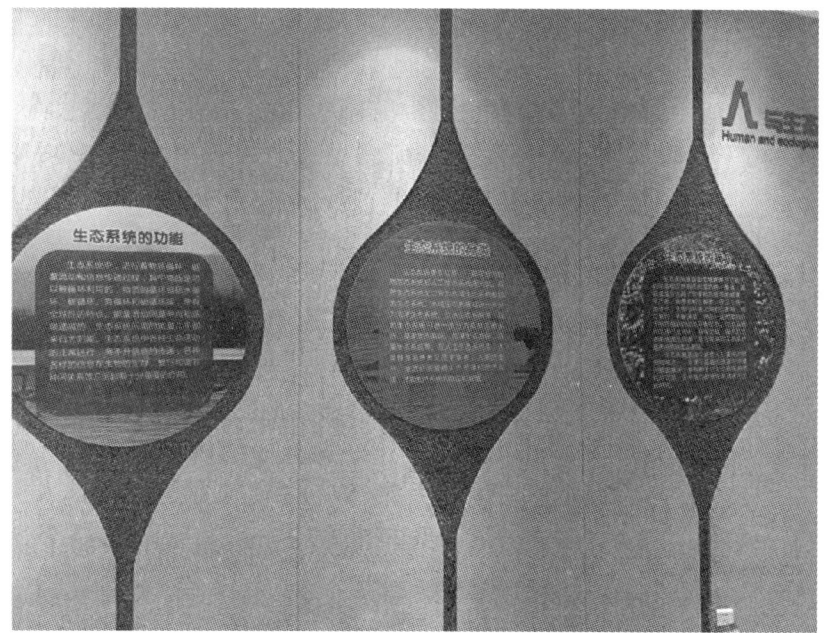

图 2-1-7

案例内容

生态博物馆以"生物与环境"为主题,以"生命系统的结构层次"为轴线,依次呈现出了细胞、组织、器官、系统、个体、种群、群落、生态系统和生物圈,并使用平面图像、实体标本和视频动画逐步向我们展示了生命的多姿多彩,描绘出一幅惟妙惟肖的大自然画卷。同时,它也在警示我们:由于人类对地球无限度的索取,已经给我们共同的"母亲"——地球带来了无法挽回的伤害(如全球气候变暖、臭氧层的耗损与破坏、生物多样性锐减等)。这些实物标本的展示,无声地向人们诉说着生命进化的艰难与曲折,激发了学生对生命的珍惜和关爱。

案例章节展示

生命活动离不开细胞——了解 SARS 病毒

大家是否知道?病毒不是一个细胞,不具有细胞的结构,但它不能离开活细胞而独立生存,本案例选择 SARS 病毒侵害人体肺部细胞作为视频展示的素材,有助于体现"生命活动离不开细胞"的主题,能够引起学生深入学习 SARS 病毒相关知识的兴趣。

2003 年春夏之交,非典型性肺炎在我国流行爆发,部分城市出现了学

043

校停课、工厂停产、商场停业的现象,很多与非典患者共同工作和生活的人被隔离在家。为什么人们对非典型性肺炎这么恐惧呢?原因在于它具有较高的传染性和致死率,而这一切都是由SARS病毒造成的。(播放与SARS病毒有关的录像,展示SARS病毒的结构示意图。)

1. 实地参观生态博物馆中与细胞相关的物件。

2. 结合以前所学病毒的知识,谈谈你所了解的SARS病毒是一种什么样的生物?

(1) SARS病毒具有怎样的结构?它是怎样生活和繁殖的?

(2) SARS病毒主要侵害人体哪些部位的细胞?

(3) 如果离开了活细胞,SARS病毒能够很好地生活和繁殖吗?

备注:让学生回顾初中所学病毒的知识、观察图片实体标本等,并根据已有的经验回答上述问题。

师生总结:病毒的结构简单,仅由蛋白质外壳和内部的遗传物质组成,不具有细胞结构。病毒只能寄生在活细胞里,靠自己的遗传物质中的遗传信息,利用细胞内的物质制造新病毒,这就是病毒的繁殖方式。SARS病毒主要侵害人的肺部细胞,使人呼吸困难而死亡。病毒一旦离开活细胞,就不再表现出生命现象。

健康性成长(高中版)

何世东

案例简介

开展性健康教育在我校有一个较长的历史。在2006年之前,我校心理健康老师就在心理健康教育课堂上开展性健康教育,发现对中学生进行性健康教育势在必行,这才有了后来的不断尝试、实践与创新。本校教师前后参与了两个省级性健康教育课题的研究,从"健全中学生性价值观的研究"到"高中性教育的校本课程研究",都获得了性教育专家和同行的高度认可,并获得优秀等级。时至今日,我们在初中和高中两个阶段,已有成型的八个性健康教育主题,形成了一个系统的中学性健康教育体系,并且还在不断地修正完善。

性教育不能以试验来获得体验与感悟,更多的是借助相关的研究成果或案例讨论来获得科学的知识和积极健康的态度。因此,在课程实施过程中,我们既要呈现客观的科学知识,也要借助大量的实时案例展开讨论、分享和总结，也就是在学习科学知识的同时，要多借鉴他人的经验。高中阶段更偏重对学生积极健康价值观的培养，以问题导向的课程建构方式来进行各种讨论、分享和总结，更符合学生的学习心理规律。这样促进学生基于问题展开学习，是一种积极健康的性价值观的培养过程，而且是自动建构而成的。

案例内容

性与性教育：学生不急老师急的教育是低效的，因此性教育强加不得，唤起学生对性教育的期待是本课程的首要任务。

冷眼性自由：世界越来越开放，外来文化带来的冲击也越来越大。在性自由文化面前，学生势必要学会扬弃，否则将成为性自由文化的牺牲品。

理解同性恋：性取向不能因为与多数人不同而判定其为病态的或错误的，无论性取向指向同性还是异性，都是正常而自然的。如何面对同性恋的自己或他人，在当代社会文化背景下，我们都需要给予积极的导向和帮助。

远离艾滋病：艾滋病无疑和性行为关系紧密，如何预防艾滋病，尤其是如何避免发生不良性行为，以及如何对待艾滋病病毒感染者和艾滋病患者，都是青少年急需学习的内容。

健康的爱情：恋爱是对性最高级的表达，但恋爱又不仅仅是在性的驱动下产生的。因此，恋爱常常比我们预期的要复杂。大多数人都会经历恋爱，所以恋爱应成为学生的必修课。

合理约束性：性是本能，但不止于本能，还具有社会性。因此，性不能任由本能驱动，还需要遵循性的社会规则并被合理地约束。本能的性无须学习，但性的社会规则还需要学习。

远离性伤害：性是一把双刃剑，把握不好，就会伤害自己，或者伤害别人。幸运总是留给有准备的人，缺乏防范意识的人常常会不幸运。性，尤其如此。学生提早学点"防身术"，有益无害。

回音壁：同辈的影响不比长辈的影响小，尤其是青春期的孩子，更容易"听信"同辈的声音。关于青春期的性教育，听听学长、学姐的"经验"，能够促进学生更用心地接受和理解青春期的性教育。

案例章节展示

性与性教育

2016年2月19日，浙江在线出现题为"杭州女大学生未婚产下三胞胎 抚养陷入困境 生父成谜"的新闻；第二天，同一事件在某论坛上以"杭州女大学生生下三胞胎 男友提分手称另一女友也怀孕了"为题也进行了报道。新闻内容还显示三胞胎是两男一女，亲子鉴定结果证明孩子不是该女大学生现任男朋友的，因此，男方便以要对另外一个怀孕的女朋友负责为由提出了分手。

（资料来源：https://zjnews.zjol.com.cn/system/2016/02/19/021026939.shtml。有改动。）

问题思考：
1. 性是什么？
2. 性教育是什么？
3. 学生需要性教育吗？
4. 学生需要怎样的性教育？

我的初始思考

知识窗口：

性，从心从生。人的本性，是具备生命力的、创造力的、向上提升能力的。

从生物学的层面上讲，性的首要功能是生育。从心理学的层面上讲，性由一系列以性乐趣、关爱和其他需求为目的的行为和关系组成。从社会的层面上讲，性遍布于人生的各个方面，它使你身处的文化别具一格，为其艺术、历史、法律和价值增添滋味。此外，性在你的生活中还充当了很多间接的角色。它是性别的一大组成部分，同时也是人们对你的社会角色期待的一大组成部分。性可以传达支配和敌意，会影响你的自尊和社会地位，贯穿你的一生，并且以其他一些方式塑造你的生活。

性文化分为物质方面、制度方面和精神方面三类：物质方面包括人类为了释放不断产生和蓄积的性能量所必须具备的条件、器官和能力，制度方面包括人类为了使性能量的释放与社会秩序相适应而规定的有关性的禁忌、伦理、道德、法律、制度等，精神方面包括性的心理、体验、观念、道德、宗教、艺术、哲学等。

性教育是关于人类的生殖、生活、生理需要、交媾及其他方面性行为的教育。性教育的目的在于：

（1）使个人获得与年龄增长相一致的有关性生理、心理上应有的知识。

（2）使个人对性发展中出现的种种现象能采取客观和理解的态度。

（3）消除个人在性发展和性行为中的焦虑和恐惧等。

（4）帮助个人正确地认识与处理性关系及其相关的风俗、伦理、道德与法律，增进对自己性行为所负的责任感。

（5）帮助个人准备和建立和谐的婚姻关系及科学文明的性生活，促进社会稳定。

（6）抵御色情作品对人们身心健康的毒害，促进社会精神文明的发展。

（7）普及优生、优育知识，促进人口素质的提高。

（8）促进健康的人与人之间关系的形成，防止性放纵。

资料A：

有研究显示，当代我国中学生获取性知识的主要渠道是看课外书和电视、上网及与同学交流。中学生对自己在青春发育过程中性器官的成熟及外部生理体征的变化缺乏了解，特别是对男女性别的心理特征缺乏基本的认识；目前，中学生性生理成熟较早，对异性容易产生性的冲动。由于受西方性解放思想及色情书刊、影视、网络的影响，他们对性的观念相对比较开放。中国心理学会学校心理专业委员会委员吴增强曾说："青少年获得的性知识，来自家庭的占4%，来自学校的占不到20%，此外70%以上是来自社会的各个角落，包括互联网等大众传媒。"

（资料来源：https://www.ixueshu.com/document/866a3609b4eea62bee5099e161bd30eb318947a18e7f9386.html。有改动。）

资料B：

据环球网报道：现在日本人对异性及男女关系的热情已经逐渐被性冷淡取代，问题的严重性令人担忧。日本政府在本周公布的一份调查结果显示，在 20~40 岁且没有与异性交往的日本人中，近 40% 的人认为自己并不需要异性关系，甚至许多人称这种关系"很麻烦"。2010 年的另一份调查显示，30 多岁的无婚史日本男性中，有 25% 的人从未发生过性关系。有调查显示，当今日本社会中，约 1/3 的人终身不婚，结婚群体中约 1/3 的人离婚。据日本厚生劳动省统计，2018 年日本人口数量减少约 44.8 万。到 2050 年，日本每年人口减少量将达到 90 万。联合国专家预测，到 2065 年，日本人口相较于 2010 年将下降超过 20%。

（资料来源：https://net.blogchina.com/blog/article/2712687。有改动。）

资料 C：

瑞典：从 1942 年开始对 7 岁以上的少年儿童进行性教育，在小学传授妊娠与生育知识，中学讲授生理与身体机能知识，大学则把重点放在恋爱、避孕与人际关系处理上。

芬兰：性教育在 20 世纪 70 年代初进入中小学的教学大纲，幼儿园也有正式的性教育图书，一方面加强性道德教育，另一方面从性保健出发对学生进行性知识教育。

美国：在性教育方面没有统一要求。通常，7~12 年级的学生都会接受至少一门性教育课程。而在有些州，5~6 年级就有关于性知识的课程。如今，禁欲型性教育与综合型性教育模式同时存在于美国社会。

英国：于 2000 年规定所有公立中学都必须上性教育课，随后范围扩大到所有中小学，且均为必修。

荷兰：教育部规定了中小学在性教育方面的硬性教学目标，教学关键是让学生尊重不同的性取向，并学会保护自己，避免受到性骚扰和性暴力。学校每年春季都有"春心荡漾周"，周中每天设有性教育课程，父母也会被邀请到学校和孩子一起学习。

日本：性教育是通过文部省直属的教育系统、民间团体和学术团体进行开展的，从小学到大学，均设有与年龄相匹配的不同的性教育内容。

（资料来源：http://www.doc88.com/p-3867915137808.html。有改动）

问题讨论：

1. 性能给我们带来什么？
2. 性教育能给我们带来什么？
3. 高中生性教育需要什么内容？
4. 国外诸多性教育方式有什么借鉴之处？

我的观点与同学的观点

正向观点：

1. 性属于人类最基本的生理需要，但不等同于温饱需要，不及时满足温饱需要会有生命危险，但人不会因为性需要未被满足而死亡，反而纵欲过度会终结生命。

2. 性不仅是一种生理需要，还是一种心理需要。

3. 性不仅具有繁衍功能，还能促进或破坏人之间的关系。

4. 性教育不仅传授科学的性生理、性心理知识，还培养个人积极健康的性价值观。

5. 人类的性有别于动物的性。

6. 性教育重在主流性价值观的导向。

7. 西方性教育有科学之处，但也不能盲目照搬照套。

8. 性并不是一件羞耻的事。

◆ 以"适佳"为核心的生态教育实践探索

我的观点与同学的观点

感受与收获

蓉欧印语——大弯橡皮章

罗有贵

案例简介

"蓉欧印语——大弯橡皮章"是依据人教版《美术》七、八年级教材中的图案设计和藏书票等单元内容进行的美育课外拓展而开发的校本课程。本案例以橡皮图章的技法学习和作品创作为表现载体，结合成都市大弯中学校园文化特点和以青白江在蓉欧快铁影响下快速崛起并走向欧亚大陆、走向世界为切入点，进行橡皮图章的创作表现。案例涵盖美术表现、美术鉴赏、艺术概论、国际理解、校园文化、青白江本土人文等多方面内容，探索美育新途径与方法，培养学生多方面的能力。

案例内容

全书包括三个单元、12课，第一单元是橡皮章基础技法，第二单元是橡皮章进阶技法，第三单元是蓉欧文化与橡皮章插画创作。

案例章节展示

世界大同的光荣与梦想

学习领域：欣赏、评述

学习对象：高中二年级

课　　时：一节

教材分析：

人美版高中《美术鉴赏》共六个教学单元，其中三个教学单元分别对中外古代绘画、雕塑、建筑有详细阐述，加上美术鉴赏基础和现代美术两个单元，整本书对中外艺术已有系统的讲解。为深入理解学习中外文化的异同，了解世界的多元性，培养学生的人类命运共同体意识，为此开发本课作为教材的补充。

本课抓住中国（四川）自由贸易试验区建设的重大机遇，以美育人为导向，以艺术概论美术鉴赏的形式，将多学科内容整合于一体，培养学生强烈的民族自豪感，以开放的心态学会共处与合作，维护正义与和平，胸怀祖国关注世界的广阔视野。

为深入理解学习中西方文化的异同，培养人类命运共同体意识，学校研发了《当巴别塔遇见敦煌》的校本教材，让学生了解世界的多元性。以美术鉴赏的形式，将各学科内容整合为一体，培养学生强烈的民族自豪感，以开放的心态学会共处与合作，维护正义与和平。

学情分析：

（1）学生认知程度：本课程应用于高中二年级美术鉴赏选修课。由特别喜欢和热爱艺术的同学组成，且对美术鉴赏的艺术概论部分特别感兴趣。在基础必修课中，学生已对相应的政治、历史、经济、艺术等方面的内容有所了解。作为高中阶段的最后一轮美术学习，多数同学非常认真，主动性强。

（2）学习中可能出现的问题及解决方法：因课程是以艺术概论方式呈现，涵盖学科的知识面十分广泛，部分基础学科知识薄弱的学生理解起来有一定难度。针对实际问题，由学生当小老师对相应基础知识进行适当的补充讲解。

教学目标：

（1）了解国际理解的基本内容与要求，深刻理解人权、发展、国际合作等概念。学会批判分析、多角度思考，理性分析与判断各种历史和社会事件。

（2）通过自主探究学习巴别塔、丝绸之路、国际合作的相关知识。以辩证对比的方式，主动思考历史事件（包括神话传说）产生的原因及其影响和意义。通过师生互动，欣赏分析人类遗存的文化艺术，在探寻新知中深入探究作品背后的人文。由学生当小老师对跨学科知识进行补充讲解，并在教师引导下设置情景，小组分工与合作表演剧情，深入理解人类命运共同体，全方位培养学生国际理解的态度、意识和技能，促进对学生国际合作能力的培养和学习。

（3）养成自我尊重并理解多元文化的胸怀。对正义和平的责任意识，以开放的心态、同情的心态、共同体意识胸怀祖国，并拥有关心世界的广阔视野。培养学生的民族自豪感，树立建设美好家园的信心与理想。并能从身边的小事做起，为祖国的建设和发展贡献力量。

教学重点：国际理解的基本内容。尊重理解、包容协作、求同存异、化解冲突，实现人类大同。

教学难点：世界文化的多元性在本质上是一致的，都是对人自身、人类社会的关注思考和反思，只是基于不同地域和语言，民俗和习惯而形成的具体的不同表现形式。

教学资源环境：

老师准备：PPT——"当巴别塔遇见敦煌"。

学生准备：前置学习单——《美术鉴赏》《当巴别塔遇见敦煌》。

教学过程：

1. 组织教学，激趣导入

从古至今，人类从未停止过对世界、宇宙的探索，"我们从哪里来，我们到哪里去"的问题从古至今都在被不断的探索。同学们，你们知道这方面有哪些故事与传说呢？

学生自由探讨，自主发言。

生：伏羲与女娲，上帝造人，圣经创世纪，亚当与夏娃，女娲补天，盘古开天辟地，诺亚方舟等。

史前文明作品展示：教师播放与上述内容相关的绘画、雕塑、画像砖等作品，师生互动欣赏评述。

师总结：人类的探索从未停止，从刚才看到的人类遗迹中我们发现，在文学、绘画、建筑、雕塑中都记录着人类的探索和想象。就像一部无声的史书从不同的角度体现着当时人类的生活，艺术来源于生活，也必然反映生活。

本环节设计意图：人类的起源与发展有诸多共性，表面上看中西方神话传说纷繁复杂，各有体系，各不相同，但本质上都是对人类的起源、产生及发展的思考与探索。这种共性是对人自身的关注与思考产生的。从中西方文化艺术中找到共性，就能更好地帮助学生理解世界各国不同地域宗教文化等方面的不同只是人们探索发现的不同表现形式而已，而本质都是对人类自身的思考反思和探索。

2. 探究新知

活动一

自古以来，人类就怀揣飞天的梦想。为了实现与天神的对话，人们修建了高耸入云的建筑，如中国商朝的摘星楼、北魏时洛阳的永宁寺塔；在遥远的古巴比伦，人们还修建了一座人类历史上最高的可以与神对话的建筑——巴别塔。

（1）展示《巴别塔》作品（绘画、神话、圣经中多个版本的巴别塔作品）。

师：远古人类修建出如此宏伟壮观的建筑，你有何感想呢？

生：学生有感而发既可。

（2）大家请拿出前置学习单，请我们的第一小组来给大家分享一下你们整理和发现的关于巴别塔的故事和思考吧。

一小组：巴别塔是《创世记》故事中人们建造的塔。当时，人类联合起来兴建希望能通往天堂的高塔；为了阻止人类的计划，上帝让人类说不同的语言，使人类相互之间不能沟通，计划失败。此事件为世界上出现不同语言和种族提供了解释。

小组成员补充：巴别塔又称为巴比伦塔，建造于两河流域的新巴比伦王国。公元前6世纪初，新巴比伦灭犹太王国，携大量俘虏回到国内兴建通天的巴比伦塔，以上达天听。公元前6世纪中，伊朗高原兴起的波斯帝国向西扩张，摧毁了巴比伦及巴别塔，从此巴别塔的形象就只存在于文字记载和绘画作品中了。

师视小组总结情况适时引导完善学生认知系统。

（3）他们为什么能够建成巴别塔呢？（学生自由讨论后自主发言）

生：人多力量大，语言统一能够沟通和协作，有一定的建造技术累积，为了实现大家的共同梦想——与神对话，大家很团结等。（一小组同学进行总结和补充）

（4）巴别塔又是如何被毁掉的呢？（学生自由讨论后自主发言）

师总结：上帝觉得人类不能像自己一样能干，所以让讲不同语言的人流散于四方，无法进行沟通和合作，就无法团结起来完成伟大的工程了。语言也是文字，也是文化，就像现在地球上不同国家、地域的人讲不同的语言，有不同的文化一样。

（5）这段故事和历史给了我们什么启示呢？（学生讨论后自主发言）

师总结：如果不同国家间彼此不相互尊重、沟通、理解，就无法合作完成伟大的工程。人类只有良好的沟通、交流新技术才能不断创新发展。人与自然要和谐共处，不然终究会受到惩罚等（视具体情况教师适当进行引导总结）。

本环节育人目标：世界大同是人类的共同理想，当国家间能彼此合作时就能创建人类伟大工程。巴别塔的故事在文学、艺术、政治、哲学、宗教等方面都有着极其重要的意义和价值。2600多年前的巴比伦人想建立人类大同的光荣与象征，但最终却因语言文字的不同，无法沟通合作而失败。故事是对人类社会的思考与反思，语言是人类合作的一种符号。当不同种族与地域的国家的人类能彼此理解、互相尊重、化解冲突时，世界大同的光荣与梦想才可能实现。

活动二

古巴比伦的巴别塔倒下了，一座水平方向上的"巴别塔"——丝绸之路在东方形成了。

丝路漫漫，既遥且迢。沿途历史悠久的国度就像一颗颗钻石镶嵌在这条

"丝带"的左右。在遥远的古代，大自然的荒漠戈壁与高山大河将这些宝石一一阻隔，使其无法顺利连缀成一串璀璨的项链。幸好我们有了丝绸之路，又将这些阻隔一一化开，如同巴别塔的光荣与梦想！

（1）工艺类作品展示：唐三彩、造像雕塑、石窟文物、婆罗米残卷、摩崖壁画等丝绸之路相关作品，定格于敦煌——"东方巴别塔"。师生互动欣赏评述。

（2）绘画类作品展示：展示西方古典绘画中描绘东方的作品（如古罗马将军的铠甲下穿着的中国丝绸衣服的油画）、欧洲神话题材中各种神穿着的轻盈的衣服（也是中国的丝绸制成的）、古代欧洲人画的中国人（中国式的服装与发式，长相却还是欧洲人脸的画面）、东方赛里斯类的油画等。以学生观察感想为主，师生互动欣赏评述。

总结：这些作品分别从不同的角度体现了沿着丝绸之路的欧亚各国之间的商贸往来、文化交流及互相交融的过程。例如，中国的造纸术和印刷术通过丝绸之路传入欧洲后改变和促进了其文化的传播；中国的指南针改变了航海史，为哥伦布发现新大陆提供了技术前提；丝绸、茶叶、瓷器、火药更是影响深远。

（3）请第二小组的同学上来为大家分享你们整理的关于丝绸之路的信息。（《中国古代史》已对丝绸之路有详细讲解，以复习历史知识为主。）

二小组：小组团队制作 PPT 并分工配合演示，当好小老师。内容应包含丝绸之路的产生、范围、作用和影响等。若不足，教师补充。

师总结：正是由于我国汉朝的政治、经济、军事非常强大，边境稳定，为来往贸易提供保护、维护和平，许多国家愿意与汉朝进行贸易往来，逐渐形成了陆上丝绸之路和海上丝绸之路，联通世界各国的交通网络，彼此促进发展，共同繁荣。

本环节育人目标：为了实现世界大同，不同国家都在尝试不同的方法，丝绸之路是对世界文明影响深远的实现世界大同的一次积极尝试。在尊重与包容的和平文化中，兼容并蓄，宽容大度，互相尊重不同地域的生存方式与文化，借此古代中国打破了地域阻隔，持续繁荣与强盛，成为当时世界上最强盛的国家之一。

古罗马征服了世界众多国家，但最终失败。相近时期的中国汉代，维护和平，不侵略扩张，而开辟出丝绸之路，让人类文明共享。第二次世界大战的德国想以先进科技征服世界，抢掠资源，而最终却被人民的正义之战彻底粉碎。这些尝试都以巨大的代价证实了实现世界大同哪些方式是可行的，哪些方式是不可行的。

活动三

(1) 设计类作品展示：以工业设计、建筑设计为主。师生互动欣赏评述。

(2) 请第三小组为大家分享一下，你们收集整理的国际合作的典型案例，分享完后其他同学补充案例。

三小组：汽车、手机、飞机、国际空间站、可口可乐等。如通用汽车由德国设计师设计，从中国台湾地区、新加坡购买各式零件，从日本进口先进零件，在韩国进行装配；再如可口可乐公司由美国母公司授权世界各地区的子公司销售商进行罐装生产，让产品遍布世界的每一个角落。

师总结：国际合作是由多个国家共同研究开发制造销售某种产品的生产方式，这种合作方式的基础是国际分工。如波音喷气式飞机由450万个零件装配而成，这些零件的生产厂家包括美国、中国在内的国家、1500家大型企业和15000个小型企业。

本环节育人目标：随着科技和人类文明的不断发展与进步，我们正在经历以人工智能、电子信息技术等为突破口的第四次科技革命。网络物理系统将整个人类紧紧联系在一起。很多产品都需要多个国家的科学技术、原材料、配件等，需要国家间的相互合作才能完成。在今天这个高度互相依存的时代，一个国家如果没有国家间的合作，终将退出历史舞台。培养具有国际合作意识和技能的社会主义事业的建设者是当前学校教育中的一个重要任务。让学生学会国际理解、掌握国际理解技能，终将在学生未来的人生中起到重要的积极作用。

活动四

(1) 剧情设计：2060年，一艘外星飞船坠落在南极科考站附近。几十个国家的南极科考站人员陆续到达坠落地点，奄奄一息的外星人告诉大家："我们是来赠送治疗人类癌症和多种疾病的设备和技术的，需要600种地球语言同时解锁才能开启……我的伤在地球上治不好，赶快送我回我的母星吧，但我的飞船坏了，需要你们制造空间站和航天飞机的上千种配件才能修好，手册在那里……"话没说完就晕倒休克了。

(2) 请第4小组的12位同学每位扮演一个国家，按照剧情发展表演如何开启解锁和拯救外星人。

四小组：情景剧表演（要包含能展现人类通过合作，解锁治疗设备和技术，修好飞船拯救外星人等情节）。

师总结：根据学生的表演情况，着重从人类的沟通理解、团结协作、互通有无、共同合作战胜困难，拯救自己也拯救了外星人等方面进行评述引导。

（3）结束语：从古至今，飞天一直是人类的梦想。直到 1969 年，人类成功登上了月球才实现了千百年的梦想。但人类探索的脚步从未停止。我们的探测器已经到过火星，飞向更远的银河系和宇宙深处。我国贵州大山深处有世界上最大的天眼仰望着天空，探寻着天空，延续着人类飞天的梦想……

在我国的 C919 大飞机项目筹划之初，因我国民用大飞机技术累积不够，最初只有 10% 的国产率，后来不断引进国外先进技术与设备，甚至成立合资企业研发飞机零部件，现在已有高达 60% 的国产率。中国不断发展和崛起，已成为世界第二大经济体，在新时代背景下对国际分工与合作有了新的目标和要求，特别是在"一带一路"影响下，我们不仅要快速发展，还要维护和平，促进世界其他国家共同发展，为实现世界大同的光荣与梦想做出贡献。

旅游·生态·发现

刘万荣

案例简介

实践新课程理念，开发校本课程资源，开设选修课，是我们编写本书的初衷；我校自 2012 年以来在高中年级开设了旅游方面的选修课，积累了大量的案例和经验，为我们编写提供了丰富的素材；成都市大弯中学开展省级课题"构建生态校本课程的实践研究"，为我们的编写提供了平台，《旅游·生态·发现》这本书是课题研究的重要组成部分，是课题研究中"人与自然"这一部分校本课程的具体研究成果，是学校校本课程体系的有机组成部分。

目前，中国仍处于大众旅游阶段，外出旅游已很平常。然而，旅游者常常十分纠结。其原因很多，如旅游资源的质量、旅游者的时间、旅游者的素质、旅游者的目的和偏好等。改善的办法有一个：变换一个角度欣赏。这个角度就是用生态的观点观察人与自然的关系。一方面，在旅游中发现美，发现和谐，发现人类的智慧；另一方面，在旅游中发现遗憾，发现危机，发现解决的措施，让可持续发展的思想浸润学生的心灵。这就是编写《旅游·生态·发现》这本书的视角和思想。以学生为本是本书编写的理念，强调生态思想，使书有"魂"；注重问题探究，使书有"理"；联系现实生活，使书有"用"；组织学生参与编写，使书有"创新"；设计的活动方案，使书具有

"乡土气息"；多种表达，使书有"趣"。"课文"包括文字和图像，是教材的主体；"重点问题探究"为提示信息重点而设计；"阅读"为拓宽视野、丰富知识而设计；"活动方案"选择乡土素材，为学生提供可操作的活动方案。

案例章节展示

第三篇 学生的发现——家乡生态环境

第一章 生态之美

图 2-1-8 为家乡生态环境照片。

图 2-1-8

爷爷常忆起孩提时代，当时最爱的莫过于"淑气催黄鸟，晴光转绿苹"的春光了。四面八方的春风暖暖的，融化了残雪，抚绿了大地，吹红了桃花，也唤醒了早莺。提着篮子，唤着玩伴，他总能在小坡上一玩就是一下午，只等夜幕来临，晚风中传来家长的呼喊，才慢吞吞地挪回家。恢复了生态环境的青白江，把黄莺翠鸟从爷爷的记忆中引回到现实。春风又绿青江岸，这啼啭不变，依然是从前的灵动；这笑颜不变，传达出今日的美满。

诗意田园

这是一座位于北纬 30 度的小城，没有拉萨的神秘莫测，没有武汉的热情似火，也没有杭州的温婉娴静。正是这样一座小城，静静地矗立在这里，用它特有的魅力向你诉说着诗意田园生活。

　　冬天的脚步太匆匆，别过傲寒的蜡梅，转眼迎来灿烂的樱花，这是青白江最美的时节。三月的樱花开得如火如荼，极其美丽。翠绿的枝叶，沾有清晨的露珠，在太阳的照耀下闪闪发亮。满树烂漫的樱花林，透出了一股甜美的气息。放眼望去，那像是许多染了色的棉花糖在空中飘浮，让人看了忍不住垂涎三尺，霎时间就回忆起了和同学们拿着棉花糖在街上嬉笑打闹的情景；走近一点，樱花开得一团团、一簇簇，更像一支支快要融化的冰激凌；更近一点，它还白里透着粉红，就像冬天的雪花化了妆一般美丽。樱花的花瓣由边缘到中心，呈现出淡粉到纯白。粉红的，像婴儿纯真的笑脸；洁白的，似人间白雪。花瓣的边缘呈微波状，像是在一片粉红海洋上泛起的朵朵微波，这是真正的花海啊！花茎细长而柔曲，细长如一根碧绿的银丝，柔曲得似少女姣好的身姿，由上至下，由粗至细，由棕至绿，支撑着娇嫩的花朵。

　　樱花树下，人们或野餐，或嬉笑，或阅读，或只是躺在树下享受那一刻的惬意。一阵清风吹来，美丽柔弱的花瓣轻轻地飘落下来，好像寒冬中纷飞的粉红色雪花，为这一切更添一份诗意。驻足，我情不自禁地拾起一朵掉落的樱花，忍不住轻轻地抚摸它，柔软如江南的丝绸一般，我生怕把它们捏碎了，只好小心翼翼地放在怀里。

　　而到了四月底，满树繁花开始凋落，如同在微风中起舞一样，飘飘转转，散落一地，"落红不是无情物，化作春泥更护花"便是如此吧。我们不用去赞赏樱花的美，只求能静静地嗅着她芳雅的气息，品着她薄薄的冰洁，欣赏着这如梦境一般的美景，让那淡淡的芳香长存心中。

　　夏季的青白江当属生态长廊中最耀眼的了。各种各样的、高高低低的树争相在阳光下熠熠闪光，发出耀眼的绿，绿的格外刺眼，青绿、墨绿、黛绿层层叠叠的映入眼帘，仿佛置身于绿野仙踪一般，连呼吸似乎都染上了一丝绿意。远处，一群衣着艳丽的老太太跳起了广场舞，左摇右摆，有模有样的，人人脸上都挂着喜气，精神气十足呢。突然，一阵银铃般的笑声闯入耳朵，原来是一群活泼可爱的孩子滑着旱冰互相追逐而来。那边，还有带着小狗出来散步的人，听着随身听慢跑的人，和朋友嬉笑打闹的人……这一切都为长廊增添了一份欢声笑语。

　　便是这样的一座小城，没有"明月松间照，清泉石上流"的寂静，也没有"市列珠玑，户盈罗绮，竞豪奢"的繁华，只是演绎着属于自己的喜怒哀乐，创造出一片天地让这里的人们诗意的栖居。

（高 2012 级 5 班 钱雪　指导教师　刘万荣）

生态成都

装在心上的世界，绿的动人而璀璨。捧在手心的明珠，美得绚丽而多彩。碧水绕城，青山飞鸟的生态之都——成都，像繁华城市中最耀眼的星星，闪烁着耀眼的光芒。

这座城市位于中国西南地区，横跨川西高原及川中丘陵两大自然景观。成都是中国十大城市之一，中国最佳旅游城市之一，亚洲首个世界"美食之都"。成都，一座悠闲洒脱的城市，鲜花点缀的古都，在文化浓墨的渲染下变得丰富多元，成为人们眼中的世外桃源。

鸟语花香从枝头上滑落，跌在眉间，硌疼了眼角。轻拢一袖绿意收藏于心，不知要怎么隐藏心中那喷薄欲出的绿，绿到极致似一方碧透的翡翠，柔到极致恰一团滑润的锦缎。宽窄巷子的青瓦、白墙、小桥、流水、欲滴的碎绿，映衬那一低头的花蕊微颤，含羞绽放晨露的粉红就如同心中被清落的娇羞，浮出心底慢愁。

影影绰绰的青城山像是一个睡意未醒的仙女，披着蝉翼般的薄纱，脉脉含情，凝眸不语。青城山里，水是清澈的，风是质朴的，蜿蜒的山路，因为有了虫儿、花儿、草儿等，也变得更加鲜活起来。常到大山里走走，让山里的风去掉浊气，让山里的水涤荡疲惫的心，让快乐缭绕周围，那心灵就似山一样坚韧，似水一般纯净了。

"盈盈一水隔，兀兀二山分。"都江堰以它独特的方式哺育着善良的成都人。清澈、碧绿、恬静，令人神往。远看它是那样的绿，绿得像一条翡翠色的绸带；近看它是那样的清，清得可以看见河底游动的鱼虾。夜晚，那弯弯的月牙倒映在清澈透明的都江堰上，是那样的美丽，又是那样的温柔。它与这里的生命和谐相处，用自然的礼物滋润着这里的人们。

平乐古镇历史悠久，人文鼎蔚，青山层叠，竹树繁茂。发源于天台山玉霄峰的白沫江自西向北流经古镇，碧水萦绕，飞鸟出没，四季风景如画。白沫江两岸古木参天，远远望去如云盖地。老榕树、白沫江、沿江而建的吊脚、青石铺成的街道、一望无涯的竹海，千百年来共同培育了成都人田园诗般的山水情怀，涵养着古镇天然清新的乡土文化。

西岭的千山万壑，全都笼罩在云雾中，无所谓天，无所谓树，也无所谓高山峡谷；有些地方影影绰绰，有如笼着轻纱；有些地方的云雾停留在山腰，汇成一片茫茫的云海；有些地方的云雾只飘浮在上面，挡住山顶，犹如银峦直插云霄。好一幅精妙的雪景图，使人不禁咏颂起杜甫的"窗含西岭千秋雪"。

这里的山水钟灵毓秀，这里的山寨幽静古老，这里的山林葱翠浓郁，这里的池塘波光粼粼，这里的岚霭悠悠萦绕在山间，这里早晚的炊烟袅袅升腾于成都的上空，这里的山连着天，水连着山，山水草木、古老建筑、民俗风情都在淳朴自然的生态环境中灵动着。

看着这座美丽的城市，高楼耸立，街市繁华，但不变的是生态韵味。还能嗅到花草芳香，看见竹木长青。我们在不断地蜕变中保留大自然原有的馈赠。在浩瀚的宇宙中，在这颗蓝色星球上，人类的步伐不断前行，我们永远不会忘记这块生机勃勃的土地——成都。

（高2012级5班 陈露 指导教师 刘万荣）

我的美丽家乡——生态青白江

说到青白江，大家也许没有听过，但说到那个成都郊区的重工业城市，大家一定会恍然大悟，哦，原来是那里。

青白江给人的印象或许一直都是污染严重的地方。其实不然，你若是来到青白江走一走、看一看，你一定会对它大大改观！

凤凰湖——青白江的明信片，看那一大片的生态绿地，是我们自由呼吸的绿色源泉。适逢春暖花开的季节，凤凰湖内大片大片的樱花林都掩面初绽。嫩嫩的淡粉色花瓣，像一把把小小的蒲扇，一片交叠着一片，一层环绕着一层，或舒散或细密地包裹着中间小小的花蕊。花朵的周围还伴有星星点点的嫩绿的小叶片，像是一个个"绿色小卫士"，站在各自的岗位上保护着这些娇嫩花朵。绿叶衬红花，多么美好，多么美妙。

若是那小小的叶子开始长大，美丽的花朵也将静静逝去。到了花期的中后期，花儿仿佛意识到自己快要逝去，原本紧凑的花瓣将会最大限度地张开，绽放自己。那也是红得最耀眼的时候，以至于根部松落，微风轻轻吹拂，那一片片的花瓣像是得到了某种昭示，带着那一抹最绚丽的粉红像一只小小的月船乘着风儿旋转、摇曳，轻轻地在地面着陆，最终回到大地的怀抱。穿梭在这纷纷扬扬的花雨中，犹如置身仙境。当然，这样的美景并不只有凤凰湖才有。

在青白江的公路两旁，也不难看到这样的景观：两旁的柳树与樱花树交错相间，柳树长长的辫子与樱花花朵相互辉映，远远望去就像是一个个梳着长辫子的美丽姑娘。当然，除了这两种树，还有榕树、香樟、银杏等。

青白江，大多数人听见这个名字都会以为有一条江。但其实没有，虽然没有江，但确实有一条河，叫清江河。河边有杨柳垂腰，樱花烂漫，河水在阳光的映照下，波光粼粼。河中的水草像一条条乘着风儿的绿色丝带摇摆着。雨后在河边散步，总是能闻到树叶的香气伴随着雨后特有的清香味道，让人心旷神怡，好不舒适。

我印象最深的便是每年的春季，春风扫过柳枝，柳枝便吐出白白的柳絮，微风吹过，柳絮便随风飞扬，这时我便会想起唐代诗人刘禹锡的一首诗："飘扬南陌起东邻，漠漠蒙蒙暗度春。花巷暖随轻舞蝶，玉楼晴拂艳妆人。"那小小的白白的絮啊！就像是那轻舞的蝶，告知人们春天的到来。

青白江不仅花美、树美，人更美。青白江人喜欢助人为乐，你若是外地来问路的，不用指，准保把你直接带到你要去的地方；青白江人很爱护公共卫生，在大街上很少有人会乱扔果皮纸屑，道路干净整洁，令人心情愉悦。

这就是我的家乡，有美丽的花，美丽的树，更有美丽的人的地方——生态青白江。

（高2012级5班　邓雨萱　指导教师　刘万荣）

若寻风景，在大弯

一路芳草一路花，匆匆学海逝年华。　　　　　　　　　——题记

第一次走进大弯是在四月份，下沉式广场的樱花便吸引了我的目光。

道路两边，繁茂的枝叶像要把我也融入这个热情的拥抱之中。仔细一看，或绿叶掩映着花片，或花片掩映着绿叶，相互簇拥，给彼此一个亲密的接触。也不知道是红花衬绿叶，还是绿叶衬红花，只觉得煞是好看。走近一看，朵朵樱花，簇成一个个小花团，那粉红花色像极了娇羞少女脸上的一抹红晕，柔软的花瓣便是少女吹弹可破的脸颊。微风拂来，樱花枝叶随着它轻轻摆动，漫天飞舞洒下的是一场花瓣雨，花瓣在空中打着旋、转着圈，慢慢地飘落下来，轻盈、优雅。日本的"物哀文化"赞美樱花凋零时的一刻之美：落红与风一起归于大地，是生命和青春的转眼即逝。这种从空寂的心境中孕育出的悲剧之美、哀愁之美，亦是一种对生命须臾、岁月无常产生的悲观之情。但我却正好相反，我从中体会到的是有关青春的绽放、昂扬之美。它们犹如娇媚的歌唱者微笑地望着我，你无须多想，便能感受到它吟的诗，散出的光，呈现出生命中最灿烂的自信——一首悠扬的乐章。

这便是我初次的大弯之行，我在那个春天梦幻般邂逅了大弯。

再次来到大弯，已经是开学时节。

渐渐的，学校的银杏叶边缘染上了黄晕，像是水粉调出来的灿烂的金黄色。课间时分，有的同学在校园的银杏道上悠然漫步；有的同学坐在木质椅子上捧着一本书细细品读；有的同学望着秋日午后的暖阳中舒展着的闪亮叶片；有的同学踏着金黄而柔软的银杏叶，一路思索，于秋风瑟瑟杏叶飘飞中感受秋之美。信手从地上拾起一片银杏叶，手指抚上清晰的脉络，一句诗浮

现在我的脑海中:"生如夏花之绚烂,死如秋叶之静美。"

校园中最具现代化气息的建筑要数国际部。银白的外墙,挑高的大厅,庄严的气质,明亮的教室配备着先进的多媒体,在这里我们可以足不出户就欣赏到各国的文化,开阔眼界。窗台上,摆放着同学们自愿带来的绿色植物——绿萝、芦荟、吊兰等,它们为教室带来了些许生气,伴随他们生命的节奏,我感受到了四季的变迁。

国际部的一、二楼都设有道德讲堂,教室呈阶梯状,左右两边是巨大透明的落地窗,透过窗外,可以看到左边挺拔的银杏和右边颇有文艺气息的后花园。教室两边挂着具有文艺气息的条幅,底面上写有"见贤思齐焉,见不贤而内自省也""三人行,必有我师焉。择其善者而从之,其不善者而改之"等名言警句。这些古人的言论潜移默化中向我们传达了他们的经验,古老中蕴含着睿智。与道德讲堂遥相辉映的是生态大讲堂。讲堂三面都笼罩在一片红花绿意中,它就像古代文人隐居于山林之中的雅居,于山水环绕之中,于竹林之下,好一派清幽意境。

国际部楼前,是现代化的广场。周围葱幽的草地之上是各式的花草树木。广场中间是一潭池水,池水沿岸的坡面缀满了大大小小的鹅卵石,坡面缓缓而下,直至浸入水中。水中有五彩的鲤鱼,它们摇曳着薄如蝉片的尾翼,好似柳河东描写的:"日光下澈,影布石上,怡然不动,俶尔远逝,往来翕忽。似与游者相乐。"水上有木质的小桥,桥影横陈,静影沉璧,清风徐来之际,水波不兴。

任何时节的大弯都可以构成一幅可静可动的画卷,这让我想起了学长们说的一句话:"大弯如此多娇,引无数学子竞折腰。"

(高2012级5班 葛延凝 指导教师 刘万荣)

成长在大弯(初中版)

王怡静 陈官智 黄容辉

案例简介

从小学生变成初中生,提前了解初中的生活、学习与小学的差异,提前了解学校各项规章制度,培养学生的学习方法和能力。

成都市大弯中学一直致力于探究学生从小学到初中顺利过渡的方式方法,经过学校各个部门和班主任队伍多年的教育历程积累了丰富的经验和成果。在前辈们的引领和指导下,即将迎接新生的教师根据"大弯中学学生行为守则"要求，结合我校"至高至佳，立善立美"的校训及"竞性化育，自然天成"的办学理念，以"育心为本，适佳育人"的教育理念为核心，以介绍和指导建议为主，引导和帮助学生快速适应初中生活和学习。在实践和反思中，形成了此校本课程——"成长在大弯（初中版）"。

案例内容

本课程包括校园篇、学习篇、常规篇、实践篇和安全篇。校园篇中以图文结合的方式介绍了成都市大弯中学的校园环境、办学理念、校训。在学生进入校园之初，让他们了解学校、爱上学校。学习篇包含课前要求、课堂要求和课后要求。学习篇主要引导初一年级学生快速进入学习状态，培养其自主学习和主动学习的能力。常规篇帮助学生尽快熟悉成都市大弯中学的各项规章制度，包含进校制度，课间文明休息制度，两操两课制度，就餐、就寝制度，升旗、学校艺术节、年级活动要求，放学、卫生要求，爱护公物及学生交往的要求等。实践篇的设计让学生通过自己的眼睛和心灵感受和了解人与自然、人与社会和人与人的关系。安全篇通过讲解一些安全知识，让学生快乐高效学习，安安全全地上学、回家。

本课程每一篇的活动设计均包括基本介绍、要求、建议、知识，中间穿插经典小故事、开心一刻、日常行为检测、实践记录表、个人成长记录，让学生在轻松诙谐的文字阅读中快速适应初中的生活、学习。

案例章节展示

学习篇：规范行为　提升能力

同学们：

在小学六年的学习生活中，相信你已经积累了不少的学习方法和经验吧！如今，你已走进中学的课堂，除了小学学习中所用到的方法和经验，我们还需要在学习中注意和重视哪些问题呢？让我们一起来探讨。

一、课前要求

1. 预习准备预习本

（1）通览教材，初步梳理教材的基本内容和思路。

（2）梳理教材，记载与新课相关的旧知识。

（3）理解教材，记载自己难以掌握和理解的地方。

2. 候课要求

（1）课前准备所有课堂需要的学习用品。

（2）安静等待上课。

二、课堂要求

(1) 坐姿正确、排除干扰、迅速入课。

(2) 集中精力、认真聆听、紧抓思路、积极动脑。

(3) 发表看法声音洪亮、积极参与课堂活动。

(4) 勤记笔记、重点突出。

三、课后要求

1. 反思整理

2. 作业

(1) 先复习教材和课堂笔记，再完成作业。

(2) 认真审题、严谨推理、仔细演算、避免错误。

(3) 态度认真、独立完成。

(4) 书写规范、卷面工整。

3. 复习

(1) 当天复习新旧知识、及时掌握知识。

(2) 单元复习、单元梳理，使知识系统化和结构化。

(3) 期中复习。

(4) 期末复习。

常规篇：不以规矩　不能成方圆

妈妈："小明，你怎么不遵守规矩？"

爸爸："小明，你怎么不遵守规矩？"

老师："小明，你怎么不遵守规矩？"

……

小明到底怎么了？大家都说他不遵守规矩？什么是规矩？古人云："不以规矩，不能成方圆。"规矩的规范和约束与我们的生活息息相关。每个人都向往自由快乐，都渴望拥有一片属于自己的天空，但它有前提，那就是你的一切行为都要在法律和规范的允许之下进行，否则你的自由只会给他人、给社会带来不便和危害。

我们应怎样才能遵守规矩？让我们一起去看看大弯学子是怎样做的吧！

一、进校制度

(1) 按时到校，不迟到、不早退、不旷课。

(2) 按学校规定理好发型，穿好全套校服，不佩戴饰品。

(3) 严禁将手机、平板电脑等与学习无关的物品带进学校。

（4）举止文明，尊敬师长。

二、课间文明休息制度

（1）活动要文明安全。可走出教室休息、远眺，让眼睛放松。

（2）不追逐打闹，不做剧烈活动，不得做任何危险游戏。

三、两操两课制度

（1）坚持上好两操两课，体育活动要远离教学楼。

（2）课间广播操要做到集合快、静、齐，做操要求动作准确整齐。

（3）爱护运动器材，注意人身安全。

四、就餐、就寝制度

（1）严格执行学校打饭就餐制度和住校生就寝制度。

（2）就餐前要自觉排队打饭，不可随意乱倒饭菜。

（3）不到寝室、教室用餐。

（4）午休、晚休时禁止在宿舍内喧哗、打闹，不能有任何影响睡眠的行为。

五、升旗、学校艺术节、年级活动要求

（1）积极参加每周一的升旗仪式，集合、站队做到快、静、齐，按时到场，不得无故缺席，保持安静。

（2）参加大型活动时，听从统一指挥，不得随意走动、说笑和带零食，不做与会议无关的事情。

（3）不乱扔垃圾，离开时应将地上的垃圾清理干净，听从指挥，有秩序地离开会场。

六、放学

（1）要按时离校，出校门不横穿马路。遵守交通规则，不在路上追逐打闹，服从交通管理。

（2）放学后不准在外逗留玩耍，不进电子游戏厅、网吧、KTV、溜冰场等娱乐性营业场所，按时回家。

（3）放学后住校生不得擅自出校门、在外就餐和住宿（包括回家住）。

七、卫生要求

（1）每天，各班做清洁的同学应按规定时间和要求完成责任区、教室、寝室的清扫工作。

（2）个人应养成良好的卫生习惯。

八、爱护公物制度

（1）各班应按学校要求，自行制定财产保管制度和节电、节水公约。

（2）爱护公物及学校的一切设施，凡损坏公物者，要主动报告、赔偿。

对故意损坏公物者，除赔偿外，学校根据情节给予相应处分。

（3）不在课桌及墙壁上涂写、刻画，不用脚踢门，开关门窗要轻推关。

（4）放学时关灯、关风扇、关多媒体。

九、学生交往要求

（1）同学间团结互助，互相尊重，正常交往，使用礼貌用语。同学之间发生矛盾，各自多做自我批评，不说脏话、粗话。矛盾纠纷要依靠老师和学校通过正确的途径解决，严禁打架或指使他人打架斗殴，违者从重处罚。

（2）提倡简朴，同学间不搞生日聚会等吃喝、游玩、送礼等活动。不结交有劣迹行为的学生，杜绝与社会闲散人员交往。

请同学们把自己的日常行为与下列各项内容相对照，已经做到的请打"√"，还没有做到的打"×"。

1. 升降国旗、奏唱国歌时，自觉肃立、行注目礼并大声唱国歌（　　）
2. 穿戴整洁、朴素大方，不烫发、染发，不着奇装异服（　　）
3. 讲究卫生，不随地吐痰，有良好的卫生习惯（　　）
4. 举止文明，不说脏话，不骂人，不打架，不赌博（　　）
5. 爱惜名誉，能抵制不良诱惑，不做违纪违法的事（　　）
6. 有较强的安全意识，防火灾、防溺水、防触电、防盗、防中毒等（　　）
7. 平等待人，与人为善。扶弱助残，尊重他人的人格（　　）
8. 团结同学，乐于助人，不以大欺小，不戏弄他人（　　）
9. 使用礼貌用语，讲话注意场合，态度友善（　　）
10. 未经允许不进入他人房间、不动用他人物品、不看他人信件和日记（　　）
11. 不随意打断他人的讲话，不打扰他人学习、工作和休息，妨碍到他人要道歉（　　）
12. 诚实守信，言行一致，作业不抄袭，考试不作弊，知错能改（　　）
13. 尊重教师，见面行礼或主动问好，上、下课时起立向老师致敬，下课时请老师先行，给老师提意见时态度要诚恳（　　）
14. 按时到校，不迟到、早退，不旷课、逃课（　　）
15. 上课专心听讲，勤于思考，积极参加讨论，勇于发表见解（　　）
16. 认真预习、复习，主动学习，按时完成作业（　　）
17. 热爱劳动，积极参加学校组织的各项活动，遵守活动的要求和规定（　　）

18. 认真值日，保持教室、校园整洁优美。不在室内追逐打闹喧哗，维护学校良好的秩序（ ）

19. 爱护公物，不在黑板、墙壁、课桌、布告栏等处乱涂乱画（ ）

20. 对他人的批评教育能做到有则改之，无则加勉（ ）

21. 能正确对待困难和挫折，不自卑，不嫉妒，不偏激，保持心理健康（ ）

22. 节约水电，爱惜粮食，生活朴素，不互相攀比，不乱花钱（ ）

23. 学会料理个人生活，自己的衣物用品收放整齐（ ）

24. 生活有规律，按时作息，珍惜时间，合理安排课余生活，坚持锻炼身体（ ）

25. 经常与父母交流生活、学习、思想等情况，尊重父母意见和教导（ ）

26. 外出和到家时，向父母打招呼，未经家长同意，不在外住宿或留宿（ ）

27. 体贴帮助长辈，主动承担力所能及的家务劳动，关心照顾兄弟姐妹（ ）

28. 对家长有意见应礼貌地提出，讲道理，不任性，不耍脾气，不顶撞（ ）

29. 待客热情，起立迎送。不影响邻里的正常生活，邻里有困难时主动关心帮助（ ）

30. 遵守国家法律，不赌博，不吸毒，不参与非法活动，不做法律禁止的事（ ）

31. 遵守交通法规，不违章骑车，不闯红灯，过马路走人行横道，不跨越隔离栏（ ）

32. 乘公共交通工具时主动购票，给老、幼、病、残、孕及师长让座，不争抢座位（ ）

33. 爱护公用设施、文物古迹，不乱涂、乱抹、乱画（ ）

34. 遵守网络道德和安全规定，不浏览、制作、传播不良信息，不进入营业性网吧（ ）

35. 遵守公共秩序，在公众场所不喧哗，不起哄滋扰，做文明公民（ ）

36. 珍爱生命，不吸烟，不喝酒，关注自身健康，尊重他人生命和健康（ ）

37. 拒绝毒品，不吸毒、贩毒、藏毒（ ）

38. 对违反社会公德的行为能进行劝阻,发现违法犯罪行为及时报告( )

温馨提示:

1. 此测试单为测试学生品德与学习成绩之间的关系而设计。即将此表中学生所得分值与学生考试成绩进行对照,以此来研究学生学习与做人之间的关系。

2. 本测试单每小题打"√"得 2 分,打"×"得 0 分。

3. 65 分以上为品德优秀;45~65 分之间为品德良好;45 分以下的学生还需更加严格要求自己。

个人成长记录篇

成长天使		记录时间	
成长目标			
我所获得的荣誉			
我要达到的目标			
成长中的小故事			

高中生口语交际例谈

余永聪　向姗姗　任万洪

案例简介

成都市青白江大弯中学校处于成都市的郊区，生源主要来自农村，留守儿童较多，大多数学生懂事听话，学习努力但同时又内向孤僻，敏感自卑，人际交往能力差。因此，我们开设了"高中生口语交际例谈"这一课程。拥有良好的口语交际能力，不仅是培养学生语文核心素养的需要，提高学生交流能力的需要，更是学生适应未来社会的需要。

案例内容

这门课程是为了解决同学们在日常生活中遇到的与人交往、沟通的问题而开设的。这门课程紧贴生活实际，内容丰富多彩，轻松有趣。

案例章节展示

啧啧称赞——如何赞美与祝贺

一、展示情境

新的一年即将到来，在这学期的最后一节语文课上，老师让你自己设计制作一张新年贺卡，送给这一年中对你帮助最大的人。你会对那个人说些什么呢？

（正面）
设计图案

(反面)

赠言：

年　月　日

二、编者寄语

俗话说"良言一句三冬暖，恶语伤人六月寒"，学会赞美他人，祝贺他人，是与别人融洽相处的重要途径。赞美大海，你会感受大海的宽容澎湃；赞美天空，你会发现天空的广阔无垠；赞美大地，你会领悟大地母亲一样的情怀；赞美他人，你会体验到和别人一样的快乐。赞美，悦人，悦己，祝贺也是如此。赞美与祝贺都是引起双方情感共鸣的重要手段，是唤醒双方情感共知的佳音。学会赞美与祝贺，你会发现生活中充满了阳光；学会赞美与祝贺，你会看到别人身上的闪光点；学会赞美与祝贺，可使人际关系更上一层楼。

1. 在下面的情况下，你会怎样去赞美呢？

（1）你的好朋友的街舞跳得很棒。

（2）同桌今天穿了一条非常漂亮的裙子。

（3）奶奶做的饭很可口。

（4）妈妈今天去理发店做了一个时髦的发型。

（5）学校篮球队队长的篮板球扣得很好。

2. 日常赞美用语选编。

（1）您的思维太活跃了，我根本就跟不上。

（2）您目光深邃，一看您就是一位有思想的人。

（3）您的语调独特，言谈话语中充满了感染力。

（4）您总是这么干净整洁，一看您就是一位热爱生活又有修养的人。

（5）我真佩服您的头脑，多少别人办不成的事，您一到便迎刃而解。

（6）您每天都这么精神！

(7) 听君一席话，胜读十年书，今天与您交谈，我受益匪浅。

(8) 在这个问题的处理上，您真有大将风度。

(9) 您的人格魅力真强，这么大的事，您一句话就解决了，真不一般。

(10) 我很高兴和您这样果断、智慧富有经验的人共事。

(11) 现在竞争激烈，您能把公司经营得这么好，绝不是一般人。

(12) 在同龄人中，您的能力真是出类拔萃。

(13) 您这么年轻，凭您的能力，太有发展潜力了。

(14) 看您情绪这么饱满，事业一定非常顺畅！

(15) 您时间安排得这么合理，效率这么高，可见您才智过人。

(16) 您爽朗的笑声证明一点：您是个乐天派，您肯定是个健康长寿的人。

(17) 听说您的口才不俗，今天得见果然名不虚传。

(18) 您可真风趣，什么愁事让您一说全没了。

(19) 看您多好，性格温和，举止得体。

3. 在下面的情况下，你会怎样去祝贺呢？

(1) 班级篮球队获得了年级组篮球赛冠军。

(2) 你的好友获得了全国化学奥林匹克竞赛一等奖。

(3) 今天是你堂姐结婚的日子。

(4) 今天是你爷爷的生日。

(5) 今天是母亲节。

(6) 今天是父亲节。

4. 日常祝贺用语。

(1) 生日祝福语。

①酒越久越醇，朋友相交越久越真；水越流越清，世间沧桑越流越淡。祝生日快乐，天天好心情。

②愿你的生日充满无穷的快乐，愿你所有的梦想甜美，愿你这一年称心如意！

③没有甜美的蛋糕，缤红的美酒，丰厚的礼物，悠扬的生日歌，不要遗憾，你拥有世界上最真心的祝福，生日快乐！

④轻轻的一声问候，不想惊扰你！只想真切问候你是否安好，祝你生日快乐！

⑤日月轮转永不断，情苦真挚长相伴，不论你身在天涯海角，我将永远记住这一天。祝你生日快乐！

⑥将快乐的音符作为礼物送给你，愿你拥有365个美丽的日子，衷心地

祝福你——生日快乐!

⑦朋友,在这美好的日子里,紧握属于你的幸福,祝你生日快乐。

(2)母亲节祝福语。

①有人说,世界上没有永恒的爱。我说不对!母亲的爱是永恒的。

②多年含辛茹苦哺育我成人的母亲,在这属于您的节日里请接受我对您最深切的祝福:节日快乐,永远年轻!

③慈母手中线,游子身上衣,临行密密缝,意恐迟迟归,谁言寸草心,报得三春晖。

④希望在这特别的日子送上我特别的问候!"母亲节快乐!妈妈我永远爱你!"

⑤亲情在这世间,总是让生活充溢着一份平平常常但却恒久的温暖,亲情是贯穿生命始终的。为此,我们祝福天底下每一位母亲——母亲节快乐!

⑥母亲永远是我心灵的港湾,祝亲爱的妈妈健康快乐。

⑦妈妈,我感谢你赐予了我生命,是您教会了我做人的道理,无论将来怎么样,我永远爱您!

⑧妈妈,这十几年来您辛苦了!希望在这特别的日子送上我特别的问候!祝您健康长寿!永远年轻!天天快乐!

⑨辛劳一辈子的您虽已银发如雪,可您在我心目中仍是那么的青春靓丽!妈,祝您永远年轻快乐!

(3)父亲节祝福语。

①多想,就赖在您的身旁,有一张长不大的脸;多谢,多年含辛茹苦地培养,才有我今天小小的光芒;多愿,时间停在这一刻,祝愿亲爱的老爸,节日快乐!

②如果您是一颗沧桑的老树,那么,我愿是那会唱歌的百灵,日夜栖在您的枝头鸣叫,换回您的年轻,让您永远青翠。爸爸,我爱您!

③头顶慈爱蓝天,脚踏仁爱土地,肩扛家的责任,胸有无私情怀,父亲的大爱,情暖心间。父亲节到了,送上深深的祝愿,愿父亲健康长寿,幸福长安!

(4)中秋节祝福语。

①月儿照九州,月饼解烦忧。尝一尝常开笑口,咬一咬好运拥有,瞧一瞧快乐牵手。闻一闻,幸福与你共白头。中秋愉快!

②流星划过天际,我错过了许愿;江河奔腾入海,我错过了祝福;又到中秋,不能错过给你的问候,祝中秋节快乐,永远幸福!

③秋风清,秋月明,祝你天天好心情;桂花香,皓月亮,愿你事事都顺

畅；笙歌响，糕饼香，送你如意加吉祥。中秋节祝你合家欢乐、幸福如意。

（5）春节祝福语。

①一条小小的短信，一声亲切的问候，代表着关怀和思念，包含着祝福与鼓励，祝春节快乐，新年进步！

②扫去一年的疲惫和风尘，让我们共同在新的一年里，努力奋斗！希望你一切都顺利！新春佳节，吉祥如意！

三、要点归纳

如何赞美和祝贺别人

1. 赞美和祝贺的内容要具体。空泛化的赞美虚幻生硬，令人怀疑动机，而具体化的赞美则显示真诚。

2. 赞美和祝贺别人要及时。如一个人给你看了他的获奖证书，那么一定要马上夸赞他，如果你默不作声，他就会很不高兴。

3. 适度指出别人的变化。这种意义是你在我心目中很重要，我很在乎你的变化。

4. 表达对别人的信任。如"只有你……，能帮我……"。

5. 赞美和祝贺要真诚。赞美和祝贺绝不是阿谀奉承，如果你的赞美和祝贺毫无根据，别人就会认为你的言语都是虚伪的。

四、体验情境

体验目的：学会赞美和祝贺。

体验要求：让对方听了你的赞美和祝贺后，感到由衷的高兴和愉悦。

1. 你和甲是从小学、初中到高中的好朋友，三年后，甲考上了梦寐以求的大学，他约你去某饭店吃饭，在宴席上，你会对甲说些什么来表达你对他深深的祝福呢？

2. 假如你是高一（一）班的班主任，一学期结束了，你要对班上的每位同学写一句赞美的话，以此鼓励同学们继续努力学习，你会怎么赞美你的学生呢？

学生甲：_____

学生乙：_____

学生丙：_____

学生丁：_____

我的篮球梦

付普强　张蓓璐　祝小波

案例简介

著名教育家蔡元培先生说"完全人格，首在体育"，体育的重要性不言而喻，成都市大弯中学作为四川省第一批全国示范学校，有着辉煌的体育史，尤其值得引以为傲的当属我校篮球队，多次获得四川省中学生篮球锦标赛前三名，成都市中小学生篮球锦标赛中学组冠军，面对新课改机遇，锐意进取的成都市大弯中学教师必会牢牢抓住。为使成都市大弯中学体育再创新高，学校以篮球为切入点，本着一切发展为了学生的态度，体育组全组教师以国家新课改精神为纲要，以我校生态课程理念为目的，秉承"至高至佳、立善立美"的校训，以强体育、德体育的理念编写具有大弯特色的篮球校本教材，力求做到纲举目张，探索以学生为核心的高中篮球模块教学模式，教材课程设计融入探究性、自主性、合作性、创新性的学习方式，力求帮助学生在篮球学习中达到尽性化育、自然天成。

案例内容

校园篮球运动越来越受到同学们的喜爱，但是，同学们只喜欢打比赛，基本功较差，而且对于篮球的基本技术理解和练习都很少。这门课程就是针对同学们的篮球运动基本技能、战术问题而开设的。在这门课程里，为同学们提供了九大板块的主要内容，从篮球运动概述到篮球运动的竞赛编排与裁判法，内容由易到难；由无球到有球、由原地到移动、由技术到战术、由个人到整体，层层递进。总之，这门课程紧贴中学生的需求，内容图文并茂，丰富多彩，深受同学们喜爱。

案例章节展示

第五章　投篮

投篮是篮球进攻队员将球投入对方篮筐而采用的各种专门动作方法的总称，是篮球比赛得分的唯一手段，是运用一切技术、战术的最终目的，也是所有攻防矛盾的焦点，是整个篮球技术体系的核心，其对学习篮球运动技能具有十分重要的意义。

学习目标：

1. 通过本章节的学习，学生能够正确理解投篮的动作概念。

2. 通过本章节的学习，学生能够掌握投篮的动作方法和技术要领，提高技术应用能力，发展学生创造性思维和自我评价能力。

3. 培养学生自主探究、合作交流的学习习惯及敢于拼搏的体育精神，发展学生的特长爱好。

第一节　动作要点

一、双手胸前投篮

1. 双手持球动作（图2-1-9）：两手五指自然分开，握住球的两侧稍后部分，两拇指呈八字形，掌心空出，手腕放松，两肘自然下垂（不要外展），肩关节放松。

图 2-1-9

2. 动作方法（图2-1-10）：双手持球于胸前，肘关节自然下垂，上体稍前倾，两膝微屈，身体重心放在两脚之间，目视篮筐。投篮时，两脚蹬地，腰腹伸展，两臂上伸，拇指向前压送，两手腕同时外翻，指端拨球，用拇指、食指、中指投出，腿、腰、臂自然伸直。

图 2-1-10

学习重点：蹬地、伸臂、翻腕、拨指。

学习难点：全身协调，由下至上依次用力。

二、单手肩上投篮

以右手投球为例，右手五指自然分开，掌心空出，指根及以上部位触球，向后屈腕、屈肘持球于眉弓右侧，肘内收，前臂与地面接近垂直，左手扶球的左侧，右脚稍前，左脚稍后，重心放在两脚之间，两膝微屈，目视篮筐。投篮时，两脚前脚掌用力蹬地，伸展腰腹，抬肘，手臂上伸，即将伸直时，手腕用力前屈，手指拨球，最后球以中指和食指的指端投出。图2-1-11为具体动作。

图 2-1-11

学习重点：全身用力协调，投篮时的手形正确。

学习难点：上、下肢的协调配合，压腕拨指柔和。

三、原地跳起单手肩上投篮

此法简称跳投，即跳起在空中完成投篮动作，具有突然性强、出手快、出手点高、不易防守的特点。

以右手为例：两手持球于胸前，两脚前后或左右自然站立，两腿微屈，重心在两脚之间。起跳时两腿迅速屈膝，前脚掌用力蹬地向上起跳，同时迅速举球于头侧上方（起跳和举球动作要协调一致），用右手托球，手腕后屈，左手扶球。当身体接近最高点时，左手离球，右臂伸向前上方，前臂即将伸直时，手腕用力前屈，食、中指拨球，通过指端将球投出，手臂向出球方向自然伸直。落地时屈膝缓冲，保持身体重心稳定。图2-1-12为具体动作。

图2-1-12

学习重点：跳起后在最高点出手，投篮动作完整正确。

学习难点：起跳的动作方法及出手的时机。

四、行进间单手高手投篮

以右手为例：当球在空中运行时，右脚向来球方向或投篮方向跨出一大步，同时接球，左脚向前跨出一小步，脚跟先着地，上体稍后仰（缓冲向前的水平冲力），并用力蹬地向上起跳，右腿屈膝，左脚蹬离地面，同时举球于肩上（或头部以上）。当身体至最高点时，前臂向前上方伸展，右臂即将伸直时手腕前屈，食、中指用力拨球，通过指端将球拨出，出手要柔和。投篮出手后，两脚同时落地，两腿弯曲，以缓冲落地的力量。图2-1-13为具体动作。

图 2-1-13

学习重点：三大步上篮动作连贯、投篮动作正确。

学习难点：上下肢协调配合、出手动作柔和稳定，有一定的命中率。

五、行进间低手投篮

以右手为例：右脚跨出一大步，同时双手接球，左脚紧接跨出一小步，用力蹬地向前上方起跳，随之充分伸展身体，右臂外旋伸直向篮筐方向举球，左手离球，右手掌心向上托球，接着向上屈腕，食指、中指、无名指向上拨球，使球通过指端投出。图 2-1-14 为具体动作。

图 2-1-14

学习重点：充分向前上方起跳，投篮出手前保持单手低手托球的稳定性。

学习难点：上下肢协调配合，拨指柔和，有一定的命中率。

第二节 学习建议及练习方法

一、学习建议

1. 学习顺序与练习步骤：应先学习原地投篮，再学习行进间投篮；学习单个技术时先从持球方法开始，掌握了正确的持球方法后，再逐步过渡到完整投篮的学习中。

2. 激发兴趣：根据自己的掌握情况，采用不同难度的游戏激发学生的兴趣，如"投篮比准游戏""晋级投篮""换球上篮游戏"等。

3. 探究学习：在学习中寻找影响投篮命中率的因素，分析提高命中率的方法。比如，初学者出手距离近容易投中，跑动快速而出手柔和容易进球等。找出学习中的窍门，养成学动作、善思考的习惯。

4. 在完成动作的基础上，要求动作舒展大方，衔接流畅。

二、练习方法

（一）原地投篮练习方法

1. 持球基本姿势练习：以右手持球为例，球放于右腰侧，右手在上，左手在下护住球，做三威胁姿势。

2. 投篮手法练习：在完成持球基本姿势的基础上，两人一组，先做徒手投篮练习，一人练习、一人纠正。

3. 对投练习：两人一球，于 3~5 m 面对站立，一人投篮，一人双手上举当篮筐，看谁投的最准。

4. 近距离投篮练习：分成两组，分别站在两个半场罚球线前半步，依次投篮，投完后自抢篮板球，传给无球同学并排到队尾。

5. 罚球练习：分成两组，分别站在两个半场罚球线后，依次投篮，投完后自抢篮板球，传给无球同学并排到队尾。

6. 跳投节奏练习：两人一组，按教师的口令，做徒手模仿跳投动作，当人到最高点时出手。

7. 近距离原地跳投练习：分成两组，分别站在两个半场罚球线前半步，依次跳投，投完后自抢篮板球，传给无球同学并排到队尾。

（二）行进间投篮练习方法

1. 行进间投篮的脚步动作练习：先不拿球练习脚步，两人一组，一人练习、一人纠错，主要解决行进间投篮的脚步动作与接球间的协调配合问题。

2. 原地单手托举球练习：两人一组，一人练习、一人纠错，原地站立双手持球于胸前，使球移至投篮手一侧后，单手托球前上举，腕指上挑使球至空中。

3. 慢速的行进间投篮练习：两人一组，一人练习、一人纠错，主要体会跑动速度与举球时机的关系，调整上篮拨指力度。

4. 慢速运球行进间投篮练习：在中线角处做慢速运球的行进间投篮练习，投完后自抢篮板球，传给无球同学并排到队尾。

5. 快速运球行进间投篮练习：在中线角处做快速运球的行进间投篮练习，投完后自抢篮板球，传给无球同学并排到队尾。

第三节　投篮易犯的错误及纠正方法

一、原地投篮易犯的错误及纠正方法

（一）持球手型不正确，持球不稳

纠正方法：反复观摩与理解投篮动作的要领，建立正确概念。

（二）肘关节外展

纠正方法：侧靠墙投篮手臂练习，多做徒手投篮模仿动作。

（三）投篮时，手臂过早前伸，球抛物线偏低

纠正方法：坐在垫子上多做持球投篮动作，体会投篮时先抬肘，后伸臂、压腕、拨指投篮出球的动作顺序。

（四）投篮出手时，抬肘伸臂不充分，缺乏随球跟送动作

纠正方法：可对照镜子做模仿练习，观察自己的投篮动作是否正确；多做靠近篮筐的单手投篮动作。

二、行进间投篮易犯的错误及纠正方法

（一）行进间接球不协调

纠正方法：多做模仿练习，强调跨步接球或做跑动中跨步拿固定球上步投篮动作练习。

（二）三步节奏不清，起跳不充分

纠正方法：强调第一步大，第二步小，反复练习体会动作。

（三）起跳时身体前冲，控制不好身体平衡，以致投篮用力过大

纠正方法：助跑接球时第一步大，第二步要小，并以足跟先着地，过渡到全脚掌着地用力向上跳起。

（四）投篮时身体不舒展

纠正方法：多看多思，多做徒手练习，练习时用语言提示"身体伸展，手臂上伸"动作。

篮球投篮学习自我评价表见表 2-1-1。

表 2-1-1

内容	很好	较好	一般	较差	很差
掌握双手胸前投篮技术					
掌握单手肩上投篮技术					
掌握原地跳起单手肩上投篮技术					
掌握行进间单手高手投篮技术					
掌握行进间低手投篮技术					
能否在篮球比赛中合理的运用投篮技术					

吾爱吾校

戴　敏　秦李一

案例简介

本课程的开设对象是针对刚进入成都市大弯中学的初一、高一学生，旨在让学生熟悉校园，了解校园文化，感悟大弯历史。

案例内容：

亲爱的同学们，欢迎你们来到成都市大弯中学。恭喜你，通过自己的努力，来到了这所历史文化悠久、师资力量雄厚、校园环境优美、办学条件优越的四川省首批一级示范校——成都市大弯中学。在这里，你将结识新的朋友，遇见新的老师，开启一段新的人生旅程！通过学习这门课程，我们将一起回顾成都市大弯中学辉煌的办学历史，了解学校的沿革发展，熟悉美丽的校园环境，感受深厚的学校文化，认识一些知名校友等。在学习过程中，希望你能真切地感受到：今天，我是大弯学子，我以大弯为荣！

案例章节展示

第一章　学校历史

一、学习目标

1. 了解成都市大弯中学的办学历史。
2. 培养敬校爱校的真挚情感。

二、开启你的活动之旅

1. 谈一谈你心目中的成都市大弯中学。
2. 走进成都市大弯中学的历史。

创　建

成都市大弯中学的前身——四川省金堂县第三初级中学建立于1957年，建校之初的教职工不到30人。

学校的校址原是名为大弯的一片占地约20余亩的青杠林和乱坟场。在1957年9月开校时，只有一栋新修的包括14间教室、建筑面积为864 m^2 的教学楼，此外，还有几间施工使用的临时工棚，既无运动场也无其他生活设施，四处杂草丛生。建校伊始，创业维艰。为了保证按期开学，师生到校后，只好一室两用，白天作教室，晚上当寝室。师生学习"南泥湾精神"，自力更生，勤俭建校，通过自己动手，边学习、边劳动，将临时工棚改造成草木结构的简易宿舍、食堂、厨房、礼堂、浴室，披荆斩棘，平整出约4000 m^2 的运动场，安装好体育器材，还用篱栅筑上围墙，荒芜之地短时间内面目一新，变成了书声琅琅的校园。图2-1-15为成都市大弯中学建校初期复原图。

◆ 以"适佳"为核心的生态教育实践探索

图 2-1-15

从1957年建校起的较长时间内，学生都坚持出早操和上早晚自习，住校生平时不能出校门，只有星期三晚饭后才允许校外活动一小时，学生两周之末放一次归宿假。教师多数住校，星期六放学后回家，星期日下午还需返校参加晚上的开会学习。教师平日不在教室上课，就在办公室备课、改作业或辅导学生，与学生同食堂就餐，同时间劳动，朝夕相处，关系和谐。学校常在周末组织文娱活动，或请工厂电影队来校免费放映露天电影，并欢迎校外群众一起观看。特别是在国庆、元旦等节假日前夕，会举办文艺晚会，师生同台演出话剧、歌舞、曲艺、清唱川戏，有时还组织猜谜语、押诗条之类的游戏，既有趣味又长知识，师生同乐，其乐融融。

图 2-1-16~图 2-1-18 为师生合照照片。

图 2-1-16

图 2-1-17

图 2-1-18

振 兴

成都市大弯中学在"文化大革命"后的 10 年，可以说是开拓奋进的 10 年。特别是在党的十一届三中全会作出的正确路线、方针政策指引下，学校迅速恢复了元气，全校师生振奋了精神，在办学育人的道路上迈开了步伐，取得了较大的成绩。

图 2-1-19 为第 1 代校舍照片。

◆ 以"适佳"为核心的生态教育实践探索

图 2-1-19

1978年，应届毕业生共300多人参加高考，仅有5人被高校录取（其中有4名女生，1名男生），被老师称为"五朵金花"，升学率仅为1.5%，这反映了教学问题的严重性，而社会对升学率越来越关注，给学校造成的压力也越来越大。因此，新建立的学校领导班子，对如何迅速扭转这种局面很是重视。

图2-1-20和图2-1-21分别为第2代校舍照片和师生合照照片。

第二篇　实践篇

图 2-1-20

图 2-1-21

1992年3月，区第十二届人民代表大会第二次会议把成都市大弯中学的迁建正式列入议程，并作为区"八五"规划项目着手实施。

◆ 以"适佳"为核心的生态教育实践探索

1993年2月，赵晓明校长应邀在四川省普教人事工作会上作了成都市大弯中学体制改革的发言。同月，四川省副省长李进来校视察。

1994年1月，区政府召开了成都市大弯中学迎检专题会议，决定三年完成成都市大弯中学迁建任务。成都市大弯中学由此从根本上改善了办学条件，为学校办学水平再上新台阶、创建国家级示范性普通高中创造了物质条件。

图2-1-22为第3代校舍照片。

第3代校舍（1986—1996）

图2-1-22

1994年4月，学校承担市教育科研重点课题"五环节课堂教学模式研究"，10月又承担省级课题"全国中小学运行机制转换及用人、分配制度研究"。至此，学校的教育科研基本步入正轨，软件建设有了新的突破。1994年秋，学校制定了《大弯中学高（初）中学生常规要求》。

1995年5月，学校荣获"成都市环保先进单位""成都市校园环境管理先进学校""成都市德育工作先进单位"称号。图2-1-23为学校的一些老照片。

图 2-1-23

1996年1月,学校顺利通过省重点中学复查验收。5月,校第四届教代会通过《1996—2000五年办学规划》。6月,经区教委批准组建大弯教育集团。

1997年3月,学校在全校征求对校训"至高至佳、立善立美"的意见。9月,全校搬入新校址正式行课。10月,学校被命名为"市级校风示范校"。

1999年6月,学校荣获成都市首批"绿色学校"称号。9月,学校荣获"市文明单位标兵"和"四川省学校民主管理先进单位"称号。

2000年1月,学校荣获"科技事业单位档案管理省级合格单位"称号。4月,学校承办四川省中学生田径运动会。同月,学校荣获"四川省中小学德育先进单位"称号。

5月17—19日,成都市大弯中学顺利通过四川省国家级示范性普通高中的评估验收(首批)。

图2-1-24为第4代校舍照片。

◆ 以"适佳"为核心的生态教育实践探索

图2-1-24

2003年8月,成都市大弯中学高考再续辉煌,2003届上线率达98.6%,其中,8名学生上北京大学、清华大学录取线。10月,学校自编10种校本教材由新疆人民出版社出版并投入使用。

2004年5月,为达到国家级示范性高中的规模要求和实际需要,学校征地32亩,并再次扩建。2004年,高考综合评估成都市大弯中学名列"全国示范"第四。

2005年,成都市大弯中学高考在全市综合评估中再次名列"全国示范"第四,文科排名第一。10月,成都市大弯中学入中国教育网。

2006年9月,成都市大弯中学在2006年高考综合评估中,第三次名列成都市"全国示范"第四。11月30日,区委区政府任命赵泽高为成都市大弯中学校长。

图2-1-25为成都市大弯中学历届领导简介。

朱晴峰	肖彦楷	杨文淑	刘炎荣	赵晓明	王小刚	赵泽高
副校长主持工作	副校长主持工作	革委会主任	校长	校长	校长	校长
1957—1959.8	1959.9—1966.5	1970.11—1972.9	1981.11—1984.7	1984.7—2003.2	2003.2—2006.10	2006.10至今

图2-1-25

勇立潮头竞名校，激越奋进续辉煌

新形势下的成都市大弯中学审时度势，谦卑而行，创新求变，用睿智与思辨演绎了中国教育改革浪潮下的馥郁馨香。成都市大弯中学本着以人为本的原则，全面实现班班通互联网，建立了科学高效的管理体制，狠抓教学质量，推行新课程改革，拓深未来发展，全面推进创新型管理。名校塑造名师，名师发展名校，成都市大弯中学将人才资源作为强校战略的重心，锻造名师队伍，不断强化师德师风。学校采用邀请专家学者讲学，选派骨干教师外出学习等方式，加快教师专业发展，深度推行名师工程，大胆尝试，现拥有8名省特级教师，70多名市区级骨干教师。与此同时，学校广开思路，成立青年教师研究会，落实教师继续教育制度等，多种模式齐头并进，为学校未来的开放性发展奠定了强大的师资保障。

近年来，成都市大弯中学秉承名校体系，坚持以适佳文化为依托，实施生态教育，积极推进课堂教育改革，优化课程结构，发展科研创新，不断纵深素质教育，在新课改理念的指导与要求下，优化教学过程，充分发掘学生的内在学习潜能，以省市重点科研课题、课堂教学模式研究为龙头，逐步推动生态课堂模式，以生动为特征，以生机为灵魂，以生成为目标，使学校课堂教育质量得到了显著提高。真正做到了教师有特色，学生有特长，课堂效益高，课后负担轻，为学校全面推进素质教育打下了坚实的基础。图2-1-26、2-1-27为历年所获奖项。

图2-1-26

◆ 以"适佳"为核心的生态教育实践探索

四川省中学生女足比赛第一名

成都市篮球传统校高女组一等奖

成都市大课间比赛一等奖

成都市篮球锦标赛一等奖

成都市足跑比赛获一等奖

2015年综合运动会女足获一等奖

图 2-1-27

近年来，成都市大弯中学被评为全国教育科研先进单位，承担的各项国家级、省市级课题结题并获奖，在区域内产生了广泛的影响。

艺体熏陶是生态德育的精神支柱。成都市大弯中学不断丰富课内活动与校外实践，建立了世界文化交流社，布林烘焙社，篮球社，轮滑社，播音表演社，馒头空间动漫社，南春少年足球社，乒乓球社，武术社，音乐社，羽毛球社，化学社，单车社，街舞社等学生社团，开展丰富多彩的培训，提升了学生素质。近几年，学生参加国家省市级艺体比赛，获得省市级奖励的达千余人，并在女篮、女足和科技创新方面充分发挥了学生的个性特长，并取得了一定的成绩。女篮、女足参加省市级比赛，一直保持在前三名的成绩。图 2-1-28 为历届获奖照片，图 2-1-29、2-1-30、2-1-31 为校园活动照片。

第二篇 实践篇

成都市第十三届运动会我校女篮获得冠军

青白江首届区艺术节舞蹈比赛一等奖

青白江区第三届艺术节校园剧比赛特等奖

青白江艺术节美术作品展一等奖

青白江区第五届艺术节朗诵比赛一等奖

图 2-1-28

青白江区艺术节

校艺术节

校艺术节

青白江区经典朗读大赛

校艺术节

图 2-1-29

093

◆ 以"适佳"为核心的生态教育实践探索

田径比赛

校运会长跑

跳绳比赛

跆拳道训练

校园学生督察队

升国旗

学生自制蛋糕

两人三足比赛

青白江区运动会
大弯中学入场

升旗仪式

大课间活动

图2-1-30

校运会开幕式

彩旗队

千人"责"字活动

校运会开幕式活动

图 2-1-31

成都市大弯中学还在集团办学上发挥出了龙头学校的示范引领作用。其先后与攀枝花市米易中学、贵州省福泉市福泉中学等建立了帮扶关系，并多次派出教师到对应的学校送课支教。

时代在变化，地球在缩小，乘坐着成都市青白江区"蓉欧产业园"快速发展的"顺风车"，成都市大弯中学走上了特色的教育国际化实践之路。从20世纪90年代开始，成都市大弯中学就行走在教育国际化实践的路上，迄今为止已经历了如下四个阶段。

（1）第一阶段——初期的教育国际化行为。

这一时期主要是学校去国外考察和邀请外教来学校任教，其主要目的是把学生送到国外读书。同时，学校借助海外教育人员来学校参观的活动，扩大对学校的宣传力度，提升学校在海内外的知名度（图 2-1-32）。

◆ 以"适佳"为核心的生态教育实践探索

1986年,我校教师在尼泊尔工作时被李先念接见

美国斯坦福大学Mike博士给学生授课 　　外籍教师在怡湖公园与学生合影

图2-1-32

(2) 第二阶段——有用的英语学习网站。

依托前期的海内外教育交流,根据学生及家长的教育需求,在成都市青白江区政府与马来西亚驻华大使联谊和签订协议的基础上,学校从2002年起开始单独举办"国际班",并与马来西亚艺术学校开展友好往来。这一时期的教育国际化实践以举办马来西亚艺术学院预科班为主,学校开办了3个预科班。这时的美术老师主要由成都市大弯中学和马来西亚艺术学校的老师分别任教,同时马来西亚还会派外籍教师来校教学生口语。三力并举的方式使学校成功举办了两届预科班,且在成都地区产生了一定的影响。图2-1-33为首届预科班合影照片。

图 2-1-33

(3) 第三阶段——高中国际部建设。

从 2010 年起，学校开始与四川大学合作，着手高中国际部的建设。从成立之初至今，我校国际部与四川省教育国际交流协会、四川大学出国培训部、西南大学出国留学服务中心、国家留学基金管理委员会留学预科学院、四川浩洋对外文化交流中心、加拿大亚历山大学院、马来西亚林国荣创意科技大学、新加坡南洋理工大学、澳大利亚泰勒学院、日本加计学园等国内外教学机构进行交流与合作。

2012 年，成都市大弯中学国际部大楼正式落成，为国际化教育提供了物资保障。为培养优秀中学生，培养高校专业化精英人才，我校国际部自成立以来，开展了国际创新实验班。国际创新实验班采取"四川大学吴玉章学院"对优秀本科生实施"拔尖创新人才培养"的模式，专门针对高中优秀学生建立了综合性培养体系，旨在培养综合素质优良的高中生。这一时期的教育国际化已开始走向"自主发展"的学校建构，高中国际部的实践较以往而言更加具有组织性、系统性。图 2-1-34 为来访照片。

◆ 以"适佳"为核心的生态教育实践探索

列宾美术学院教授Yuri Naumov
到我校访问指导

加拿大约翰阿伯特学院老师来访

国外教师参观我校学生才艺表演

国外教师参加我校国
际部奠基仪式

法国亚眠大学老师到校来访

我校国际班学生在美国
参加夏令营

图 2-1-34

（4）第四阶段——国际化教育与区域发展结合阶段。

为加快建设城乡一体化、全面现代化、充分国际化的世界生态田园城市，积极落实市委"五大兴市战略"，成都市青白江区大力发展产业园区经济，其中蓉欧产业园及蓉欧班列的开通，拉动了区域经济的快速发展，为区域国际化打开了窗户。在本区教育局的指导下，成都市大弯中学在教育国际化方面的举措有如下几点：自主研发、编写与国际化教育配套的国际化校本教材，与爱尔兰都柏林大学建立合作办学关系，邀请四川大学海外学院教师开设韩语、法语专业选修课，国际部教师承担了区外事办的翻译工作和成都市国际青年音乐周的接待工作等。同时，加大对老师外出培训的力度，学校已有近百名教师外出参观学习与培训，其中有几名教师还在海外承担教学工作，回国后在教职工大会上进行游学分享。与此同时，我校通过素质拓展、海外学习、夏令营、文化交流活动、交换生项目、学位教育等方式加强学生的国际交流。国际部建立至今，已有近200名学生赴美国、英国、加拿大、澳大利亚、新加坡、马来西亚等国留学。图2-1-35、2-1-36为各交流活动照片。

荷兰教育代表团来访

冯小函老师在美国孔子学院

李春林老师在英国培训

图2-1-35

◆ 以"适佳"为核心的生态教育实践探索

付普强老师在英国接受培训

爱尔兰都柏林大学校长
推荐留学生录取通知书
颁发仪式

俄罗斯足球代表团来访

图 2-1-36

　　办学特色的凸显，必然带来办学水平的提高。成都市大弯中学教学成绩显著，高考升学率一直稳定在95%以上，学校多年获得成都市教育局颁发的高中教育教学工作质量奖，在高考成绩这一领域一直保持着"至高至佳，立善立美"的追求。我校先后与新西兰怀塔克理中学、美国阿奎那中学、四川大学附属中学、印尼棉兰市第一公立高中、加拿大约翰阿伯特学院、阿根廷洛马斯德萨摩拉国立大学、爱尔兰都柏林大学、俄罗斯列宾美术学院、法国亚眠大学等国际院校合作打造国际班，体现了科创教育办学的特色，为学生的成长搭建了更高层次的平台，在顺应时代潮流、与时俱进方面一直保持着我校"因适而佳"的文化特色。近年来，成都市大弯中学被授予"优质生源基地""校园环境管理先进学校""成都市计算机教育基础条件合格学校""四川省百所教育特色学校""四川省中小学实验教学示范学校""教育服务质量社会满意学校""四川省现代教育技术示范学校""四川省首批新课改样本校""成都市最具魅力校园""四川省一级示范校"等称号。图 2-1-37 为一些交流活动照片。

澳大利亚珀斯游学书法课

陈道丽老师在英国培训

廖成杰同学荷兰游学

波兰大学教育代表团一行莅临
成都市大弯中学进行教育交流

爱尔兰代表吴兵教授与成都市大弯
中学校长赵泽高交换友好合作协议

图 2-1-37

光影留恋的昨日,我们立身名校、成就名校、标榜名校,为文化与教育寻找最坚实的臂弯;跨越发展的今日,我们承载着新的辉煌,驾驭着新的机遇,走出了前所未有的名校之路。历经六十余载,成都市大弯中学站在名校的高度,历上下求索之路,筚路蓝缕,以启山林;六十余载的淬炼,成都市大弯中学站在时代的巅峰,探育德育贤之才,风云凌厉,前进不止;六十余载的蜕变,大弯中学站在战略的前沿,熔铸一流辉煌的梦想,秉承适佳信仰,朝着国际名校的方向踏上新征程,一路高歌,再创辉煌诗篇。

同学们,希望今天你们以大弯为荣,明天,大弯以你为荣!

3. 看完以后，你想对亲爱的母校说点什么？
   亲爱的成都市大弯中学，我想对你说：＿＿＿＿＿＿＿＿＿＿
   ＿＿＿＿＿＿＿＿＿＿＿＿＿＿＿＿＿＿＿＿＿＿＿＿＿＿＿＿＿＿
4. 观看成都市大弯中学宣传片。
5. 作为大弯学子的你，最想为母校做点什么？
   (1) ＿＿＿＿＿＿＿＿＿＿＿＿＿＿＿＿＿＿＿＿＿＿＿＿＿
   (2) ＿＿＿＿＿＿＿＿＿＿＿＿＿＿＿＿＿＿＿＿＿＿＿＿＿
   (3) ＿＿＿＿＿＿＿＿＿＿＿＿＿＿＿＿＿＿＿＿＿＿＿＿＿

吾爱学习

李金蔚　易小蔡　陈绍有　杨春龙
何露明　曹娇娇　唐　强　张亚娇

案例简介

本课程针对高一新生，旨在教会学生掌握学习高中各科课程的特点与方法，为高中的学习做好准备。

案例内容

亲爱的同学们，走过了十五个炎炎夏日，这个夏天在你的一生中一定是与众不同的。因为你经历了初三的全力以赴，告别了曾经的懵懂无知，终于进入了高中。在这里，你将开启新的人生的一页。短暂的高中三年，你将继续深入学习语文、数学、英语、物理、生物、化学、地理、历史、政治等不同的学科，虽然这些学科在小学和初中都学过，但是，高中的要求和小学、初中又有很多不同。因此，《吾爱学习》这本书会帮助你提前熟悉和了解高中各个学科的特点和学习方法，为你顺利地从初中过渡到高中奠定良好的基础，为你成功地成为一名优秀的高中生指明方向。

案例章节展示

勤学博取善思善积，听说读写齐抓
——高中英语学科特点和学习方法介绍

一、高中英语学科特点
1. 教材内容难度、深度和广度加大。
高中教材内容较初中教材内容更加丰富，取材更加广泛，来自各个领域，包括边缘学科知识及跨学科知识，同时又体现了时代性。英语教材内容不仅是英语基础语言知识学习的载体，而且更倾向于培养学生的批判思维能力和综合语言实践能力。另外，高中教材只是学生学习英语的课本或范本之一，不是唯一的学习材料，学生在高中阶段还需阅读大量的课外读物。

2. 对词汇量的要求加大。

根据《普通高中英语课程标准》，高中学生在毕业时要累计掌握3300个单词和500个习惯用语或固定搭配。因此，词汇学习在高中英语学习中是一个重要部分，它渗透在英语学习的各个环节，包括听力、对话、阅读及写作。高中英语词汇量增多，同时对初中学过的词汇的词义、搭配和用法进行了拓展，并且加深了对词汇的理解与应用要求的提高。高中阶段，单词记忆只是基本要求，一词多义、熟词生义和辨析一个单词的多个用法及搭配才是关键。学生对词汇的理解及灵活运用也是重要考查点。

3. 语法在深度和广度上有更高的要求。

语法是对语言基本规律的提炼和总结。掌握语法对学生正确地、自信地运用英语至关重要。初中语法相对基础、零散，基本上以词法为主，对句法涉及少。高中的语法学习更为系统全面，需要进一步进行拓宽、加深。要学习的语法项目基本包括了英语语言所有的语法项目（如三大从句、非谓语动词、构词法、倒装结构、虚拟语气、特殊句式等），其难度、深度和广度都远远超过初中语法。同时，高中语法强调在语言实践中的运用，并对学生逻辑分析句子结构的能力及运用语法解决学习问题的能力要求提高。

4. 听、说、读、看、写语言技能要全面发展。

以听、说、读、看、写等方式理解和表达意义的语言能力是构成高中英语学科核心素养的基础要素，也是高中英语课程的培养目标之一。高中英语学业水平考试和英语高考的命题也要着重考查学生在具体社会情境中运用英语理解和表达意义的能力，特别是听、说、读、看、写的能力。

高中英语对这几种语言能力要求的提高体现在：

（1）听力理解由浅层的信息获取转向深层的信息加工处理。

高中英语听力题除了题型变化、听力材料内容难度增加、语速变快，更强调学生对所获信息的深层理解，包括识别主旨、细节、意图、态度等。

（2）看的技能增加，读的能力要求提高。

高中英语学习既要重视语篇阅读的能力提升，也要培养看的技能。高中英语学习增加了看的技能培养，学生要利用多模态篇中的图形、表格、动画、符号及视频等理解意义。

文本阅读能力要求更高。阅读语篇取材由纯语言材料转向高层次、多方位材料。要求学生广泛阅读各种题材的文章，对阅读能力的考查也大幅提高。阅读不再是简单地从文字材料中找到内容的事实，而是要培养学生快速阅读的能力、猜测词义的能力、分析推断的能力和捕捉主题的能力。

（3）说和写的能力要求更全面。

说即口头表达能力。高中阶段的口头表达着重训练学生主动发起交谈，让交谈继续，转移话题，举例、解释等技能。写作由内容表达的正确性和逻辑性转向熟练得体地陈述事件，传递信息，表达个人观点和情感，体现意图、态度和价值取向。高中英语写作要求内容连贯清楚、结构完整；在语言表达上要求用词准确、语句流畅；在内容上要求主题突出，有自己的思想和观点；在体裁上要求用词及文体恰当。

二、高中英语学习方法

1. 养成自主、自律的学习习惯。

高中学生养成自主、自律的学习习惯至关重要。高中学生对初中阶段的学习习惯应有继承，但在此基础上更应有发展和完善。

根据语言学习的规律，预习和复习是不可或缺的良好的学习习惯。预习是上好本节课的基本前提和必要准备；复习是对知识的进一步消化理解，巩固记忆，是把所学的内容条理化、系统化的过程，是与遗忘进行斗争的过程。复习应及时，方式应多样化。此外，良好的学习习惯还包括在课上主动参与问答，独立完成作业，及时分析错误，不断总结等。

制订英语学习计划。凡事预则立，不预则废。制订科学、合理、可操作性强的学习计划能够有效帮助学生合理利用时间，提高学习效率。建议每月、每周甚至每天都要制订学习计划，弄清楚自己应该学什么、怎么学、学得怎么样。制订计划后，还要多总结自己的计划完成情况和得失，不断完善以后的学习计划。

养成晨读、晨背的学习习惯，用零散的时间背单词、文段。尽可能地多读、多背、多说，最大限度地增加自己的语言积累。充分利用早上的时间，大声朗读单词、短语、句子、文章段落，积极用英语回答问题。"学习语言，声先行"是不变的真理。大声读、大声说，不仅可以改善发音，培养语感，而且有助于培养英语思维能力。

高一学生如能发挥自己的主导作用，做好学习的主人，学会学习的方法，就能顺利地完成初、高中英语学习的过渡。

2. 增加词汇量。

高中英语学习对学生积累的词汇和阅读能力有更高的要求，因此，在高中学习阶段增加词汇量、扩大阅读量是学好英语的必要保证。

词汇是阅读的基础，离开了词汇，阅读就无法进行。词汇量大，在阅读过程中遇到的生词少，阅读就快，准确率就高。在高中英语学习的过程中，学生要学会运用各种方法增加词汇量。

熟练掌握教材文本中的词汇和短语。课本中的词汇与高中英语课程标准要求的高中学生的词汇量标准是一致的。因此，掌握并熟练运用课本中的词汇是高中英语学习的必要条件。

充分运用构词法知识。学生需学习常见的构词法知识（如词缀法、合成法、转化法等）来提高自身构词的能力，同时增强学生的单词词性意识，为其正确使用所学单词提供必要保障。以 able 一词为例，在其前加 en，便成为动词 enable，意为"使……能够做……"。如在其前加 un，则成为其反义形容词 unable，意为"不能够"；如在其前加 dis，则成为 enable 的反义动词 disable，意为"使……不能……"；如在其后去 e 加 ity，又变成了名词 ability，意为"能力"；再在 ability 前加 dis，则成为其反义词 disability，意为"残疾，无能"。如此举一反三，不仅可激发学生学习新词的兴趣，更能培养学生运用所学构词法知识猜词义、词性的能力。

利用近义词、词性相似词和相似词组来记忆。如在学习词组 be related to 时，同学们可以联系意思相近的词组（如 be connected to，be linked with，be concerned with 等）。在学习 take up 这个短语时，可以联想到 take in，take off，take away 等词组的含义。

在语境中记忆单词。语境指的是上下文，即词、短语、语句或篇章的前后关系。这样，理解句意再记忆比单纯记忆单词的印象要深刻得多，效率也会提高很多。

3. 扩大阅读量。

有了充足的词汇储备，扩大阅读量才有基本保障。高中英语课程标准对高中阶段的阅读量有新的要求。除课文外，每周的课外阅读量不少于 2500 词，总量不少于 10 万词。如何使学生从初中"初级阶段"的阅读水平过渡到较高层次是每一位高中学生必须面对的一个重大问题。

（1）大量泛读。

高中学生的英语阅读不应仅限于教材文本。在教师的指导下，学生可选择与自己英语水平相适应的英语读物来训练自己的阅读技巧并拓宽其视野覆盖面。通过大量泛读，学生可以侧重对自身各项阅读技能的训练，从而提高其阅读速度。在泛读的过程中，学生也要练习并养成抓主题句阅读的方法，利用词缀和上下文推测词义进行阅读及用英语思维阅读的良好习惯。同时，大量阅读涉及各个学科、各个领域的阅读材料，学生不仅可扩大知识面，对课本中涉及的文化、历史、政治、风土人情、重要人物等背景知识也会有更深入的理解。

（2）掌握必要的阅读技巧。

阅读技巧主要指学生在阅读时能够合理地运用各种阅读方法解决各种阅读问题的能力。其中包括：运用略读技巧掌握所读材料主旨和大意的能力；运用跳读技巧，把握与主旨和大意有关的事实的能力；运用查读技巧，依据事实和细节做出合理判断的能力；根据上下文内容进行逻辑判断的能力。掌握必要的阅读技巧不仅能降低阅读的难度，而且会取得事半功倍的效果。

4. 多种途径学习英语。

高中英语学习需要借助英语工具书，学会查阅字典。高中生可以选择《朗文中阶英汉双解词典》《朗文当代高级英语辞典》《麦克米伦高阶英汉双解词典》或《牛津高阶英汉双解词典》。

学会使用图书馆和各种网络资源查阅获取信息。广泛阅读适合高中生阅读的英语报纸杂志、文学作品。另外，英语歌曲、电影和英文网站都可以成为学习英语的有用资源。

三、有用的英语学习网站、报纸杂志、文学作品等资源分享

国内外英语学习资源：

1. 中国国际广播电台（http://www.cri.com.cn）
2. 《中国日报》（http://www.chinadaily.com.cn/）
3. 《人民日报英文版》（http://en.people.cn/home.html）
4. 《21世纪报》（http://www.21stcentury.com.cn/index.php）
5. 《英语文摘》
6. 《时代文摘》（http://www.timedigest.com/）
7. 《南华早报》（http://www.scmp.com/）
8. 《金融时报》（http://www.ft.com）
9. 《国际先驱论坛报》（http://www.iht.com）
10. 《英国卫报》（http://www.guardian.co.uk）
11. 《泰晤士报》（http://www.the-times.co.uk/）

四、高中学生英语学习策略评价表

此评价表旨在调查学生使用的英语学习策略的情况（表2—1—2）。其共

有 24 项，每个项目后有 1~5 项，分别表示：

  1——从来不适用；

  2——基本不适用；

  3——有时使用；

  4——常使用；

  5——总是使用。

表 2-1-2

序号	学习策略	使用情况				
1	我会对即将学习的内容进行预习	1	2	3	4	5
2	在学习中，我能集中注意力	1	2	3	4	5
3	在学习中，我积极思考	1	2	3	4	5
4	我注意利用记忆规律提高记忆效果	1	2	3	4	5
5	我能对所学内容主动复习并加以整理和归纳	1	2	3	4	5
6	我注意发现语言的规律并运用规律举一反三	1	2	3	4	5
7	我经常阅读英语故事及其他英语课外读物	1	2	3	4	5
8	我经常使用工具书来帮助自己学习	1	2	3	4	5
9	在阅读中，我经常借助情景和上下文猜测词义	1	2	3	4	5
10	我有明确的英语学习目标并经常制定英语学习计划	1	2	3	4	5
11	我注意了解和反思自己在学习英语过程中的进步和不足	1	2	3	4	5
12	我积极参与课内外英语学习活动	1	2	3	4	5
13	学习中，遇到困难时我积极寻求帮助	1	2	3	4	5
14	我有意识地培养英语学习兴趣	1	2	3	4	5
15	我对英语和英语学习方法有积极的态度	1	2	3	4	5
16	在英语学习中，我努力克服害羞和焦虑心理	1	2	3	4	5
17	我注意调整英语学习中的情绪	1	2	3	4	5
18	在课内外学习活动中我积极用英语与他人交流	1	2	3	4	5

续表

序号	学习策略	使用情况				
19	在交际中遇到困难时，我能有效地寻求帮助	1	2	3	4	5
20	在交际中，我注意中外交际习俗的差异	1	2	3	4	5
21	交际中，我能克服语言障碍，维持交际	1	2	3	4	5
22	我能注意学习和了解有关国家的文化习俗	1	2	3	4	5
23	我注意通过音像资料丰富自己的学习	1	2	3	4	5
24	我通过图书馆和计算机网络等媒体资源获取更广泛的英语信息，扩展所学的知识	1	2	3	4	5

注：75~120分：好样的，全面的英语学习方法和积极的学习态度将助力你提高英语学习的综合能力并取得优异的成绩。

0~74分：加油吧，改善你的学习方法并调整你的心态，坚持不懈，你一定会在高中英语学习中取得进步。

请你根据自己使用学习策略的情况选择其中一种使用情况（圈出相应的数字）。每个人都有自己的学习方法，因此答案无所谓对与错。本调查问卷可以帮助学生全面分析自己的学习策略，改进英语学习方法。

五、制订一份适合自己的英语学习计划

为自己量身定制一份英语学习计划之前，需完成下面两个任务：

（1）在以前的英语学习中，你有做得特别好的地方，或者做得不足的地方与同学们分享吗？

（2）小组讨论，制订你的高中英语学习计划。

```
┌─────────────────────────────────────────────────────┐
│              我的高中英语学习计划                     │
│                                                     │
│  我的目标：                                          │
│                                                     │
│                                                     │
│  我的准备：《牛津高阶英汉双解词典》、笔记本、单词收集本  │
│                                                     │
│                                                     │
│                                                     │
│  我的方法：                                          │
│                                                     │
│                                                     │
│                                                     │
│                                                     │
│                                                     │
│  我的计划：                                          │
│                                                     │
│                                                     │
│                                                     │
│                                                     │
└─────────────────────────────────────────────────────┘
```

健康课堂（初中版）

张亚娇

案例简介

随着学生生理、心理的发育和发展，社会阅历的扩展及思维方式的变化，特别是社会竞争的压力加大，中学生会遇到各种各样的心理困扰或问题。

2010 年，《国家中长期教育改革和发展规划纲要（2010—2020 年）》明确指出，要加强学生心理健康教育，提高学生心理健康素质，培养积极乐观向上的品质，开发心理潜能，促进学生身心和谐可持续发展。

成都市大弯中学早在 1993 年就开始了心理健康教育的尝试，对学生开展心理普查和个体心理咨询等活动，在 1996 年学校就将心理健康教育引入了常规课堂，期间从未间断。学校教师多年的心理健康教育历程积累了丰富的经验和成果。在前辈们的引领和指导下，我根据《中小学心理健康教育指导纲要》要求，结合我校"至高至佳，立善立美"校训及"竞性化育，自然天成"的办学理念，"适天则达，适地则生，适人则和，因适至佳"的"适佳"文化，"能适应、会选择、善合作、勇创新、敢担当"的培养目标，以"育心为本，适佳育人"的心理健康教育理念为核心，在心理健康教育实践中，以预防性和发展性的心理辅导为主，引导和帮助中学生关注和重视自身的心理健康，认识心理波动的常态变化，增强自身心理复原和维持平衡的能力，提高自身心理健康素质，开发自身心理潜能，促进自身身心和谐可持续健康发展。在实践和反思中，形成了校本用书——《健康课堂（初中版）》，并在2019年成都市中小学心理健康教育优秀成果研究评选中荣获一等奖。

案例内容

本教材包括适应篇、人际篇、自我篇、学习篇和青春期篇。适应篇是关于促进学生及时适应新的人际和物理环境，以便学生成长不受适应障碍的影响。人际篇涉及学会赞美、懂得倾听、善于合作、情绪调控和有效沟通等与人相处的品质的培养。自我篇则加强学生自我认识，学会客观评价自己，增强自我认同，助力自信成长。学习篇主要引导学生激发自身学习动机、掌握记忆方法、学会管理时间和调节考试焦虑情绪。青春期篇帮助学生认识青春期的生理和心理特征、把握异性交往尺度、处理萌动的情感和了解性知识等。

本教材每一篇的活动设计都包括课堂理念、热身活动、心理辅导、心理常识、学长之音和成长周记。课堂理念意在说明本篇活动设计的目的，诱发学生参与活动的动机。热身活动在于消除课前影响，使学生的身心都能快速投入到辅导活动中来。心理辅导则是针对辅导目的设计的具体活动，是活动的主体。心理常识是学生自读部分，学生在课前课后都可以去了解一些相关的心理常识。学长之音是学长参与这个心理辅导活动后的感悟，给学生更多的感悟空间。成长周记则是希望学生养成记录成长故事的习惯，学会成长的自我反思，享受成长的过程。

案例章节展示

第一课　我与健康

健康是我们生存的基石，是我们学习、生活和工作的保障，是我们拥有快乐、幸福和活力的源泉，是我们发挥智慧、创造财富、体验成功的条件。

没有健康，我们做很多事情都会感到有心无力，难以为继。传统观念认为，无病即健康。而世界卫生组织给出了整体健康观：健康不仅指一个人的身体有没有出现疾病或虚弱现象，还指一个人在生理上、心理上和社会上的完好状态。由此可见，心理上的健康与生理上的健康一样重要。我们不仅要维护自身身体健康，也要维护自身心理健康。

电波的速度

1. 分组：每相邻两排同学为一组，围成一个圈，面向圈内。

2. 随意在圈中选出一个人，让他用右手捏一下相邻同伴的左手。第二位同学感受到的队友传递过来的捏手信号，就被称为"电波"。收到电波的同学要迅速地把电波传递给下一个队友，也就是说要迅速地捏一下下一位队友的手。这样一直传递下去，直到"电波"返回起点。

3. 若在传递过程中电波中断，则该位同学要说出一个包含"健康"含义的词语，再继续传递。

4. 老师将用秒表记录"电波"跑一圈所需要的时间，当听到"游戏开始"的指令后开始传递。返回起点后，起点的同学举手示意。

5. 老师告知每组"电波"传递一圈的时间，鼓励大家，让大家重新再做一次电波传递，希望这次能更快一些。

6. 让各组重复做几次电波传递，记录下每次传递所用的时间。

7. 闭上眼睛，反方向传递电波，记录时间。

思考与分享：

（1）电波如何才能不间断的快速传递？

（2）睁开与闭上眼睛传递电波感觉有何不同？

（3）同学们说了哪些关于"健康"的词汇，总共有多少个？让你想到些什么？

畅所欲言

请同学们根据日常观察和生活经历思考以下四个关于"健康"的问题：

1. 我理解的健康是什么？
2. 我评判一个人健康与否的标准是什么？
3. 根据我与同学们的标准判断，我是一个健康的人吗？
4. 这些评判标准科学吗？

◆ 以"适佳"为核心的生态教育实践探索

健康标准我知道	健康是否伴我行

中学生心理健康自测①

下面是有关你近来心理状态的一些问题（表2-1-3），请你仔细阅读每一个题目，每一个题目没有对错之分，请你尽快回答，不要在题上过多思索。每个题目都有五个等级供你选择，分别按照程度的高低表示。

无——自觉该项目无问题；

轻度——自觉有该项目问题，轻度出现；

中度——自觉有该项目症状，其程度为中度；

偏重——自觉有该项目症状，其程度为中等严重；

严重——自觉有该项目症状，已达到非常严重程度。

注意：每个题目只能选一个等级，在相应栏目里打"√"，每个题目都要回答。

表2-1-3

序号	项目	项目等级					
		无	轻度	中度	偏重	严重
1	我不喜欢参加学校的课外活动					
2	我心情时好时坏					
3	做作业必须反复检查					
4	感到人们对我不友好，不喜欢我					

---

① 中国中学生心理健康量表（MMHI-60）.

续表

序号	项目	项目等级			
		无	轻度	中度	偏重	严重
5	我感到苦闷					
6	我感到紧张或容易紧张					
7	我学习劲头时高时低					
8	我对现在的学校生活感到不适应					
9	我看不惯现在的社会风气					
10	为保证正确，做事必须做得很慢					
11	我的想法总与别人不一样					
12	总担心自己的衣服是否整齐					
13	容易哭					
14	我感到前途没有希望					
15	我感到心神不宁，坐立不安					
16	经常责怪自己					
17	当别人看着我或谈论我时，感到不自在					
18	感到别人不理解我，不同情我					
19	我常发脾气，想控制但控制不住					
20	觉得别人想占我的便宜					
21	大叫或摔东西					
22	总在想一些不必要的事情					
23	必须反复洗手，反复数数					
24	总感到有人在背后谈论我					
25	时常与人争论、抬杠					
26	我觉得对大多数人都不可信任					
27	我对做作业的热情忽高忽低					
28	同学考试成绩比我高，我感到难过					
29	我不适应老师的教学方法					
30	老师对我不公平					
31	我感到学习负担很重					

续表

序号	项目	项目等级				
		无	轻度	中度	偏重	严重
32	我对同学忽冷忽热					
33	上课时，总担心老师会提问自己					
34	我无缘无故地突然感到害怕					
35	我对老师时而亲近，时而疏远					
36	一听说要考试，心里就感到紧张					
37	别的同学穿戴比我好，有钱，我感到不舒服					
38	我讨厌做作业					
39	家里环境干扰我学习					
40	我讨厌上学					
41	我不喜欢班里的风气					
42	父母对我不公平					
43	我感到心里烦躁					
44	我常常无精打采，提不起劲来					
45	我感情容易受到别人伤害					
46	我觉得心里不踏实					
47	别人对我的表现评价不恰当					
48	明知道担心没有用，却总害怕考不好					
49	总觉得别人在跟我作对					
50	我容易激动和烦恼					
51	同异性在一起时，感到害羞不自在					
52	有想伤害他人或打人的冲动					
53	我对父母时而亲热，时而冷淡					
54	我对比我强的同学并不服气					
55	我讨厌考试					
56	心里总觉得有事					
57	经常有想自杀的念头					

续表

序号	项目	项目等级				
		无	轻度	中度	偏重	严重
58	有想摔东西的冲动					
59	要求别人十全十美					
60	同学考试成绩比我高，但能力并不比我强					

结果解释：

请将所有题总分相加，除以题项（60）得到总均分，用总均分来评定中学生心理健康状况：

2~2.99分，表示存在轻度的心理健康问题。

3~3.99分，表示存在中等程度的心理健康问题。

4~4.99分，表示存在较严重的心理健康问题。

如果是5分，表示存在非常严重的心理健康问题。

4分以下，可进行自我调适；4分以上，需求助心理老师。

健康的标准

世界卫生组织将"健康"定义为：健康不仅指一个人躯体没有残缺和疾病，还是指一个人在生理、心理和社会适应三个方面的完好状态。近年来，世界卫生组织又提出了衡量健康的一些具体指标。例如：

（1）精力充沛，能从容不迫地应付日常生活和工作的压力，而不感到过分紧张和疲劳。

（2）处事乐观，态度积极，乐于承担责任，工作有效率。

（3）善于休息，睡眠良好。

（4）应变能力强，能适应环境的各种变化。

（5）具有抗病能力，能够抵抗一般性感冒和传染病。

（6）体重得当，身材均匀，站立时头、肩、臂位置协调。

（7）眼睛明亮，反应敏锐，眼睑不发炎。

（8）牙齿清洁，无空洞，无龋齿，无痛感；齿龈颜色正常，不出血。

（9）头发有光泽，无头屑。

（10）肌肉、皮肤富有弹性，走路轻松有力[1]。

---

[1] 世界卫生组织十大健康标准.

由此可见，心理健康是现代人健康的重要标志之一，那么什么是人的心理健康呢？人的生理健康是有标准的，人的心理健康也是有标准的。

心理健康的标准

心理学家将心理健康的标准描述为以下九点：

（1）智力发育正常：个体智力发展水平与其实际年龄相符。

（2）环境适应良好：适度主动与外界环境有所接触而不被环境左右，有适度的安全感。

（3）自我认识充分：对自己有充分的了解，清楚自己存在的价值，对自己感到满意，且努力使自己变得更加完美。对自己的优点能发扬光大，对自己的缺点也能充分认识，并能自觉地去克服。

（4）人格完整和谐：个人的价值观能适应社会的标准，能对自己的个性倾向性和个性心理特征进行有效的控制和调节。

（5）合理调控情绪：能更多体验到乐观、满意等积极情绪，尽管也会有悲哀、困惑、失败、挫折等消极情绪出现，但不会持续太久，能够适当表达和控制自己的情绪，使之保持相对稳定。

（6）善于学习提升：在学习、工作等方面不断取得提升，充分发挥自我潜能。

（7）理想目标切实：有切合实际的理想，对未来充满信心，面对挫折和困难不轻易气馁。

（8）正确满足需要：在不违背社会道德和法律的前提下，适度地满足个人需求。

（9）人际关系和谐：尊重他人，理解他人，善于学习他人的长处，并能用友善、宽容的态度与别人相处，为人真诚坦率，值得信任，能建立融洽的人际关系。

当我们掌握了心理健康标准，可以以此为依据对照自己，并进行心理健康的自我诊断。

心理健康的状态

当我们看到这些心理健康的标准，是不是自己稍有一点不符合就认为自己心理不健康了呢？其实，心理健康不是某种固定的状态，它是动态的、变化的，随社会、心理、生理或家庭等方面的变化而变化的。心理健康犹如身体健康，身体偶尔会生病，如天气变冷时容易感冒，为防止感冒加重，我们会及时添衣、吃药；同样的，我们的心理也会生病，当遇到烦恼时，我们要学会及时调整心情，以防情绪变得更糟而影响日常生活和学习。身体的疾病分轻重缓急，心理健康状态也分为健康、亚健康、心理障碍和心理疾病四个状态。下面我们将身体健康状态与心理健康状态做比较[1]。

心理健康和亚健康都属于心理正常范畴，而心理障碍和心理疾病则属于心理异常范畴。由表2-1-4可知，健康与不健康的界限是相对的，正常与异常更像是连续体的两端，没有明显的分水岭。如果平时发现自己的心理状况与心理健康状态有一定距离，就需针对性地加强心理锻炼，以期达到心理健康水平。如果发现自己的心理状态严重地偏离心理健康状态，就要及时地求助，以便早期诊断与早期治疗。

表 2-1-4

等级	心理	生理
健康	快乐的感觉大于痛苦的感觉，能与周围的人和谐相处，能胜任日常学习和生活。	身体无疼痛，感觉舒适，无感冒、发烧等症状。
亚健康	由个人心理素质、生活事件、身体不良等因素引起，愉快感小于痛苦感，"很累""没劲儿""不高兴""应付"是他们常说的词。通过自我调整，如休息、聊天、娱乐、运动等放松方式或求助朋友、心理老师能使自己的心理状态在一周左右得到改善。	身体偶感不适，如患小感冒、发烧等。
心理障碍	心理活动的外在表现与其生理年龄不相称或反应方式与常人不同，对外界刺激的反应方式异常，社会适应不良，有自知力和求助意愿，需求助专业心理医生。	胃病、肠炎。
心理疾病	大脑功能失调，常见的有精神分裂症和心境障碍等，可出现思维判断上的失误（如幻觉和妄想等），以及明显的行为偏差（如僵直、动作重复、呆滞等），需求助专业心理治疗。	心脏病、糖尿病、白血病等。

对此，学生有以下看法：

（1）心理健康的人应该乐观、积极向上，乐于助人。心理健康课是一门不可缺少的功课，我们应该认真学习，努力维护自己的心理健康。

（2）在以前，我一直认为，健康单指身体上的健康，并错误地认为只要身体健康就行。可自从上了心理健康课以后，我对健康有了更深刻的了解。我了解到健康还包含心理、思想方面，而心理健康是十分重要的，因此我要感谢心理健康课对我的帮助。

（3）刚刚进入初一，对初一生活充满了好奇，上了一堂心理健康课，让我受到很多教育，如人要活泼、开朗、大方，不要自闭、孤僻等。而我就是

---

[1] 何少颖. 成长（七年级上册）[M]. 福州：福建少儿出版社，2014：2-4.

一个外向、开朗、乐观的人。这节课让我学会了"用微笑送去今天，用微笑迎接明天"，更加乐观地面对生活。

（4）我很喜欢心理健康课，能在有趣、轻松的课堂上获取更多以往不了解的知识。但是，心理健康课每周只有一节，每次上课我都特别珍惜，珍惜每分每秒，因为我想获取更多的心理健康方面的知识。

（5）第一次上心理健康课，就收获了不少：明白了一个健康的人不仅是身体健康，还必须心理健康。就如一个人要做到内在美、外在美兼备才行。我不得不说我还有一些小缺点，但是，为了做一个让人喜欢的同学，我一定会努力的！

（6）心理健康课是一门轻松、精彩的课程，它能使我们的内心与身体都得到健康，从而改变自己，让自己成为一个新的自己。

物理创新实验设计（高中版）

唐 强

案例简介

随着社会的发展，世界各国的竞争越来越激烈，为积极响应国家对未来人才的需求，2019年，中共中央、国务院印发了《中国教育现代化2035》，并发出通知，要求各地区各部门结合实际认真贯彻落实。文件指出：中国教育要提升一流人才培养与创新能力，优化人才培养结构，加强创新人才特别是拔尖创新人才的培养，加大应用型、复合型、技术技能型人才培养比重，加强应用基础研究，建设一批国际一流的国家科技创新基地。

中学阶段是学生身心发展的关键时期。在高中阶段，学生思维水平得到大幅提升，这为学生创造、发明提供了智力保障，但学生的成长需要教师的专业指导，也需要施展才华的平台。

创新实验设计无疑是培养学生创新能力的重要途径。在此过程中，学生不仅可以熟练掌握教材实验内容，同时可以利用实验器材及生活用品设计小实验，制作教具和科创作品等。

早在1995年，成都市大弯中学就开始了学生科技小制作的探索，并取得了丰硕的成果。之后，学校屡次参加区、市、省及国家科创大赛，频频获奖。

多年的科创教育历程积累了丰富的经验和成果，在成都市大弯中学前辈们的引领和指导下，物理组全体教师积极探索学生创新能力的培养方式和路径，结合我校"至高至佳，立善立美"校训、"尽性化育，自然天成"的办学理念，开发了"物理创新实验设计（高中版）""武器中的物理原理""趣味物理学"等数门校级选修课程，并在各级教育优秀成果研究评选中多次获奖。

案例内容

本教材包括高中物理创新实验概述、力与运动、声光热、电与磁。创新实验概述主要介绍高中物理创新实验及科创大赛的发展现状、设计思路、常用器材、设备及使用方法，以便学生能够更好地把握学习方向。力与运动、声光热、电与磁这三篇主要介绍力、热、光、电的教材实验，以及创新实验设计案例，为学生自主设计实验提供了思路和方法。

教材中每一章的活动设计都包括教材实验设计、创新实验设计案例、讨论交流、创新设计、心路历程。其中，教材实验设计旨在让学生熟练掌握教材实验内容，正确使用实验器材，为创新实验设计夯实基础；而创新实验设计案例、讨论交流、创新设计三个环节则让学生了解本实验的设计思路，通过小组讨论，研究实验设计的其他思路和方法，集中小组全体成员的智慧，设计新实验，心路历程则是让学生记录实验设计的思维流程、遇到的困难及解决措施，培养学生自我反思、归纳总结的好习惯。

案例章节展示

让光显形

光路是指光的传播路径，包括光传播中的折射、反射、全反射的路线，光路是整个光学实验的基础。但是，在现有实验中，很难观测到完整的光路图，那么怎样才能让光显形呢？

（一）教材实验设计

通过在水杯中插入筷子观察光的折射现象，进而研究光的传播路径（图2-1-38）。通过教材实验，我们可以直观地观察到倾斜放入水中的棍子确实发生了偏转。

◆ 以"适佳"为核心的生态教育实践探索

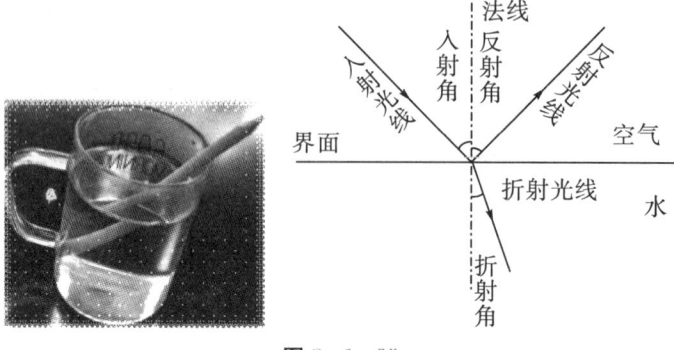

图 2-1-38

（二）创新实验设计案例

1. 实验目的

（1）探究光的反射、折射、全反射光路。

（2）研究光的反射、折射定律，以及全反射的条件。

2. 实验原理

让光通过胶体，显示光的传播路径。

3. 实验器材

肥皂水、熏香、激光笔、纸箱子。

4. 实验内容

（1）利用丁达尔现象显示光路。

通常情况下，光的传播路径是看不到的，但如果让一束光线透过胶体，从垂直入射光方向便可以观察到胶体里出现的一条光亮的"通路"，这种现象叫丁达尔现象，也叫丁达尔效应（Tyndall effect）。丁达尔效应是区分胶体与溶液的一种常用的物理方法，也是让光"现形"的有效方法。图 2-1-39（a）显示光通过清水看不到光路，图 2-1-39（b）显示用肥皂水可以显示光路。

 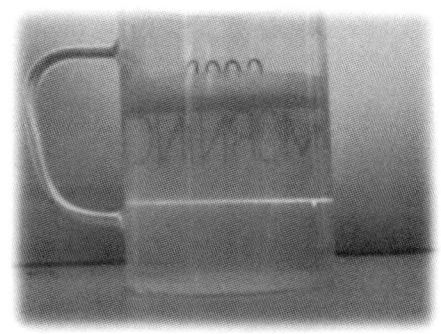

（a） （b）

图 2-1-39

（2）光的全反射。

当一束光从光密介质进入光疏介质，会发生反射和折射，可以观察到三条光线——入射光线、反射光线和折射光线。但随着入射角的增大，反射光线增强，折射光线减弱，当入射角大于临界角时，只有反射，折射消失，这种现象称为光的全反射。图 2-1-40（a）为光的反射和折射，图 2-1-40（b）为光的全反射。

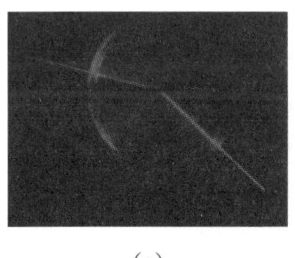 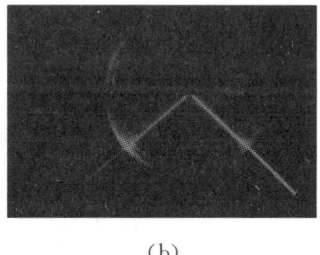

（a） （b）

图 2-1-40

5. **实验装置**（图 2-1-41、2-1-42）

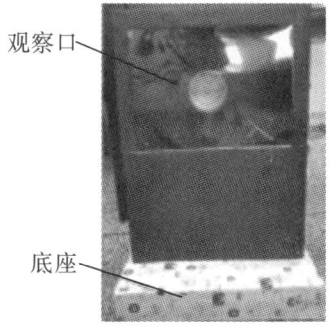 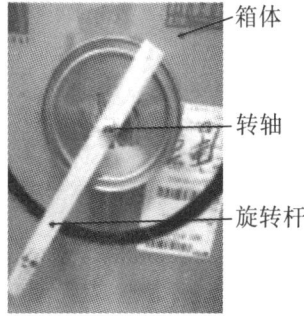

图 2-1-41

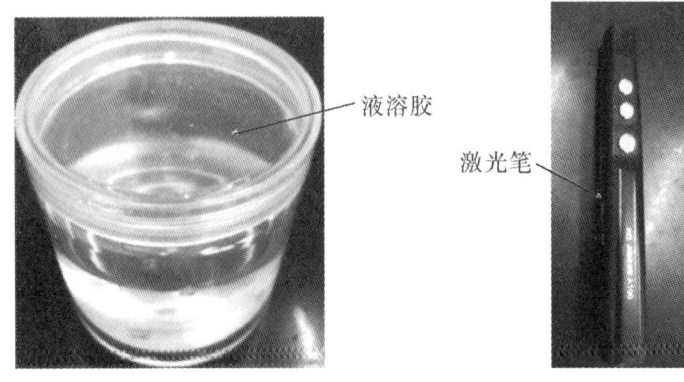

图 2-1-42

6. 操作方法

(1) 打开观察窗，激光笔开光，出现光线。

(2) 在箱体中点一盘卫生香，产生气溶胶，关闭观察窗。

(3) 拨动旋转杆让激光笔光线从装有胶体的瓶子正下方入射，调节激光笔让光线竖直向上经过瓶子中心线。

(4) 缓慢拨动旋转杆，当入射角很小时可以观察到入射、折射两条光线，但几乎观察不到反射光线。

图 2-1-43 为入射角较小时出现的两条光线。

图 2-1-43

(5) 增大入射角，折射光减弱，反射光增强，可以观察到入射、反射、折射三条光线（图 2-1-44）。

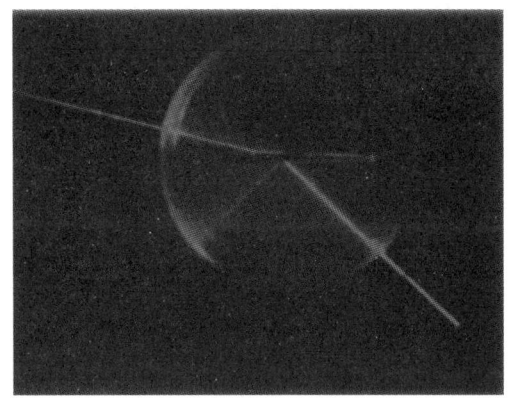

图 2-1-44

（6）继续增大入射角，可以观察到反射光增强、折射光减弱，最后折射光线完全消失（图 2-1-45）。

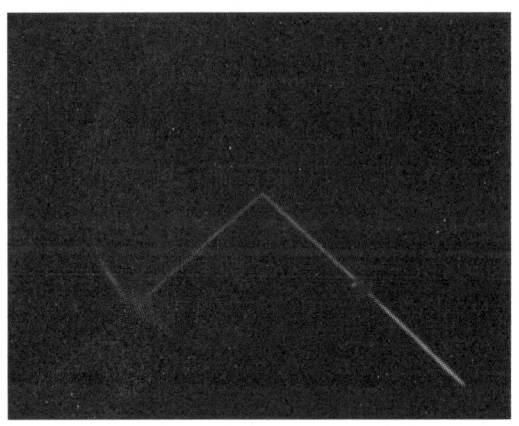

图 2-1-45

此仪器可以用于显示光的传播路径，演示光的反射、折射和全反射现象，可定性研究光的反射、折射和光的全反射。

（三）讨论交流

年　月　日

星座与人类

杨　林

案例简介

本课程是运用成都市大弯中学生态校本课程的理念，结合我校天象馆科普基地课外活动的开展，从人与自然的角度去构建的关于学生核心素养的校本选修课程。本课程主要研究"星座与人类"的关系。通过本章的学习探究，使学生初步认识每个季节的星空的代表星座和十二星座（生日星座）；让学生记住典型的星座图形，学会观察星空的方法，初步掌握星空变化的规律。

本课程在每章设计了小组探究活动的方案，学生在教师的指导下，通过从书刊、网络收集信息并处理信息，在天象馆观看星空演示，在野外进行普通天文观测，体验探索星座奥秘的乐趣，掌握观察星空的方法。通过这些小组探究活动，让学生在学习中学会与他人交往和沟通的能力，以及组织管理和团结协作的能力；同时，让学生在探究天文与人文的活动中，培养学生对宇宙奥秘的强烈的好奇心，利用发散思维和创造性思维，不断探索未知领域，不断挑战和超越自我。

通过本章的探究学习，培养学生热爱科学、积极探究星座奥秘的热情。同时，通过对星座与人类相关知识的了解，培养学生热爱祖国、热爱中华文化、继承和发扬优秀传统文化的思想感情。

案例内容

上篇介绍关于星座与人类的相关知识，第一章——天球坐标系，第二章——星座的划分，第三章——观测星座，第四章——黄道星座，第五章——星星介绍。

下篇探究活动方案流程设计：活动任务，活动内容，活动组织形式——合作探究学习，活动设计，活动实践。

案例章节展示

探究活动方案设计

一、活动任务

1. 到天象馆观看星空演示，或在野外进行普通天文观测，掌握观察星空的方法。

2. 上互联网或图书馆查阅相关资料，收集、整理有关星座与人类的知识。

3. 撰写"星座与人类"学习探究活动的探究报告。

4. 探究星空变化的规律及星座与人类活动的关系。

二、活动内容

1. 在天象馆观看星空演示，在野外进行普通天文观测。

2. 对本组收集的有关星座的知识进行整理（核对、修正、补充），并作说明。

3. 形成小组活动书面报告（活动方案、过程、结果、总结）。

4. 小组之间交流成果。

5. 师生协同完成本探究活动的评价和成果展示。

三、活动组织形式——合作探究学习

学生分六个小组，并在教师指导下进行探究活动。

四、活动设计

（一）活动准备（1课时）

了解背景：明确探究目标。

教师活动：以多媒体课件的形式，通过课堂教学向学生简单介绍"星座与人类"这章相关的天文知识，包括星座的划分、星座的辨认及与星座相关的神话传说，为学生即将进行的探究活动做知识铺垫和情感调动，激发学生深入探究学习的动机。

学生活动：主动搜索相关知识，强化学生自主探究学习的动机。学生通过了解教师所介绍的知识背景，能初步了解星空变化的规律、主要星座的相关知识及星座与人类的关系，并在此基础上收集资料，整理、分析资料，注意鉴别其中的知识的真假。

在教师的指导下，以自愿组合的原则，将全班学生分成6个探究小组（各小组成员在9人左右为宜），分别完成以下四点准备工作：

（1）分配探究任务和提出探究要求——每个小组的成员之间要有明确的任务分工，同时探究任务的每一个环节都要有具体的要求。

（2）安全教育——制定安全预案，强调"安全第一"的安全原则，讲解如何降低意外风险的注意事项。

（3）探究活动——利用课余时间和节假日完成问题探究，在研究过程中注意收集典型案例及相关的图片。

（4）创作活动——在探究活动的后期制作"星座与人类"探究活动的成果（探究报告、展板、模型、图片、诗词、科普小论文等）。

（二）活动过程（2课时）

1. 收集资料——奠定知识基础。

构思：通过小组协作完成收集资料活动，利用图书馆、互联网查阅相关资料；探访天文工作者、地理教师和天文爱好者，了解星座的相关知识，做好探访记录。

操作：将全班学生分成六个小组，分头收集资料。

2. 观测星空——体验探索乐趣。

（1）观测第一阶段：利用活动星图观测星座（有条件的学校可利用天象馆进行）。

（2）观测第二阶段：在夜晚观测星空。

①观测准备。

知识准备：学生绘制好观测季节的一张星图，熟记该季节的主要星座及主要亮星。

工具准备：手电筒。

②学生在教师指导下进行星空观测。

教师主动监控各小组的活动进展，及时给予指导。

3. 整理资料——准备交流成果（课外进行）。

各小组对收集的有关星座与人类的资料进行整理和归纳，在此基础上形成本组活动的书面报告，制作本组的探究成果作品。报告包括以下六点内容：

（1）本次活动的目的。

（2）本次活动的策划和准备。

（3）本次活动的过程（查找的网站、书籍，调查身边人群的数量；在探究过程中对偶发事件的处理；不同阶段完成的主要探究任务）。

（4）本次活动的初步成果（含本次探究活动的典型案例）。

（5）本次活动的自我评价。

（6）本次活动的总结和反思（学生通过探究活动搞清楚哪些问题，学会了哪些知识和能力，本次探究活动尚存在的不足，对本次探究活动的自我评价及在本次探究活动过程中各小组成员的个人感受）。

4. 交流鉴赏——评价学习成果。

（1）传说激兴。

教师用多媒体介绍星座与人类的相关传说以激发学生的学习交流情绪。

（2）交流鉴赏。

构思：各个小组之间，交流自己收集、整理的资料，观察、分析、归纳探究问题，制作探究学习成果，进行交流学习成果鉴赏和探究学习的组间评价。

操作：

①交流前的准备。

召开各组学生联席会议：布置成果交流阶段的主要工作和注意事项。

整理资料：把收集到的资料整理归类。

撰写交流方案：对整理好的资料进行分析，撰写出成果交流报告。

展示任务分配：选出小组代表，在成果交流展示会上主讲小组探究成果，其他小组成员进行补充。

制作成果：制作展板，剪接影视片段，制作模型、天文图片，创作科普小论文等。

②交流鉴赏：抽签决定交流顺序，小组代表讲解交流探究活动报告，本小组成员进行补充，其他小组成员自由质疑，各小组成员自觉答疑。

（3）成果评价。

成绩评定：师生共同完成评价量表。

成绩评价量表如下：

课题名称：＿＿＿＿＿＿＿＿＿＿＿＿＿＿

课题组成员：＿＿＿＿＿＿＿＿＿ 等级：＿＿＿＿＿

评价要素	分值	评价分值	
		小组评	教师评
选题的科学性与可行性	5		
小组成员出勤率	5		
活动记录的完整性、及时性、真实性	5		
小组成员的团结合作	5		
活动预期目标的达成度	10		
材料的规范与完整性	10		
活动主动性	10		
现场答辩（全员参与情况，语言表达，仪态、仪表，应变能力）	20		
发展等级分（学生变化情况）	10		
成果的创造性或某一方面的独特性	20		
课题小组总体得分			
综合评价			
课题小组最后得分			

注：80～100分，优秀；70～79分，良好；60～69分，合格。

5. 整合小组成果，形成班级成果（课外进行）。

构思：各小组分别派一个能力最强的成员，组建成果整合小组，依据各小组的探究成果资源，整合出班级的探究成果，撰写探究报告，择优选择典型的星座与人类的案例，并制作成多媒体资源，入库到学校资源库。

操作：

（1）组建成果整合小组：各小组评选一名能力最强的人选，组建成果整合小组。

（2）整合资源：整合各小组资源，相互合作，撰写班级探究报告。

（3）制作整合成果：把班级探究报告制作成展板、多媒体或班级科普论文集、天文科普资料库等。

（4）班级之间交流学习，保存资料：班级将展板照片、多媒体资源、科普论文集、天文科普资料等进行交流和保存。

五、活动实践

（一）活动记录

活动日志

时　间	活　动　情　况	活动实录（视频、图片）

（二）学生作品展示

作　　品	作者	性别	年级/班	指导者	参与者（团队名称）

◆ 以"适佳"为核心的生态教育实践探索

（三）总结与反思
探究学习小组总结：
_____年级_____班级

课题名称	
主要工作	
研究的主要问题	
有哪些收获	
还有哪些方面需要改进	
评价结论	

组长：_____
组员：_____
填表日期：　　年　　月　　日

第二章　生态课堂实践优秀案例

"我的生涯魔法石"教学设计

张亚娇

设计理念

一、选题缘由

新的教育综合改革和新高考改革把生涯规划教育推上了热点位置。生涯规划教育包含认识生涯、认识自我、认识职业、认识专业、生涯准备、生涯决策等。认识自我是生涯规划的基础。

新高考制度取消了文理分科，实行"3+3"考试模式，语文、数学、外语为必修科目，在政治、历史、地理、物理、化学、生物六科中自选三科作为高考科目。从"2选1"到"6选3"的变化表明，国家教育理念已转向适性教育，尊重学生的个体差异，根据学生的兴趣和能力等特点，因材施教，促进学生自主发展。新高考录取以统一高考成绩和学业水平考试成绩作为依据，同时还要参考思想品德、学业水平、身心健康、艺术素养和社会实践的综合素质评价。这表明，国家对人才的评价逐步从单一维度转变为多元评价，以培养全面发展的人才为核心，重视学生的综合素质。

而传统的应试教育将学业成绩作为评判学生能力的主要依据。学生的自我认识建立在自我评价和他人评价的基础上，而他人评价又影响着自我评价标准的建立。当都以学业成绩为主要标准时，一些在学业成绩上不突出的学生经常有挫败感，降低了自信心。这也导致学生缩小了对自我能力探索的范围，更多聚焦学业能力，而忽略了人际、音乐、运动等其他方面的能力。这不利于发挥学生的能力优势，不利于发掘学生的潜能，不利于学生自信成长,这也不利于人尽其才,不利于创新人才的培养和发掘。

因此,本次课程设计的目的在于帮助学生从多元的视角发现自身的能力,帮助学生增强当下的"我能感",能更轻松地胜任当下的任务;发现自身的能力特征,用发展的眼光看待能力,强化优势能力,尝试发展自身短板能力;找到与自身能力特征相匹配的职业作为自己的生涯发展方向,激发和维持自身的学习动机;为适合的职业培养和发展相关能力,适应未来世界,适应生涯发展要求,可以在相关领域取得更突出的成就,发展出更适合、更适应、更和谐的幸福人生。

二、学情分析

根据萨柏的生涯发展阶段理论,高一年级学生处在生涯探索期中的试验期,他们综合认识自己的兴趣、能力、价值观,了解职业,开始探索自己喜欢的职业。然而,他们对自我的认识还不够准确、全面,容易出现评价过高或过低两个极端。他们对未来有些思考,但鲜有学生能对未来有较为清晰的规划。因此,我们给时间和机会让学生静下心来全面地探索自身的能力及其适配的职业,明确自己的学习方向,增强学习动力。

三、相关理论

(一)萨柏的生涯发展阶段理论

美国职业管理学家萨柏提出生涯发展观。他认为生涯是生活里各种事态的连续演进方向。它统合了人一生中依序发展的各种职业和生活的角色,由个人对工作的投入而流露出来的独特的自我发展形式;它也是人生自青春期至退休之后,一连串有酬或无酬职位的综合,除职位之外,还包括与工作有关的各种角色(如学生、受雇者、领退休金的人),甚至包括了家庭、公民角色。工作者是人生生涯中时间跨度、时间占比最重的角色,影响着其他角色的扮演、时间分配、生活模式。无论是为了生存还是为了自我实现,职业都是可以作为奋斗目标之一的。

萨柏将生涯发展阶段划分为成长、试探、决定、保持与衰退五个阶段,每个阶段都有其主要的阶段性任务。生涯辅导工作即是协助个人达成其每一阶段的发展任务,并为下一个阶段的发展做好预先的规划和准备。16岁左右的高一学生处于生涯发展阶段的"探索期"。该阶段,学生开始在学校、休闲活动及各种工作中进行自我探索、角色试探、职业探索,主要任务是使职业偏好逐渐具体化。自我探索包含了对兴趣、能力、个人特质和价值观的探索。他认为,个人会主动地依据人与情境的互动经验建构自我概念,并预测其外在的现实中的出路——工作与生活方式的选择。

（二）多元智能理论

美国哈佛大学教育研究院的发展心理学家霍华德·加德纳在研究脑部受创伤的病人时发现他们在学习能力上的差异，并提出多元智能理论。他认为，智能是人在特定情景中解决问题并有所创造的能力。每个人都拥有八种主要智能：语言言语智能、数学逻辑智能、视觉空间智能、身体动觉智能、音乐节奏智能、人际交往智能、自知自省智能、自然观察智能。他认为，每个人的智能结构都不同，因此，我们在引导学生发展各方面智能的同时，也要让学生认识到每个人只会在某几个方面的智能特别突出，故不必为其他偏弱方面而沮丧。我们要引导学生学会用赏识和发现的眼光去看待自己，发现自身的能力优势，强化优势并个性化发展；认识到每项智能都有发展性和可塑性，某些智能如果暂时不突出，只是因为我们还没有时间和机会去发展和提升，我们应抱着这种心态去发展自己的能力。

活动目标

一、知识与技能目标

认识和理解多元智能理论，从多维全面的角度认识能力，了解与能力特征匹配的职业。

二、过程与方法目标

通过能力大盘点，让学生认识到自身能力；通过绘制生涯魔法石（多元智能图），发掘自身的潜能，明确自身的优势和短板；通过智能职业匹配，找到与兴趣和能力相匹配的职业作为自身生涯发展方向；通过同伴探讨，促进学生从多元的角度认识能力和职业。

三、情感态度与价值观目标

从多元全面的角度看待自己，用发展的眼光看待自己，发掘自身现有能力和潜在能力，增强对当下自身学习生活的自信心、胜任感和掌控感，增强对未来的希望和信心；将能力优势与生涯规划结合起来，找到适合自己的生涯发展方向，明确学习方向，增强学习动机。

活动重难点

一、重点

理解多元智能理论，画出自己的智能分布图，了解自己的智能特征，发现自身的潜能，并结合自身的能力特征找到适合的生涯发展方向。

二、难点

给每项智能评分并描绘出多元智能分布图，找到学习生活中的印证表现，发掘自身潜能，合理看待自身的短板能力。

活动方法：心理测验、活动法、讨论法、讲述法。

活动准备

一、材料准备

多元智能测试题，准备本堂课所需的多元智能分布图作业单、彩笔、白纸若干。

二、学生分组

多元智能测试结果相似的高一学生6人一组，课前测试中每种智能用字母代表。

授课对象

高一年级学生。

活动过程

一、暖身活动：我做你猜（4分钟）

师：（课前准备一些词语单）同学们，上课前，我们先请一位同学用非语言方式给我们表达一些词语，我们一起来猜猜他表达的词语是什么。

（一位同学表演，其他同学猜词）

师：我猜出的词语多吗？我是如何猜出这些词语的？在这个过程中体现出了哪些能力？

（请两位学生回答：观察、情绪感知、肢体表达、理解、转换、记忆、人际默契）

师：每项任务的完成都需要我们调动多方面的能力。如果把每一项能力比作闪光面，各种能力经过组合构建形成每个人独特的魔法石，在我们的生涯中绽放光芒。你想要看看你拥有一颗怎样的魔法石吗？现在，我们一起进入今天的课题，探寻"我的生涯魔法石"（板书）。

二、能力大盘点（7分钟）

（一）头脑风暴：能力大盘点

师：请同学们在3分钟内写下你认为自己拥有的10项能力。可以用如下句式表述：

我会_____（做什么）_____。

我能_____（做什么）_____。

我擅长_____（做什么）_____。

（学生书写，写完后与小组同学分享，请3位同学分享自己及组员写下的能力。）

（二）思考与分享

（1）盘点自身能力对我来说容易吗？

（2）我写下的能力多吗？

(3) 看到写下的能力，带给我哪些感觉？

（请3位学生分享）

师：每个人都具有各种各样的能力。许多能力我们都拥有了，只是自己尚未意识到。明确自身能力有助于增强我们的自信心，增强对当下形势的掌控感和力量感，增强对未来的希望和信心，让我们能更从容自若地学习和生活。

三、生涯魔法石（13分钟）

（一）多元智能介绍

师：刚刚同学们已经发现了自身各种各样的能力，说明我们的视角非常宽广。以往人们对能力的认识仅限于单一维度的智力水平，美国发展心理学家霍华德·加德纳在1983年提出了多元智能理论，对我们的能力进行了归纳和总结。他认为，每个人都拥有八种主要智能：语言言语智能、数学逻辑智能、视觉空间智能、音乐节奏智能、身体动觉智能、人际交往智能、自知自省智能、自然观察智能。它们如同一个分为八块的饼形图，每块饼的面积比例因人而异，因为每个人的智能结构不同，所体现出的优势也不一样。下面我们一起来了解每种智能分别是什么，在生活学习中都有哪些表现（表2-2-1）。

表2-2-1

智能类型	解释	具体表现
语言言语智能	有效地运用口头语言或文字表达自己的思想并理解他人，灵活掌握语音、语义、语法，具备将言语思维、言语表达和言语理解结合在一起并运用自如的能力	讨论、辩论、写作、讲故事、倾听、朗读、阅读、朗诵、理解
数学逻辑智能	运算和推理等科学或数学的一般能力，以及处理较长推理、识别秩序、发现模型和建立因果模型的能力	计算、实验、比较、数字游戏、假设、推理、证明、归纳、演绎、对数字符号概念敏感
视觉空间智能	对色彩、形状、线条、空间及它们之间的关系敏感，包括感受、辨别、记忆、再造、转换及修改物体的空间关系，并借此表达思想和情感的能力	概念图、表、艺术方案、绘画、录像、识别地图、辨别方向、玩魔方、空间设计
音乐节奏智能	感受、辨别、记忆、理解、评价、改变和表达音乐的能力	演奏音乐、演唱、打节拍、谱曲、口哨、欣赏、评价音乐
身体动觉智能	运用整个身体来表达思想和情感，灵巧地运用双手制作或操作物体的能力	角色扮演、舞蹈、体育运动、肢体协调、手工、操作器具

◆ 以"适佳"为核心的生态教育实践探索

续表

智能类型	解释	具体表现
人际交往智能	能很好地理解别人和与人交往的能力。善于觉察他人的感受,辨别不同人物关系的暗示及对这些暗示做出适当反应的能力	交流、讨论、分享、分工、合作、团体游戏、同伴指导、组织会议、活动
自知自省智能	拥有良好的自我认识并据此做出适当的行为能力。认识自己的长处和短处,意识到自己的内在爱好、情绪、意向、脾气和自尊,喜欢独立的思考的能力	心理拓展活动、日记、自我评价、自我反思、讨论感受、独立思考
自然观察智能	观察自然界,对自然界的植物、动物和其他自然现象(云、雨)进行辨认和分类的能力,表现为对自然世界、社会及个体形貌特征的敏感度	热爱自然、关心生态环境、辨识分类动植物、养护动植物、寻找自然规律、了解风土人情、善于观察、户外活动

(二)我的生涯魔法石

师:请同学们结合课前做的多元智能测试结果及课上对每项智能的理解,对自己的每项智能进行评分(0~10分),将相邻智能的得分连接起来,形成自己的生涯魔法石。学生在作业单上绘制自己的生涯魔法石,图 2-2-1 为智能分布图。

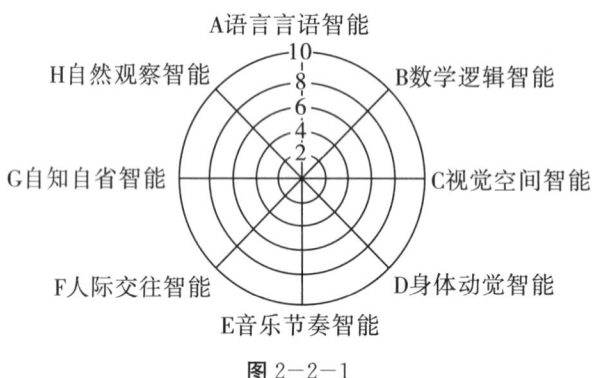

图 2-2-1

(三)思考与分享(绘制完成后,请学生结合以下问题进行思考与讨论)

(1)我的生涯魔法石呈现出怎样的特点?
(2)每种智能在生活学习中有哪些表现?
(3)我发现了哪些潜在的能力?
(4)与同学分享生涯魔法石,我有何发现?

(请5位学生分享)

（四）小结

每个人拥有不同的智能组合，单纯与其他人比较某个方面的能力是没有意义的，因为每种智能在智能结构中都占有重要的位置。同学们不要因为自己在某一学科或领域的失败而掩盖了其他方面的能力优势。有些方面的能力还未凸显，或许是因为我们还没有机会去提升和发展。现阶段，我们需要扬长补短。及早发现自己的智能组合并有针对性地训练和培养，可以帮助我们寻找到更适合自己发展的职业方向和生活空间，帮助我们在相关领域取得更突出的成就。

四、智能职业匹配（14分钟）

1. 分组讨论以某项智能为主的职业有哪些？

师：下面我们就请同学们以课前分好的小组为单位，讨论以每种智能为主体的职业有哪些。

（学生小组讨论）

2. 各小组分享展示讨论结果。

3. 教师进行归纳。

讨论结果见表2-2-2。

表2-2-2

智能类型	适合职业
语言言语智能	作家、播音、主持人、政治家、翻译、记者、编辑、教师、配音、主播
数学逻辑智能	会计、程序员、数学家、科学家、律师、工程师、推理小说家
视觉空间智能	画家、雕刻家、航海家、驾驶员、绘图员、设计师
音乐节奏智能	作曲家、歌唱家、演奏家、乐器制造者、调音师
身体动觉智能	舞者、演员、模特、木匠、外科医生、发明家
人际交往智能	心理学家、公关人员、推销员、导游、政治家、外交家
自知自省智能	哲学家、政治家、心理学家、思想家、企业家
自然观察智能	生物学家、动植物学家、农业研究员、天文学家、生态学家、园艺家、工艺家、海洋学家、考古学家、环境设计师

4. 我的适配职业。

师：依据多元智能测试结果和自身兴趣，请同学们从讨论结果中，选择出可以作为自身发展方向的职业，并思考为此还需要发展哪方面的能力。

（请3位学生分享）

师：任何一种职业都是以某种智能为主体、其他智能为支持的。因此，除了对主要智能的强化，我们也要注重对其他智能的培养。

五、总结（2分钟）

师：通过今天的探讨，同学们有哪些感受和收获呢？

（请2~4位学生分享）

能力的结构并非一成不变，能力探寻并非一蹴而就。今后希望同学们能继续培养和探索自己的智能，将自己的生涯魔法石打磨得愈发光芒四射，璀璨夺目！愿每位同学都能根据自己的能力特征找到最适合自己的生涯发展方向，并将它作为奋斗的动力！

课后反思

本节心理健康课围绕"学生自我能力"这个主题进行探索，通过我做你猜的活动，引发学生的兴趣和对能力的思考；通过"生涯魔法石"这个奇特的课题名称引起学生的好奇和探索欲望；通过自我能力大盘点让学生觉察自身拥有的能力；通过对多元智能理论的介绍和智能分布图的绘制，引导学生发掘自身尚未意识到的潜在能力；通过智能职业匹配让学生将能力特征与生涯发展相结合，找到自己奋斗的方向与动力。整堂课主题突出，脉络清晰，环环相扣，层层递进，有序推进。

本堂课是一节自我探索的生涯课，每个活动、每个问题的设计都指向全体学生，指向每个个体，没有旁观者；注重学生的体验，学生通过开展我做你猜、自我能力大盘点、绘制智能分布图和智能职业匹配等形式多样的活动去思考和感悟；将预设与生成结合，学生的分享交流就是另一半的"教材"，通过同辈影响，开阔思路，引发思考。

处于青春期的高中生在心理上表现出一定的闭锁性，不愿在大庭广众之下分享关于自我的一些信息。因此，在课堂互动中，笔者选择了小组讨论、小组推选发言人、集体分享的互动方式。教师通过及时正向反馈、引导学生鼓掌等方式创设真诚、温暖、民主、安全的课堂氛围，学生积极参与、认真体验、收获多多。

课后随访中，学生认为这堂课开阔了他们的视野，从多元的角度去分析自己，发现了自己潜在的能力。比如，有个学生说他喜欢做饭，擅长养植物，但从未把它当成自己的一项能力。平时，只着眼在学习和音、体、美等方面的学习，其实动手操作和自然观察智能也跟其他智能一样重要，可以发挥这些能力。他们也表示，今后在生活中可以留意暂时不突出的智能，其实每项能力都具有很强的发展性和可塑性，扬长补短是他们的共识。教师要引导他们不强求每项智能都优秀，接受生涯魔法石的独特性。

以上是本堂课做得较好的地方，还有些可以改进的地方。如导入部分在设计时没有找到简明快捷的暖身活动，使用的我做你猜活动比较考验展示者的表演能力，体验时间短暂也会让猜的同学有种意犹未尽的感觉。课后想到可以采用手指操或以某一项展示多项能力的活动（如击鼓传花）等活跃全员氛围，导入主题。

教师对学生的反馈评价方式较为单一，大多采用复述或概括及简单的方式。在今后的课堂中，可以进一步丰富自己的反馈方式，着眼到更具体、更小的点上，通过积极反馈进一步增强学生的成就感，进而增强学生的参与热情。

板书设计

板书设计见表2-2-3。

表2-2-3

我的生涯魔法石			
导入：我做你猜表演、理解、记忆、转换、人际默契	一、能力大盘点唱歌、绘画、写作、跑步	二、生涯魔法石（一）多元智能介绍（二）我的生涯魔法石	三、智能职业匹配（一）智能对应职业（二）我的生涯方向

五四运动

陈 曾

本案例见表2-2-4。

表2-2-4

教学目标	1. 知识与能力：掌握五四运动的原因、经过、影响；分析归纳"五四精神"；通过分析五四运动对中国社会变革产生的影响，认识民族精神对国家命运和历史发展的推动作用。 2. 过程与方法：以青年爱国为主线，通过学生自主学习、讨论，师生共同探究，设置视频、音频及相关图片，引导学生掌握五四运动的爆发、扩大、胜利和意义。 3. 情感、态度、价值观：本课让学生感受到一百多年前青年学生崇高的爱国主义精神，从而树立为实现伟大复兴的中国梦而努力奋斗的远大理想。

续表

教学重难点	重点	了解五四运动从爆发到扩大的基本史实及其历史意义。
	难点	理解五四运动是中国新民主主义革命的开端。

教学过程	
导入新课	以疫情期间无数青年为了战胜疫情无私奉献自己的青春力量为切入点，引出一百多年前青年为了捍卫国家和民族的利益，冲出校园，掀起了一场划时代意义的爱国运动——五四运动。
第一篇章： 山雨欲来—— 寻源五四	1. 1914年，第一次世界大战爆发。1919年，巴黎和会召开，中国作为战胜国参加。提问：如果你是代表团，你会提出哪些要求？ 2. 展示中国代表团顾维钧的想法，提问：中国代表团提出了哪些要求？ 3. 五四运动的导火线：巴黎和会外交失败。 4. 自主思考：在第一次世界大战中，中国也是战胜国，却仍然摆脱不了主权被侵犯的命运，你能从中得到什么样的启示？
第二篇章： 群雄奋起—— 见证五四	1. 小组讨论：观看影片资料《五四运动》，从影片中你能看到什么，听到什么，感受到什么？ 2. 学生提出了什么口号和要求，并进行角色扮演。 3. 出示学生游行示意图及学生运动后各方的反应。 4. 五四运动扩大的表现：工人罢工、商人罢市、学生罢课。 5. 展示一组图文史料，史料反映了五四运动怎样的结果？ 6. 学生抢答：总结五四运动的过程。
第三篇章： 曙光初现—— 感悟五四	1. 结合材料找出五四运动的历史意义，并进行连线。 2. 知识拓展：五四运动是中国新民主主义革命的开端。
第四篇章： 继往开来—— 传承五四	1. 小组讨论：五四运动的精神是什么？核心精神又是什么？ 2. 谈谈作为青少年的我们，在我们所处的时代，应怎样发扬五四精神，传承五四薪火？ 3. 观看视频，回顾1919—2020年，中国在无数青年的共同努力下取得的一次次伟大的胜利。

验证"酶的特性"

宋克先

一、教学目标

1. 通过设计实验方案，学会控制自变量，观察因变量，掌握实验设计的基本原则。

2. 能够评价和修正实验方案，建构数学模型，深入理解酶的特性。

3. 通过动手操作、分析现象、分享成果，提高学生的实验能力和语言表达能力。

二、教学重难点

1. 学会用准确的语言设计实验方案，准确表述实验现象和结果。

2. 通过实验操作，体验科学研究的方法和过程。

三、教学方法

讨论法、直观演示法、分组实验法等。

四、教学过程

（一）新课导入

课前播放有关酶的视频，吸引学生的注意力。通过小游戏，检测学生对酶知识的掌握情况，调动学生的积极性和学习兴趣，引出新课。以分析多酶片说明书为主线，开展以下活动。

1. 活动 1——比较 H_2O_2 酶和 $FeCl_3$ 的催化效率，验证酶的高效性。

（1）学生利用以下实验材料和用具，提前完成实验方案的设计：

H_2O_2 溶液、新鲜土豆汁（含 H_2O_2 酶）、$FeCl_3$ 溶液、蒸馏水、量筒、试管、滴管等。

（2）展示学生的实验方案，请学生讲解设计思路。

（3）请学生上台完成演示实验并总结。

（4）绘制曲线，建构数学模型，表示酶的高效性（图 2-2-2）。

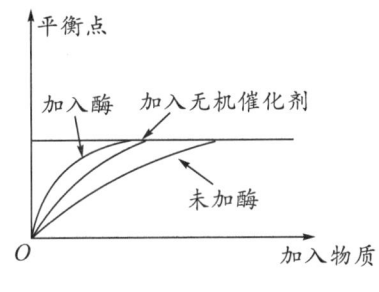

图 2-2-2

（5）总结实验设计的基本原则。

2. 活动 2——验证酶的专一性。

（1）分析说明书，找出体现酶的专一性的内容，请学生根据所给材料（淀粉、淀粉酶、蔗糖酶、蔗糖）搭配底物和酶来验证酶的专一性。

（2）学生思考讨论，说出设计思路。

（3）绘制曲线，建构数学模型，表示酶的专一性（图 2-2-3）。

◆ 以"适佳"为核心的生态教育实践探索

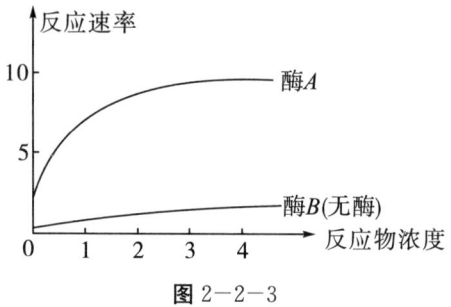

图 2-2-3

（4）完成即时训练。

下图纵轴为酶促反应速度，横轴为底物浓度，其中能正确表示酶含量增加1倍时，底物浓度和反应速度关系的是（　　）

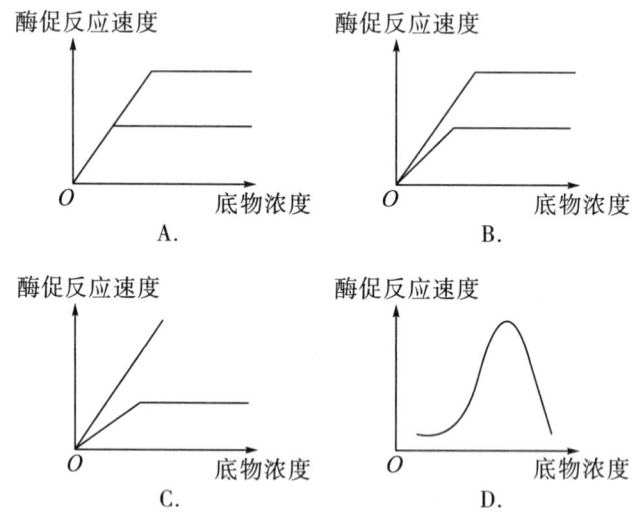

3. 活动3——pH值对H_2O_2酶活性的影响

（1）分析说明书，找出体现影响多酶片效果的条件，以pH值对H_2O_2酶活性的影响为例，学生提前完成实验方案的设计（可利用的实验材料和用具有H_2O_2溶液、新鲜土豆汁、HCl、NaOH溶液、蒸馏水、量筒、试管、滴管等）。

（2）展示不同的实验方案，学生分析、讨论、评价和修正实验方案。

（3）开展分组实验，小组代表交流心得体会。

（4）绘制曲线，建构数学模型（图2-2-4）。

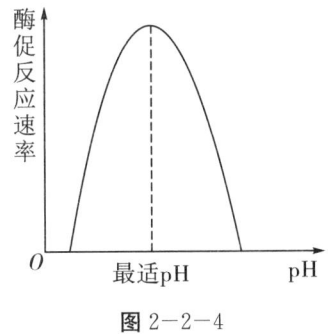

图 2-2-4

(5) 完成即时训练。

将乳清蛋白、淀粉、胃蛋白酶、唾液淀粉酶和适量的水混合装入一容器内，调整 pH 值至 2.0，保存于 37℃ 的水浴锅内。过段时间后，容器内剩余的物质是（　　）

A. 淀粉、胃蛋白酶、多肽、水
B. 唾液淀粉酶、淀粉、胃蛋白酶、水
C. 唾液淀粉酶、胃蛋白酶、多肽、水
D. 唾液淀粉酶、麦芽糖、胃蛋白酶、多肽、水

(二) 思考

学生阐述，再以实物向学生展示酶在生活中的应用（实物如加酶洗衣粉、加酶牙膏、加酶除臭剂、加酶除甲醛喷雾、加酶除霉啫喱等），真正做到从生活中来，到生活中去。

五、课后作业

思考：还有哪些因素也能影响酶的活性？

山地对交通运输的影响

张　磊

一、学习目标

1. 能够运用相关信息，从技术要求、工程量和造价等方面，说明山地对交通线路的影响。

2. 能够描述和说明交通线路的走向与地形之间的基本联系，解释形成这种线路形态、密度和交通线路类型的原因。

二、知识总结

山地对交通运输的影响见表 2-2-5，山区交通线路选择的原则及原因

◆ 以"适佳"为核心的生态教育实践探索

见表2-2-6。

表2-2-5

影响	运输方式选择	线路分布	延伸方向
表现	首选公路,其次才是铁路	主要分布在山间盆地和河谷地带	迂回前进
原因	与铁路相比,公路的建造成本较低、难度较小	地势相对和缓	避开地势起伏大的地区,以降低线路坡度

表2-2-6

影响	山区交通建设的一般原则	原因	实例
方式	首选公路运输,其次是铁路运输	①山地修建交通运输干线的成本高、难度大;②建造公路的成本、技术难度较铁路小	西藏先有新藏、青藏、滇藏等公路,后有青藏铁路
线路走向	①线路选在地势相对和缓的山间盆地和河谷地带;②线路一般呈"之"字或"8"字状(线路尽量与等高线平行);③避开陡坡和断层、滑坡、泥石流等地质灾害多发地段;④在适宜的过河点跨过河流;⑤尽量选择两点间最近距离、经过各级居民点;⑥避免占用耕地、避开农田水利设施	①尽量节约建设成本;②降低技术难度;③工程施工要安全;④降低运营成本和提高运营安全性(如果选取最直、最短的线路,就必须开拓较多的山坡,填平沟谷,建造较多的桥梁或隧道)	①同蒲铁路沿汾河谷地伸展;②陇海铁路的西段沿渭河谷地伸展;③襄渝铁路沿汉水谷地伸展;④成昆铁路沿地势走势曲折伸展
线网密度	一般来说在平原、缓丘、山间盆地、河谷等人口稠密、经济发达的地方,线网密度大	山区人口主要集中在河谷地带,这样可以联系较多的居民点,方便人们出行,吸引较多的客货流,从而提高营运量,增加经济效益	新疆的南疆铁路和兰新铁路均沿山麓分布,连接绿洲

探问生命

刘 倩

本案例见表2-2-7。

表2-2-7

课题	探问生命		单元	生命的思考	年级	七年级上
学习目标	知识与能力	了解生命的特点；理解对生命的敬畏，既包括对自己生命的珍惜，还要走向对他人生命的珍惜。				
	情感态度与价值观	培养热爱生命、珍视生命的情怀；培养珍爱自我生命，关怀和善待身边其他人的生命的情感。				
	过程与方法	通过案例分析和联系自身实际的方式，了解生命的特点，坚守对生命的道德底线，学会珍爱自己的生命，关怀和善待身边其他人的生命。				
重点	敬畏生命的原因		重点突出方法	多媒体辅助法		
难点	怎样敬畏生命		难点突破方法	小组合作探究法，补充材料，层层引导法		
教材分析	本单元的主题"生命"在七年级上册教材体系中居于核心地位，既是本册书前三个单元的价值升华，也为学生一生的健康成长打好生命的底色。本课是"生命"话题的起始，带领学生去认识生命，知道生命的尽和续，端正"生命至上"的态度，同时明白我们与他人休戚与共的关系，从而懂得去敬畏生命。					
学情分析	初中阶段是一个人形成正确人生观、价值观的重要时期。随着自我意识的不断发展，初一学生已经自觉或不自觉地开始探问"生命"，思考生命的意义和价值。初中学生的心理发展还处于一个半幼稚、半成熟时期，并受其自身的认知水平所限，他们对生命问题的认识和理解不够全面，甚至会产生偏差。如果学生这些思维的矛盾或困惑得不到及时指导，就可能产生心理脆弱、思想困顿、行为失控等问题，导致其不懂得尊重、敬畏、珍爱生命，甚至会漠视生命。面对复杂的社会生活，如何坚守善待生命的底线，追求生命的美好，对初中学生来说也是巨大的考验。因此，设计本课内容，引领学生探问生命，对学生进行生命观、价值观的正确引领，具有强烈的现实意义和深远教育意义。					
学法	案例分析、合作学习		教法	演示法、合作探究法、案例分析法		

◆ 以"适佳"为核心的生态教育实践探索

教学过程见表2-2-8。

表2-2-8

教学环节	教师活动	学生活动	设计意图
导入新课	课件播放《西游记》图片、古代群臣拜见皇帝图片。并提问： 1. 为什么在西游记中，很多妖怪想吃唐僧肉？ 2. 为什么古代群臣向皇帝行跪拜礼时要高呼"吾皇万岁万岁万万岁"？ 既然他们都想拥有更长的生命，那么生命到底有什么样的特点呢？我们带着这个问题，一起走进今天的新课。	观看图片，思考并回答问题。	通过设问的方式勾起学生的兴趣，进而引入今天的课题。
讲授新课	一、感受生命 1. 视频播放《破茧成蝶》。 结合视频说一说生命具有什么特点？ 2. 课堂小游戏——生命的"撕考"。 | 10 | 20 | 30 | 40 | 50 | 60 | 70 | 80 | 90 | 100 | （游戏道具如上，每个学生准备一张纸条，每个格子代表10年） (1) 假设医疗水平不断提高，我们每个人都可以活到90岁，那么我们要撕掉一格。 (2) 同学们现在已经13岁了，我们再撕掉一格。 (3) 一天的24小时，我们有一半的时间在睡觉、吃饭，日常琐事占据了我们一半的生命，因此剩下的八十年我们还要撕掉一半。 (4) 剩下的40年中，还有很多时间不由自己支配，应酬、上班、生病，大概要花掉我们一半的时间，所以真正属于自己的时间很少。 (5) 由此可见，生命具有什么特点？ 3. 新型冠状病毒肺炎疫情数据追踪。 用胶带粘回刚刚撕掉的纸条。撕下来的纸条可以粘回去，但生命能回到过去吗？生命具有什么特点？ 4. 手机指纹的秘密。 （课件展示手机指纹解锁的图片） 为什么指纹能作为手机锁的一种方式？ 小结：生命来之不易且短暂，具有不可逆和独特性，既然生命是短暂的、不可逆的，那我们应该怎样对待生命呢？ 二、敬畏生命 1. 播放视频《逆行者的脚步》。 (1) 你认为花费如此大的物力、财力抗击新型冠状病毒肺炎疫情值得吗？为什么？ (2) 医务人员不顾自身危险奔赴前线是不爱惜自己的生命吗？为什么？	观看视频思考并回答问题； 一起做课堂小游戏，思考生命的又一特点； 继续生命"撕考"的游戏，直观感受生命的不可逆。 观看图片并思考问题； 思考怎样对待生命并回答； 小组合作探究并展示讨论结果； 阅读材料，思考并回答问题；	通过视频让学生直观体会生命的来之不易。 通过课堂游戏的环节，让学生深切体会生命的短暂及不可逆的特点，从而使学生体会到要更加珍惜生命。

146

续表

教学环节	教师活动	学生活动	设计意图
	小结：因为生命至上，生命价值高于一切，因此我们在珍惜自己生命的同时，也要承认他人的生命同样重要，这就是我们要敬畏生命的原因。 过渡：可是在这次疫情中，有这样一些人，他们不顾别人，我们一起来看一看。 出示材料并提出问题： 你怎样看待材料中李某的行为？ 小结：珍惜自己生命的同时也要关怀他人的生命，每一个人都需要跟他人共同生活。 过渡：我们刚刚说要与他人共同生活，接下来我们模拟一下在以下情况下，同学们应该怎么做？ 情景模拟： (1) 进出教室开关门。 (2) 将钱放入街头艺人的钱盒。 (3) 与特殊教育幼儿园的聋哑儿童愉快地玩耍。 2. 播放小视频《医护人员自愿签署请战书》。 思考：医务工作者递交疫情防控请战书，说明了什么？ 小结：每一个人都与他人共同生活在这个世界上，我们要自觉主动地去关怀、尊重其他人的生命。当别人需要帮助时，我们自愿选择帮助，这就说明了我们已经走向了道德的生活。 三、探究活动：为生命之树添精彩 请同学们用便利贴写下自己对生命的期许。 四、课后作业 内容：完成自己对生命的期许。 完成时间：你的一生。	进行情景模拟，直观感受对生命的尊敬；观看视频；写下生命的期许，并且粘贴于生命之树上。	通过案例分析与情景模拟的方式，引发学生的共鸣，为下面的学习新知奠定基础；通过学习，思考自己对生命的期许，达到本堂课的教学目标。
课堂小结 (3分钟)	（读几个同学写的生命的期许）本堂课我们学习了生命的特点及我们应该怎样对待生命——敬畏生命，希望同学们在以后的生活中能完成你们对自己生命的期许，珍惜生命，热爱生活，关怀他人，做到与他人休戚与共。		
板书设计	探问生命： 1. 感受生命 ｛来之不易 / 短暂的 / 不可逆的 / 独特的｝ （生命的特点）　　　　2. 敬畏生命 ｛为什么（原因） / 怎么做？｝		

续表

教学环节	教师活动	学生活动	设计意图
课后反思	我认为教师应该认真准备每节课，这节课我也不例外，结合我校学生实际和自身的特点设计这节课，仍有一些不足之处：如本节课的认知性作用没达到自己满意的效果，知识性的内容有点多；因为是录像课，也不是自己任教的学生，学生在课堂中比较紧张，自己对学生的引导、评价及课堂气氛的调节还需提高。 以上是我通过对这次教学的反思得到的总结。针对这些教学中的不足之处，我会继续在实践中反思，提高自己的教学能力。		

绘制正多边形

张 静

本案例见表 2-2-9。

表 2-2-9

学　科	信息技术	年级	七年级	教师	张静
所在学校	四川省成都市大弯中学校					
版本、课目名称	川教新版《信息技术　七年级上册》"绘制正多边形"				
教学目标	1. 知识与技能： (1) 了解 for 循环语句； (2) 掌握绘制正多边形时每次旋转角度的计算方法； (3) 能用 for 循环语句绘制出任意正多边形。 2. 过程与方法： (1) 通过绘制正四边形和正三边形，培养学生自主编程的能力； (2) 通过小组合作探究正多边形的绘制方法，为学生提供思维互动的空间； (3) 通过课堂评价，培养学生乐于分享、自我提升的能力。 3. 情感态度与价值观： (1) 激发学生用海龟绘图来模拟、探索、分享美好事物的兴趣和热情； (2) 通过小组合作探究，增强学生团队协作意识； (3) 通过参加各个环节的信息技术活动，使学生形成主动学习、积极参与的态度。				

续表

学 科	信息技术	年级	七年级	教师	张静
所在学校	四川省成都市大弯中学校					
版本、课目名称	川教新版《信息技术 七年级上册》"绘制正多边形"					
学习者分析	本课的学习对象是初中七年级上学期的学生。在学习本课前，学生已初步掌握海龟绘图的使用方法，但鲜有学生尝试用海龟绘图来模拟绘制生活中的美好事物。因此，本课以"任务驱动法"为主，为学生学习正多边形的绘制搭建问题支架，引导学生由易到难地完成任务，激发学生用海龟绘图模拟、探索生活的兴趣和热情。					

	内容	措施	信息技术应用策略
教学重点	(1) for 循环语句； (2) 绘制正多边形时每次旋转角度的计算方法。	(1) 主要采用讲解演示法、辅助教学法、对比法和任务驱动法来突破本课的第一个教学重难点； (2) 主要采用小组讨论法和任务驱动法来突破本课的第二个教学重难点。	用图形化编程软件 Scratch 帮助学生理解 Python 程序设计中 for 循环的语法结构。
教学难点	(1) 绘制正多边形时每次旋转角度的计算方法； (2) 用 for 循环语句绘制出任意正多边形。	同上	邀请率先完成的小组代表通过广播演示和实时讲解，将本组总结的计算方法分享给其他小组。

教学过程见表 2-2-10。

表 2-2-10

教学环节	教学内容	活动设计	活动目标	信息技术使用及分析
创设情境，激发学生编程兴趣（3 分钟）。	分析几种艺术玩法的构成。	引导学生分析几种艺术玩法的构成。	激发学生的编程兴趣和热情，培养学生利用海龟绘图模拟、探索美好事物的意识。	广播海龟绘图的几种艺术玩法，学生编程兴趣浓厚。
独立探索，培养学生自主学习（9 分钟）。	(1) 绘制正四边形； (2) 绘制正三角形。	(1) 自主探索绘制正四边形； (2) 尝试探索绘制正三角形。	针对学生在绘制简单数学图形中出现的"最近发展区"，培养学生自主编程的能力。	(1) 学生利用微课"结识海龟"，回顾海龟绘图的相关知识。 (2) 教师使用 PPT 帮助学生更直观地分析、解决自己在编程过程中存在的问题。

续表

教学环节	教学内容	活动设计	活动目标	信息技术使用及分析
讲授新课，提升编程素养（8分钟）。	for 循环语句。	教师讲解 for 循环的语法结构。	帮助学生树立用循环语句简化程序的意识；使学生掌握用 for 循环绘制简单数学图形的编程技能。	借助图形化编程软件 Scratch 帮助学生理解 Python 程序设计中 for 循环的语法结构。
协作学习，完成知识整合（15分钟）。	绘制正多边形时每次旋转角度的计算方法	分组探索绘制正多边形时每次旋转角度的计算方法；教师组织学生共享思维成果。	掌握绘制正多边形时每次旋转角度的计算方法；能用 for 循环语句绘制出任意正多边形。	组织小组代表广播并实时解说本小组的 Python 程序。
效果评价，促进学习迁移（5分钟）。	作品评价。	组织其他小组学生从创意创新、艺术效果、程序设计等方面进行评价，并给出对应的优化建议。	培养学生乐于分享、自我提升的能力。	借助卡搭云教室，学生积极分享自己的 Python 作品。
信息技术应用小结	多媒体教室和卡搭云教室是顺利开展本课教学内容的关键： （1）广播展示海龟绘图的几种艺术玩法，激发学生的编程兴趣和热情； （2）结合微课"结识海龟"，帮助学生回顾海龟绘图的相关知识； （3）借助图形化编程软件 Scratch，帮助学生理解 Python 程序设计中 for 循环的语法结构； （4）邀请率先完成的小组学生代表通过广播演示和实时讲解，将本组总结的计算方法分享给其他小组，引导学生共享思维成果。 借助卡搭云教室，学生无须安装 Python 软件就能够保存、修改、提交自己的 Python 程序；教师能查阅、批改学生提交的 Python 程序，了解学生的学习效果。			
教学反思	本节课的设计旨在把探究的主动权交给学生，充分调动学生学习编程的积极性，在引导学生用 Python 程序绘制正多边形的过程中，培养学生的编程和计算思维、合作精神和创新意识。学生积极参与各个信息技术活动，乐于分享、展示本小组的智慧成果，凸显了学生编程的信心，为其进一步学习编程打下了良好的基础。			

第三章 生态评价实践优秀案例

网络环境下的学科课堂教学设计与评价研究[①]

李植武 吴红丽

一、研究背景

信息技术的飞速发展对当今社会的发展产生了深远的影响,它不仅大大加快了社会生产力的发展,而且对社会生活方式与社会结构都产生了更深层次的影响,加快了人类进入信息化社会的步伐。信息、知识成为社会中的基本资源,信息产业成为社会中的核心产业之一,信息技术渗透社会生活与工作的方方面面,无处不在,信息素养成为每个公民必须具备的一种基本素质。对信息的获取、分析、加工、利用的能力与传统的"读、写、算"方面的能力一样重要,这些都是信息社会对新型人才培养所提出的最基本的要求。

当前的计算机辅助教学不少是在多媒体演播室里进行,教师操作电脑,学生完全按照教师的设计程序进行,这样的教学方式忽视了学生的自主性,缺乏主动学习、主动探索的条件。

2000年,我校建成校园网,先后建成的三个学生网络教室主要用于进行信息技术学科的教学,网络教室的利用率较低。随着网络时代的到来,互联网上大量的、繁杂的信息对学校教育教学产生了极大的影响,教师应怎样在课堂上筛选和利用这些信息呢?在网络环境下,我们应怎样进一步提高学生的信息素养,培养学生自主、合作、探究学习的能力,并提高教师教育教

[①] 全国教育科学"十五"规划教育部重点课题"网络教学的设计与评价"子课题。

学水平呢？结合我校多年的科学研究，我们提出了课题——"网络环境下的学科课堂教学设计与评价研究"。

为了论证课题的科学性、可行性及其价值，我们对课题作了研究，针对当前国内外与网络环境有关的教学设计与评价的现状、特点及学校教育实际，从理论到实践作了科学、客观、系统的分析，我们认为课题研究是可行的、必要的。课题组对课题进行了讨论研究，形成了共识。

二、研究目标、内容及周期

（一）课题界定

网络教学是计算机多媒体技术、网络通信技术与现代教育理论相结合的产物，是指将网络技术作为构成新型学习生态环境的有机因素，充分体现学习者的主体地位，以探究学习作为主要学习方式的教学活动。

教学设计（Instructional Design，ID）也称教学系统设计（Instructional System Design，ISD），是以传播理论、学习理论和教学理论为基础，运用系统论的观点和方法，分析教学中的问题和需求从而找出最佳解决方案的一种理论和方法。

教学评价是指对教学目标、学习方式、学习效果、学科教学特点、教师主导作用和学生的主体作用及教学设计和利用资源的评价。

网络环境下的课堂教学设计研究是指在网络环境（局域网、互联网）下对各个学科教学中的问题和需求进行分析，并为找出在网络环境下的最佳解决方案而进行的研究；网络环境下的课堂教学评价研究是指对在网络环境下学科教学的教学目标、学习方式、学习效果、学科特点、教师主导作用和学生的主体作用及教学设计和利用资源的评价。

（二）研究目标和内容

1. 运用现代教学理论与建构主义学习理论，通过实践与研究，寻找多媒体计算机及网络与学科教学的最佳切入点，总结出在网络环境下教学模式的一般流程和学与教的方式方法。

2. 通过研究和实践，形成一定规模的教学资源（教学设计、专题学习网站、典型课例等）。

（三）课题的研究周期

课题研究的时间为三年，分为四个阶段。

研究的周期是 2002 年 9 月—2005 年 12 月，对于同类型的课，不同的内容需进行三次以上的实验。

2002 年 9 月—2003 年 3 月，为研究的准备阶段。参研人员查阅文献资料，学习与本课题相关的最新研究成果，统一思想，明确分工，编写研究方案，制定实施计划。

2003年4月—2004年1月，进行第一轮实验。组织参研人员进行网络教学理论的学习和网络教学的技术培训，设计实验所需的软件，在1~2个学科中尝试进行网络教学。

2004年2月—2005年1月，进行第二轮实验。总结第一轮实验的经验和教训，进行5个学科的实验，总结出在网络环境下的课堂教学模式。

2005年2月—2005年12月，进行第三轮实验。对第二轮实验中总结的在网络环境下的课堂教学模式进行实践、验证，修正不妥之处。收集整理资料，分析、归纳、提炼。完成研究报告，形成具有可操作性的技术成果。申请结题，验收、鉴定。

三、研究方法、组织管理及学校开展的相关活动

本课题的研究方法主要采用行动研究法和问卷调查法。在研究的初期，采用问卷调查法摸清教师和学生对网络教学的了解情况，以便于我们制定、修正研究目标和研究措施。在研究的后期，采用问卷调查法，以便掌握课题研究目标的达成度及确定今后研究的方向。在整个研究过程中，采用行动研究法，对每一轮实验采取有计划、行动、观察、反思，修改计划、再行动、再观察、再反思的螺旋上升的模式进行。

（一）组织管理

2002年9月，学校成立了课题组，同时课题组建立了科学的组织管理体系。

该课题由学校校长挂帅，学校教科室具体负责研究管理，由总课题组、四川省电化教育馆、成都市规划信息技术中心和成都市青白江区电化教育馆进行理论指导，由学校各学科优秀的骨干教师组成了一支科研意识浓、科研能力强的课题组，由校长担任课题负责人，学校信息技术教研组组长担任课题组组长。

（二）学习理论，提高研究水平

对研究教师的培训，我们采用"走出去"与"请进来"相结合的办法。

学校组织研究人员参加全国、省、市、区组织的有关教育教学方面的各种培训。如学校先后3次组织课题组教师参加总课题组的经验交流会；派教师参加第五届全国中小学电脑制作活动，听取了中央电化教育馆原副馆长王晓芜的报告——基础教育信息化现状与展望、北京大学李丽教授的报告——信息技术与学科教学整合；组织教师观摩了由四川省电化教育馆组织的在中央电化教育馆立项的现代教育技术科研课题的结题现场会等。

课题组定期召开课题讲座和交流，组织课题组成员学习教育科学理论和

课题研究的相关理论，如教育部关于"要努力推进信息技术与其他学科教学的整合，鼓励在其他学科的教学中广泛应用信息技术手段，并把信息技术教育融合在其他学科的学习中""信息技术与课程的整合就是通过课程把信息技术与学科教学有机地结合起来，从根本上改变传统教和学的观念及相应的学习目标、方法和评价手段"等有关论述和《基础教育课程改革纲要（试行）》；学习了全国信息技术教育专家李克东教授的有关文章——"WBL的模式、设计与评价研究""远程协作学习（DISCOL）项目实施方案""新时期教育技术课题研究的意义、内容和方法""基于Web学习模式的研究""行动研究法及其在教育技术研究中的应用（一）、（二）、（三）""提高研究水平、争创优质成果"等；学习了华南师范大学谢幼如教授的文章——"信息技术与课程整合的实施策略""网络教学评价的方法""网络教学资源的设计""网络时代教学模式与教学设计研究策略"等；学习了全国著名特级教师、广州市优秀专家许汉的文章——"网络环境下的课堂教学评价""网络环境下课堂教学改革的深化——再论网络课堂教学的评价"等；学习了"论研究性学习中的教师指导策略""角色的转变——新课程课堂上的教师""发挥学生主体作用的几个认识问题""互联网时代教师角色的转变"；学习了教育教学理论专著——《卡尔·威特的教育》《卡尔·威特的100个教育理念》《谁动了我的奶酪》等；学习了有关教育科研方法的文章——"如何设计教育科研课题研究方案""谈谈如何撰写教育科研报告""如何进行教育科研的结题"；学习了总课题组李克东、谢幼如主编的《中小学网络教学设计、教学模式与教学评价试验研究论文集》；学习了由广东省南海市教育局编印的《信息技术与语文教学改革优秀论文、教案选》、学习了由总课题组提供的"信息技术与课程整合的理论与实践""网络环境的专题教学研究——信息技术与课程整合的方法与实践"相关光盘内容；学习了广东省佛山市南海区第一中学的系列成果《网络资源与新课程整合》、广东省佛山市第一中学课题组成果选编《网海弄潮》。通过学习，课题组的研究人员增强了科研意识和科研能力，提高了科研水平。

（三）组织现场会

我校是四川省国家级示范性普通高中，理所当然地在现代教育技术科研方面也要起到示范的作用。

1. 在课题研究的初期，课题组经过精心准备，设计了网络教学课"同分异构体""九寨风情自助餐""探索规律"，并邀请了全区的其他研究学校的教师光临听课，与会的教师对网络环境下的学科课堂教学有了初步的认识和理解。

2. 2004年，区域性课题组在我校和成都市青白江区大弯小学召开课题中期评估现场会。

3. 2004年，成都市多所国家级重点中学的信息技术教师在我校观摩网络环境下的教学课"Flash MTV 简例制作"。

4. 2004年，区域性课题组赛课活动在我校拉开序幕，我校教师执教了"论点的提炼""保护动物"两节公开课，起到了良好的示范作用。

5. 2005年，区域性课题组赛课活动在成都市青白江区大弯小学进行，我校教师执教了"论证方法的应用"，收到了良好的效果。

（四）组织教师写教学反思

反思对一个教师来说非常重要，因为思之则活，思活则深，思深则透，思透则新，思新则进。反思教学行为总结教学的得失与成败，对整个教学过程进行回顾、分析和审视，这样才能形成自我反思的意识和自我监控的能力，不断丰富自我素养，提升自我发展能力，逐步完善教学艺术，以期实现自我价值。因此，我们每上一节研究课，都要请听课教师进行课学评价，并要求执教教师写出教学反思。

四、研究成果

（一）认识成果

在课题的研究中，结合课程改革倡导的教师观和学生观，我们认为，在网络环境下的教与学，教师要成为有意义问题的设计者、学习任务的设计者、学习任务的组织者、情境观察的指导者、信息海洋的导航者、学生学习过程的辅导者，而学生应成为学习问题的发现者和探究者、协作活动的参与者、问题的解决者、知识的意义建构者。

2001年，教育部颁布的《基础教育课程改革纲要（试行）》。指出：教师在教学过程应与学生积极互动、共同发展，要处理好传授知识与培养能力的关系，注重培养学生的独立性和自主性，引导学生质疑、调查、探究，在实践中学习，促进学生在教师指导下主动地、富有个性地学习。教师应尊重学生的人格，关注个体差异，满足不同学生的学习需要，创设能引导学生主动参与的教育环境，激发学生的学习积极性，培养学生掌握和运用知识的态度和能力，使每个学生都能得到充分的发展。其目的就是要我们在新的课改过程中，发挥教师的主导地位和学生的主体地位的作用。

1. 转变了教师的角色，教师成了有意义问题的设计者、学习任务的设计者、学习任务的组织者、情境观察的指导者、信息海洋的导航者、学生学习过程的辅导者。

（1）有意义问题的设计者、学习任务的设计者。

建构主义认为，学习是获取知识的过程，而知识不是通过教师传授得到的，而是学习者在一定的情境（社会文化背景）下，借助他人的帮助，利用必要的学习资源，通过意义建构方式而获得的。因此，在建构主义学习环境下，教师的作用将不再仅局限于将一套组织得很好的知识集合并明晰地讲解或呈现出来，更主要的是设计来源于学生生活的有意义的问题来激发学生的学习兴趣，努力促使学生将学习内容所反映的事物尽量和自己知道的事物相联系，通过创设符合教学内容要求的情境和提示新旧知识之间联系的线索，帮助学生建构当前所学知识的意义，并且尽可能地组织协作学习（开展讨论与交流），对协作学习过程进行引导，使之朝着有利于意义建构的方向发展（如提出适当的问题以引起学生的思考和讨论；在讨论中设法将问题一步步深入以加强学生对所学内容的理解；启发诱导学生自己去发现规律，评价、纠正错误）。

（2）学习任务的组织者、情境观察的指导者。

在新课程的课堂上，师生之间的合作是极为重要的。没有合作的教学是难以实施新课程的，或者说是无法体现新课程理念的。这就要求教师要从讲台上走下来，成为学生的合作者。不仅是身体走下来，心灵也要走下来，全身心融入学生中去。与学生一起交流，与学生一起活动，与学生共建有利于其个性发展的课堂氛围。

（3）信息海洋的导航者。

在一个基于多媒体计算机和网络通信的建构主义学习环境中，为了支持学习者主动探索和完成对所学知识的意义建构，教师在学习者的学习过程中要为学生学习提供各种信息资源，即进行信息资源的设计：确定学习某主题所需信息资源的种类和每种资源在学习过程中所起的作用。同时，教师还必须帮助学习者学会如何获取信息资源，从哪里获取及如何有效利用这些资源完成对知识的主动探索和意义建构。

（4）学生学习过程的辅导者。

在建构主义的学习环境下，学生之间除协作学习外，个别化学习也是学习的主要形式。因此，为了适应和促进学生的个别化学习，使每一个学习者都能获得适合他们各自特点的教学帮助，在教学过程中，并不是每一个学生都能完成探索任务的，对于不能完成的学生，教师要进行个别辅导，帮助他们在原有的能力上得到提高。

2. 要使学生充分发挥其主体作用，让学生成为学习问题的发现者和探究者、协作活动的参与者、问题的解决者、知识的意义建构者。

现代教育观念认为，在课堂教学中，谁获取知识谁就是主体。现代教学不再是教师单纯地教学知识，而应是教师教给学生主动学习的能力和主动进取的意识。只有这样，培养出的人才才能适应社会的发展。因此，在教学中培养学生的主体意识，发挥学生的主体作用就成为现代教学中最重要的内容。

(1) 学习问题的发现者和探究者。

学生在学习时不是单纯被动地接受教师给予的知识。学生接收的信息通过自己的大脑进行再加工，经过自己的观察、思考、想象，然后将获得的知识存入自己的大脑记忆区，变为自己的财富。因此，培养学生独立思考的质疑能力，使学生思维都呈现出积极状态，对于发挥学生的主体作用十分重要。为了使学生的质疑活动积极而深入地进行，教师应创设"问题的情境"，引导学生质疑设问，从而帮助他们掌握质疑的一些基本方法。另外，教师要了解各类学生考虑问题的思维方法和学生在思考问题时容易出现偏颇或错误的规律，这样教师启发生疑、鼓励质疑、引导释疑才更有针对性，教师才能在培养学生质疑能力的过程中，使不同类别的学生的主体性和主体作用得以体现，并都有所提高。

(2) 协作活动的参与者。

学生之间能够互相支持、互相帮助，尤其是对能力差的学生来说，合作成功也有自己的一份努力。因此，合作分组学习能激发每个学生的学习积极性，增强了学生学习的自信心。尤其是在合作学习中所体现的合作意识，培养了学生对集体的责任感和协作精神，全面提高了学生的素质。同时，这也是教育所要达到的目标。

研究教师在设计每一节课时，都要对学生进行分组，组内进行参与讨论，并将结果发到论坛上，其他组的学生可以对他们的结果再进行讨论。

(3) 问题的解决者、知识的意义建构者。

在传统的教学过程中，教师讲完教学的内容，学生就真正理解和解决问题了？显然不是。在课堂教学中引导学生辩论，在辩论过程中达到问题的解决和知识的意义建构的目的。

(二) 操作成果

通过对典型课例的研究，我们初步形成了基于网络环境下的"合作探究式"教学模式。

教学模式是指在一定的教育思想、教学理论和学习理论指导下，在一定环境中展开教学活动的稳定结构形式。

根据本课题的研究目标之一：运用现代教学理论与建构主义学习理论，通过实践与研究，寻找多媒体计算机及网络与学科教学的最佳切入点，总结出网络环境下教学模式的一般流程和学与教的方式方法;通过在我校进行网络教学实践,并对典型课例"探索规律""论点的提炼""论证方法的应用""保护动物""九寨风情自助餐——网络知识的综合应用""同分异构体"等进行了深入细致的探索和研究,初步形成了适合我校实际的基于网络环境下的"合作探究式"教学模式(图2-3-1)。

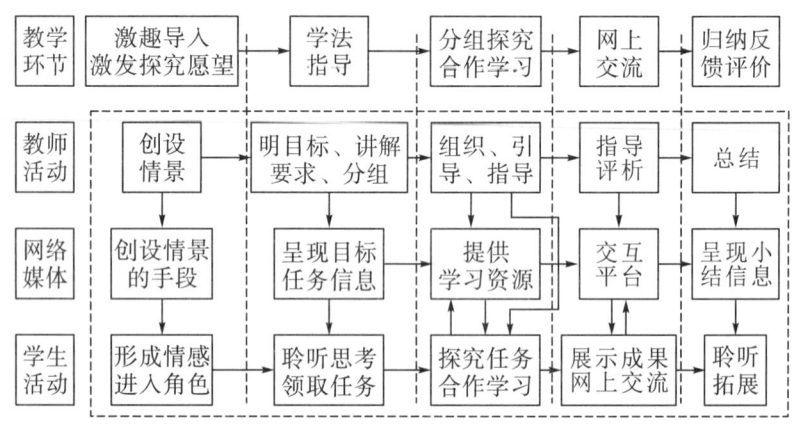

图2-3-1

1. 理论论据。

建构主义认为,学习者的知识是在一定的情境下,借助于他人的帮助(如人与人之间的协作、交流,利用必要的信息等),通过意义建构而获得的。理想的学习环境应包括情境、协作、交流和意义建构四个部分。

在新课程改革中,强调了在教学过程中要遵循"教师是主导,学生是主体"的原则。

2. 教学设计思想。

利用网络资源和网络技术开发专题教学网站,以创设特定的教学情景和提供探究的资源;利用网络独特的多媒体技术创作具有吸引力的表征(虚拟现实、高质量图片和视频),从而创设接近真实情景的学习情景,并在该环境下仿真实际情景,从而激发学习者参与交互式学习的积极性,在交互过程中完成对探究问题的理解、知识的应用和意义的建构。

3. 模式解读。

我们将"合作探究式"教学模式分为五个环节,分别是激趣导入、激发探究愿望→学法指导→分组探究合作学习→网上交流→归纳反馈评价。在教学模式中融入媒体的运用,特别是网络的运用,从第三个教学环节开始,师生的教学活动是双边的,每一个教学环节都很好地发挥了媒体的不同优势。

这样的教学模式将学生的认知方式由传统的、线性的、被动的方式转变为交互式、多支路、主动参与的方式,从而可极大提高学生的学习兴趣和学习效率。它具有良好的开放性、拓展性和非线性。

4. 适用范围。

"合作探究式"教学模式主要适用于要在已有知识的基础上进行深入、拓展学习的内容。当然,针对不同的学科、内容,该教学模式的环节有一定的变化。

网络环境下"合作探究式"教学模式的操作方法及典型案例分析如下:

(1) 第一个环节:激趣导入、激发探究愿望。

在这一教学环节中,主要是运用多媒体和网络技术创设与本节课相适应的教学情景,尽快地通过文字、图像、声音等打动学生的内在情感。如舒缓的歌曲、优美的画面、恰当的动画能很好地渲染气氛,使学生产生愉悦的情感体系,注意力集中,思想活跃,情绪饱满,处于最佳学习状态。

(2) 第二个环节:学法指导。

在这一教学环节中,主要是运用网络超文本结构、交互式、多媒体(图、文、声、动画)等方式,呈现学习材料,化抽象为形象,为学生创设一个真实的学习情境。在这一环节中,教师的主要任务是提供学习策略,组织、引导并成为学生学习的伙伴;在合作探究的过程中,教师要明确告知学生获取学习资源的途径和方法,并让学生明确该阶段的学习任务;网络媒体应能提供帮助学生学习和理解知识的教辅资源,同时媒体应成为学生获取、加工、处理阅读信息资源的工具。

(3) 第三个环节:分组探究合作学习。

学生带着第二个环节的分组任务,在网络媒体提供的学习材料基础上进行探究,解决问题。学习材料可以是专题学习网站上提供的,也可以是互联网提供的。学生在探究合作学习的过程中,教师要深入学生中并进行指导,引导学生积极探究,对做得好的及时给予评价,并产生激励作用。

(4) 第四个环节:网上交流。

在第三个环节中,学生合作探究的成果一般发布在论坛上,为交流展示、浏览、回复提供了一个平台。教师应组织学生在全班进行交流、展示,让他们体验成功。

(5) 第五个环节:归纳反馈评价。

基于网络环境下的"合作探究式"教学模式是一种以学为主的教学策略,学生更多的还是按照自己的认知结构、学习方式来学习,学习理解还是有一定的局限性。因此,教师的导学、归纳、反馈显得更加重要,要求教师语言更精炼、准确。而评价方法则应以自我评价为主，生生互评、教师评价为辅。评价的标准从知识转向了学习能力，评价的内容也不是掌握知识数量的多少，而是采用自主学习的能力、协作学习的精神等。教师评价不再采用量化评价，而是采用语言和行动综合的模糊性评价。教师不是评价的法官，而是学生学习的建议者和促进者，因此评价要求更客观、更准确地反映学生的实际情况。

（三）物化成果

研究人员设计和制作了一系列专题学习网站。

图 2-3-2 为专题学习网络资源网站。

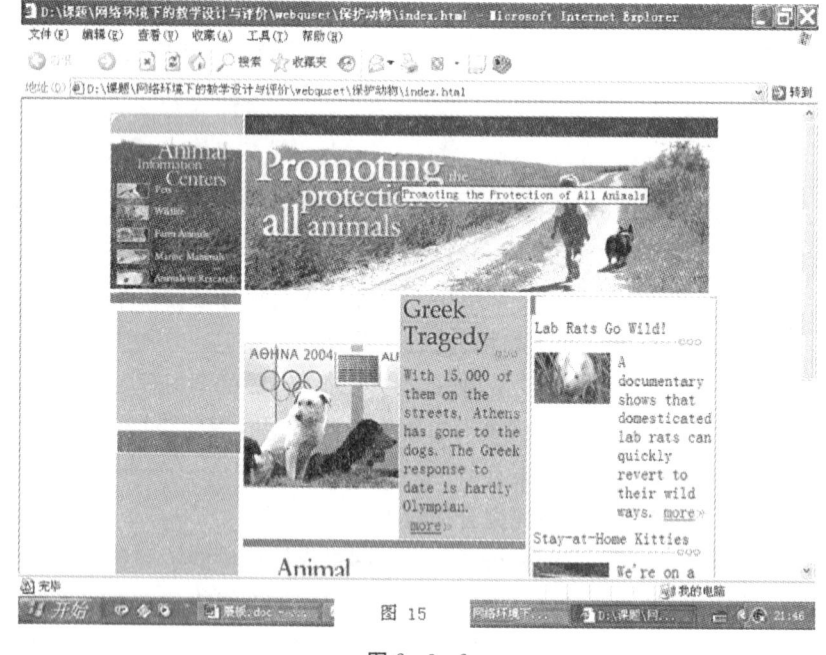

图 2-3-2

该网站以保护动物为主题，对应新人教版高一英语 Unit 10 "The world around us"。

该网站主要分为五个大的板块。从宠物、野生动物、家禽、水生生物、动物实验等方面揭示动物的处境，提高学生的动物保护意识。网站内容以图片、文字、视频为主，让学生以直观的方式了解信息。

五、研究效果

（一）问卷调查研究

通过初期和后期的问卷调查表明，我校的教师乃至全区的教师和学生都认识到了网络环境下的课堂教学的优势，同时，研究教师在网络环境下的课堂能力和学生自主学习、合作学习、探究学习的能力均有所提高。

研究的初期，在上了网络课"探索规律"后，我校课题组邀请了全区课题组研究教师听课，并对32位听课教师和58位听课学生进行了问卷调查。研究的后期，在上了作文专题课"论证方法的应用"后，我校课题组又邀请了全区课题组研究教师听课，并对41位听课教师和61位听课学生进行了问卷调查。关于听课教师和听课学生的问卷调查如下。

网络环境下学科教学设计与评价研究问卷调查（听课教师）

该问卷调查结果不会对你有任何影响，请按你的真实感受做选择，谢谢！

1. 你对网络环境下教学的了解情况
   A. 很了解　　B. 一般　　C. 知道一点　　D. 不了解
2. 你认为本节课的教学目标
   A. 科学、合理、明确　　　B. 较合理、较明确
   C. 有目标　　　　　　　　D. 不合理、不明确
3. 你认为本节课的教学准备
   A. 充分　　B. 较充分　　C. 一般　　D. 不充分
4. 你认为本节课，教师的教学方法
   A. 启发性强　　B. 启发性较强　　C. 有启发性　　D. 没有启发性
5. 你认为本节课，教师的教学手段和教学技能
   A. 运用合理，操作熟练　　　B. 较合理，较熟练
   C. 较合理但不熟练　　　　　D. 较差
6. 你认为本节课，教师的教学真实、自然
   A. 好　　B. 较好　　C. 一般　　D. 不好
7. 你认为本节课课堂氛围
   A. 和谐，充满活力　　　　B. 较和谐，有生气
   C. 一般　　　　　　　　　D. 沉闷
8. 你认为本节课学生活动
   A. 主动积极　　B. 比较积极　　C. 有学生活动　　D. 学生参与差
9. 你认为本节课对学生三维目标（知识与技能、过程和方法、情感态度价值观）的培养
   A. 好　　B. 较好　　C. 一般　　D. 不好
10. 你认为本节课对课程资源开发、利用
    A. 好　　B. 较好　　C. 一般　　D. 不好

11. 你认为本节课在体现学生自主、合作、探究学习
    A. 好　　　　B. 较好　　　　C. 一般　　　　D. 不好
12. 你认为本节课对学生评价激励
    A. 好　　　　B. 较好　　　　C. 一般　　　　D. 不好
13. 你对这节课的综合评价
    A. 优　　　　B. 良　　　　　C. 中　　　　　D. 差
14. 在网络环境下的教学，你认为在体现学生自主学习方面
    A. 能很好体现　　B. 和常规教学差不多　　C. 不如常规教学
15. 在网络环境下的教学，你认为在体现学生合作学习方面
    A. 能很好体现　　B. 和常规教学差不多　　C. 不如常规教学
16. 在网络环境下的教学，你认为在体现学生探究学习方面
    A. 能很好体现　　B. 和常规教学差不多　　C. 不如常规教学
17. 你对本节课的意见与建议：

网络环境下学科教学设计与评价研究问卷调查（听课学生）

该问卷调查结果不涉及学校、教师对你的评价，请按你的真实感受做选择，谢谢！

1. 你对网络环境下教学的了解情况
   A. 很了解　　　B. 一般　　　C. 知道一点　　D. 不了解
2. 在这节课上，教师的教学方法对你的
   A. 启发性强　　B. 启发性较强　C. 有启发性　　D. 没有启发性
3. 本节课教师对你的评价激励
   A. 好　　　　B. 较好　　　　C. 一般　　　　D. 不好
4. 这节课你和同伴交流
   A. 很充分　　B. 充分　　　　C. 一般　　　　D. 不充分
5. 这节课你对知识的掌握情况
   A. 好　　　　B. 较好　　　　C. 一般　　　　D. 不好
6. 你认为在哪种环境下教学收获大
   A. 网络教室上学科课　　　　B. 班级教室上学科课
7. 你对这节课的综合评价
   A. 优　　　　B. 良　　　　　C. 中　　　　　D. 差
8. 这节课，你认为在体现你自主学习方面
   A. 能很好体现　　B. 和常规教学差不多　　C. 不如常规教学
9. 这节课，你认为在体现你与同学合作学习方面
   A. 能很好体现　　B. 和常规教学差不多　　C. 不如常规教学
10. 这节课，你认为在学生探究学习方面
    A. 能很好体现　　B. 和常规教学差不多　　C. 不如常规教学

11. 你对本节课的意见与建议：

1. 对听课教师的问卷调查分为四个部分：①对网络环境下教学的了解情况；②教学目标的体现、课堂氛围、学生活动；③网络环境下体现学生自主学习、合作学习、探究学习的情况；④对本节课的意见和建议。

（1）对网络环境下教学的了解情况见表2-3-1。

表2-3-1

	很了解	一般	知道一点	不了解
初期	3.13%	59.38%	34.38%	3.11%
后期	70.73%	21.95%	7.32%	0.00%

初期，教师对网络教学基本不了解。针对这种情况，我校课题组和区域性课题组对全区教师进行了网络教学的相关理论、设计、作用的宣传和培训。通过课题研究，教师对网络教学的设计、作用相当了解，还有很多非课题组教师也参加了研究，并上了示范课。

（2）教学目标的体现、课堂氛围、学生活动。

①本节课的教学目标见表2-3-2。

表2-3-2

	科学、合理、明确	较合理、较明确	有目标	不合理、不明确
初期	50.00%	46.88%	3.12%	0.00%
后期	80.49%	17.07%	2.44%	0.00%

②本节课的教学准备见表2-3-3。

表2-3-3

	充分	较充分	一般	不充分
初期	53.13%	34.37%	12.50%	0.00%
后期	58.54%	36.59%	4.87%	0.00%

③本节课的教学方法见表2-3-4。

表2-3-4

	启发性强	启发性较强	有启发性	没有启发性
初期	18.75%	56.25%	25.00%	0.00%
后期	46.34%	51.22%	2.44%	0.00%

④教师的教学手段和教学技能见表2-3-5。

表2-3-5

	运用合理、操作熟练	较合理、较熟练	较合理但不熟练	较差
初期	37.50%	59.38%	3.12%	0.00%
后期	51.22%	43.90%	4.88%	0.00%

⑤本节课的学生活动见表2-3-6。

表2-3-6

	主动积极	比较积极	有学生活动	学生参与差
初期	28.13%	53.13%	18.74%	0.00%
后期	80.49%	17.07%	2.44%	0.00%

⑥本节课对学生的三维目标（知识与技能、过程和方法、情感态度价值观）的培养见表2-3-7。

表2-3-7

	好	较好	一般	不好
初期	15.63%	50.00%	31.25%	3.12%
后期	60.98%	36.59%	2.43%	0.00%

统计数据表明，在研究的初期，网络环境下的教学方法的应用不是很恰当，教学手段和教学技能都有待提高。原因有如下三点：①很多教师对网络环境下的教学不了解，不知道网络环境下的教学应该是什么样的，应该怎么上课；②一些教师对课程改革的目的的理解不全面；③由于网络环境下的教学是一个新事物，而上网络课的教师大多是青年教师，他们在教学技能和教学艺术上的能力还有待提高。在研究过程中，研究教师经过网络教学的理论学习、专家指导、研究实践，知道怎么设计网络教学课，怎样在网络环境下

体现学生的自主学习、合作学习、探究学习的能力。

但后期的统计数据表明，网络环境下的教学准备、教学方法对学生的三维目标（知识与技能、过程和方法、情感态度价值观）的培养上相对前期有较大幅度的提高，但并没有达到较高水平，原因有如下两点：①教学是一门艺术，不同的教师对同一节课有不同的教法，当然，他们认为的好课也不同；②没有哪位教师能说，他上的课就是最好的。

（3）网络环境下体现学生自主学习、合作学习、探究学习的情况。

①你对这节课的综合评价（表2-3-8）。

表2-3-8

	优	良	中	差
初期	25.00%	59.38%	15.62%	0.00%
后期	63.41%	31.71%	4.88%	0.00%

②在网络环境下的教学，你认为在体现学生自主学习方面（表2-3-9）。

表2-3-9

	能很好体现	和常规教学差不多	不如常规教学
初期	43.75%	50.00%	6.25%
后期	65.85%	29.27%	4.88%

③在网络环境下的教学，你认为在体现学生合作学习方面（表2-3-10）。

表2-3-10

	能很好体现	和常规教学差不多	不如常规教学
初期	25.00%	56.25%	18.75%
后期	46.34%	48.78%	4.88%

④在网络环境下的教学，你认为在体现学生探究学习方面（表2-3-11）。

表2-3-11

	能很好体现	和常规教学差不多	不如常规教学
初期	37.50%	50.00%	12.50%
后期	60.98%	36.59%	2.43%

由以上的统计数据表明：

在研究的初期，所上的课程在体现学生自主学习、协作学习、探究学习方面，多数教师认为网络环境下的教学和常规教学的效果差不多，约三分之一的教师认为网络环境下的教学优于常规教学。为什么会出现上述情况呢？可能有以下三点原因：①很多教师习惯于常规教学，认为网络教学花了太多的人力和物力，对其所体现的优势不屑一顾；②网络教学的教学设计有待提高，要使网络教学设计能充分展示出网络教学的魅力；③在网络环境下，教师的教学技能和教学艺术有待提高。

在研究的后期，所上的课程在体现学生自主学习、协作学习、探究学习方面，约一半以上的教师认为，网络环境下的教学优于常规教学。这是因为通过课题研究的深入和教师对课程改革的深入理解，越来越多的教师认识到网络教学在体现学生自主学习、合作学习、探究性学习能力方面的优势。

（4）对本节课的意见和建议。

初期的意见和建议：

①对学生应进行多元化评价。

②此课较好体现了学生的自主学习、合作学习、探究学习方面的能力，但在教学手段上，即运用网络教学显得不自然，因而 CAI 课件也可！

③本课使用网络教学有些勉强，其实通过常规媒体就能解决，网络教学的优势主要体现在课题练习与反馈上。

后期的意见和建议：

①对"课前热身"中的论证方法，应评讲仔细一点。

②同学在对自己的论点进行论证时，采用网上搜集资料的方式是否合适。

③学生的计算机操作水平太高。

④在展示学生的论证结果时，若能让学生自己来说明采用的论证方法，效果更好。

⑤本课在使用网络教学时，遇到常规教学无法比拟的地方，学生可以在互联网上搜集论据，扩大了学生的知识面。

⑥同学们在论证自己的论点时，在专题学习网站或互联网上搜集资料，充分体现了学生自主合作探究性学习的能力。

⑦对学生的评价比较到位，评价的语言较为丰富。

从初期到后期，听课教师对课程所提的意见和建议：

①研究教师针对不同层次的学生进行评价，评价语言更丰富。

②研究教师能熟练使用并正确指导学生使用多媒体设备在网上获得有用信息，能恰当地指导学生设计学习进度并检查每个学生的进步情况，能合理

指导小组讨论和合作学习。

③研究教师在设计网络教学课时，能充分体现教师的主导作用和学生的主体地位。

④上课的学生的计算机水平提高了，基于网络的阅读和写作能力也提高了。

2. 对听课学生的问卷调查分为四个部分：①对网络环境下教学的了解情况；②教学方法、同伴交流、评价激励情况；③网络环境下体现学生自主学习、合作学习、探究学习的情况；④对本节课的意见和建议。

（1）对网络环境下教学的了解情况见表2-3-12。

表2-3-12

	很了解	一般	知道一点	不了解
初期	20.69%	63.79%	13.79%	1.73%
后期	47.54%	45.90%	6.56%	0.00%

由表2-3-12可知，在研究的初期，学生对网络环境下教学很了解的只有20.69%，经过课题研究后，很了解的达47.54%，没有不了解的。

和听课教师的问卷结果相比，在研究的初期，学生对网络环境下教学的了解情况要好得多。分析原因有如下两点：①学生有朝气，喜欢了解新鲜事物，他们通过互联网了解得多一些；②在回答这个问题时，由于学生的自尊心，不希望回答自己不知道、不了解。不管是哪一种情况，我们都应该认识到学生是一个积极上进的群体。

（2）教学方法、同伴交流、评价激励情况。

①在这节课上，教师的教学方法对你的启发（表2-3-13）。

表2-3-13

	启发性强	启发性较强	有启发性	没有启发性
初期	37.93%	39.66%	20.69%	1.72%
后期	49.18%	37.70%	11.48%	1.64%

②本节课教师对你的评价激励（表2-3-14）。

表 2-3-14

	好	较好	一般	不好
初期	31.03%	31.03%	37.94%	0.00%
后期	37.70%	31.15%	29.51%	1.64%

③本节课你和同伴交流（表 2-3-15）。

表 2-3-15

	很充分	充分	一般	不充分
初期	44.83%	39.66%	15.51%	0.00%
后期	46.67%	41.67%	11.66%	0.00%

④本节课你对知识的掌握情况（表 2-3-16）。

表 2-3-16

	好	较好	一般	不好
初期	51.72%	44.83%	3.45%	0.00%
后期	67.21%	31.15%	1.64%	0.00%

统计数据表明，在研究的初期，从常规教学的评价要求来看，学生认为收到了良好的效果，特别是对本节课的知识掌握情况，学生认为"好"与"较好"的学习达到了96.55%，但教学方法"有启发性"和"没有启发性"与评价激励认为"一般"的分别达到了22.41%与37.94%。在研究的后期，从常规教学的评价要求来看，学生认为收到了更好的效果，对本节课的知识掌握情况，学生认为"好"与"较好"的达到了98.36%，教学方法"启发性强"和"启发性较强"与评价激励认为"好"与"较好"的分别达到了86.88%与68.85%。

（3）网络环境下体现学生自主学习、合作学习、探究学习的情况。

①你认为在哪种环境下教学收获更大（表 2-3-17）。

表 2-3-17

	网络教室上学科课	班级教室上学科课
初期	87.93%	12.07%
后期	90.16%	9.84%

②你对这节课的综合评价（表 2-3-18）。

表 2-3-18

	优	良	中	差
初期	74.14%	25.86%	0.00%	0.00%
后期	83.61%	13.11%	3.28%	0.00%

③这节课，你认为在体现你自主学习方面（表2-3-19）。

表 2-3-19

	能很好体现	和常规教学差不多	不如常规教学
初期	70.69%	29.31%	0.00%
后期	68.85%	31.15%	0.00%

④这节课，你认为在体现你与同学合作学习方面（表2-3-20）。

表 2-3-20

	能很好体现	和常规教学差不多	不如常规教学
初期	72.41%	22.41%	5.18%
后期	67.21%	31.15%	1.64%

⑤这节课，你认为在学生探究学习方面（表2-3-21）。

表 2-3-21

	能很好体现	和常规教学差不多	不如常规教学
初期	74.14%	25.86%	0.00%
后期	72.13%	26.23%	1.64%

统计数据表明，课程改革中要求体现学生的主体作用（自主学习、合作学习、探究学习方面），在前期和后期，"能很好体现"这三方面的统计数据均超过了三分之二，学生认为在网络教室上学科课收获更大的达87.93%（初期）和90.16%（后期）。

(4) 对本节课的意见和建议。

初期的意见和建议：

①都比较好，但没有在教师控制下，有些同学不做关于学习的事，我觉得这些同学自觉性不好。

②开设一些知识游戏，让同学们更好地掌握这些知识。

③尽量让学生多在计算机上发意见，促进学生学习的积极性。

④希望能有多一点的交流时间。

⑤希望教师可以经常进行网络教学。

⑥多探讨问题，时间长一些、有趣些、活泼些、生动些。

⑦在网络教室上课能调动大家的积极性。

⑧希望教师多拓展一些知识。

⑨这节课很有意义，我们在网络上了解到很多知识。

⑩我认为教师不应该在讲每一个知识点时，都显得很匆忙。尽管时间受限，也应该让学生把题做完。

⑪希望教师能在讲课时更具体点。

后期的意见和建议：

①本节课不像在教室里上那么枯燥。

②从互联网上搜集的材料论证了我的论点，老师在全班展示了我的作业。

③从互联网上收集材料写议论文，开阔了我们的视野。

④我认为这节课讲解的内容正合适，给了学生足够的时间来完成作业。

⑤通过网络做作业，很快就知道对错。

⑥在网络上展示了我论证的内容，得到了教师和同学的认可，我有一种成功感。

⑦开始放的音乐我很有兴趣，我很喜欢这种课。

⑧我打字的速度不快，影响了我完成作业的速度。

⑨论证的内容发送到网上后，我浏览了其他同学的作业，发现有很多同学做得比我好，我今后要更加努力才行！

从初期到后期，听课学生对网络课堂的意见和建议：

①教师的主导作用体现出来了，不再是不易控制的网络课堂了。

②网络教学的优势体现出来了，学生的作业能很快出结果，也能很快上传，教师能及时查阅、评价，提高了课堂效益，同时也提高了学生学习的积极性。

3. 教师问卷与学生问卷的调查结果对比分析。

（1）通过该课题的研究，加深了学生和教师对网络环境下的学科课堂教学的理解。在研究的初期，对网络环境下的学科教学，教师"很了解"只有 3.13%，而学生则达 20.69%，"一般了解"教师占 59.38%，而学生达 63.79%。其原因有如下三点：①教师和学生对"了解"理解的标准不一样，教师掌握的标准更全面、更深刻，而学生理解更片面、更狭隘；②学生喜欢新鲜事物，他们通过互联网对网络教学有一定的了解，而教师年龄相对较大，对新鲜事物的接受有一个过程；③研究教师在初期上了网络课"同分异构体""九寨风情自助餐——网络知识综合应用""探索规律",在学生中很受欢迎,引起了学生对网络环境下的学科课堂教学的关注。在研究过程中,通过研究教师的学习、研讨,在研究的后期,对网络环境下的学科教学,教师"很了解",达70.73%,学生达47.54%。

(2)学生和教师对网络课的综合评价都提高了。其中,教师认为"优"达25.00%(初期)与63.41%(后期),而学生则达74.14%(初期)和83.61%(后期)。为什么会出现教师评价始终不如学生评价呢?研究教师分析认为,教师是从整节课的教学目标、教学手段、学生活动、学生三维目标(知识、技能、情感)来评价的,而学生是从自身目前状态和以前相比是否有促进发展及发展的情况来进行评价的。研究教师认为,教师的评价也应多站在学生的角度去思考,只要有发展,就是进步。

(3)对网络课中体现学生自主学习、合作学习、探究学习方面,教师和学生的评价差距很大。表2-3-22为体现学生自主学习方面的统计数据,表2-3-23为体现学生合作学习方面的统计数据,表2-3-24为体现学生探究学习方面的统计数据,这三个表的数据表明,不管是在初期还是在后期,学生认为网络课堂能很好体现学生自主学习、合作学习、探究学习的能力的比例比教师认为的比例高。同样的一节课在新课程中所要求的体现学生自主学习、合作学习、探究学习的学生和教师的评价为什么有这么大的差距呢?研究教师认为有如下两点原因:①教师和学生对自主学习、合作学习、探究学习的理解不一样。②教师是根据学生的整体状况进行评价的,而学生是从学生个体来进行评价,只要这节课比以前的课有较大的进步,学生就会给一个好的评价。

表2-3-22

	能很好体现		和常规教学差不多		不如常规教学	
	学生	教师	学生	教师	学生	教师
初期	70.69	43.75	29.31	50.00	0.00	6.25
后期	68.85	65.85	31.15	29.27	0.00	4.88

表2-3-23

	能很好体现		和常规教学差不多		不如常规教学	
	学生	教师	学生	教师	学生	教师
初期	72.41	25.00	22.41	56.25	5.18	18.75
后期	67.21	46.34	31.15	48.78	1.64	4.88

表 2-3-24

	能很好体现		和常规教学差不多		不如常规教学	
	学生	教师	学生	教师	学生	教师
初期	74.14	37.50	25.86	50.00	0.00	12.50
后期	72.13	60.98	26.23	36.59	1.64	2.43

三个表中的数据还表明，在后期学生认为网络课堂能很好地体现学生自主学习、合作学习、探究学习的能力的比例比初期的比例低一点，而在后期教师认为网络课堂能很好地体现学生自主学习、合作学习、探究学习的能力的比例比初期的比例高得多。分析原因有如下两点：①研究教师不断地进行网络教学的理论学习和实践，而学生在信息素养方面虽然有所提高，但没有提高对网络教学的认识。教师是在理性的思考，而学生只是在感性的认识。②在初期，网络教学是一个新鲜事物，学生认为很好，随着网络教学活动的开展，学生习惯了这种教学方式，也就不觉得有那么好了。

（4）从意见和建议可以看出，教师要求的是课堂的完美，学生追求的是兴趣。①在初期，大多数教师是针对本节课的不足来进行建议的（如应对学生多元化议价，探寻 H 型、W 型区域略显仓促）。此课较好地体现了学生的自主、合作、探究。但在教学手段上，运用网络教学会显得不自然，因而使用 CAI 课件也可以。本课使用网络教学有点牵强，其实通过常规媒体就可解决，网络优势主要体现在课题练习与反馈中。本节课除了"课堂检测"部分利用了网络的优越性，提高了教学效率，其他均不如常规教学。而学生的意见和建议是从兴趣方面来提的，如开设一些知识性游戏，让学生更好地掌握知识；尽量让学生多在网络上发表意见，促进学生学习积极性；能有多一点的问题和多一点的交流时间；多探讨问题，时间长一些，有趣些，活泼些，生动些。②在后期，教师和学生的意见和建议也提到了网络教学的优势。如教师的意见和建议：本课使用网络教学有常规教学无法比拟的优势，学生可以在互联网上搜集论据，扩大了学生的知识面；这节课中学生在论证自己的论点时，在专题学习网站上或互联网上搜集资料，充分体现了在教师指下的学生自主合作探究性学习的能力；对学生的评价比较到位，评价的语言丰富。学生的意见和建议：从互联网上搜集的材料论证我的论点，老师在全班展示了我的作业；从互联网上取材料写议论文，开阔了我们的视野；通过网络做作业，我们很快知道对错；在网络上展示了我论证的内容，得到老师和同学的认可，我有一种成就感；论证的内容发送到网上后，我浏览了其他同学的作业，发现有很多同学做得比我好，我今后要努力才行！③由此看来，我们在上课的过程中应多关注学生的兴趣、发展，不能因为要求课程完美，而忽视了学生对新事物的好奇，从而降低了学生自主、合作、探究性学生的能力。④这些建议是教师从理性的角度去思考的，而学生是从感性的角度去建议的。我们的教学既要考虑教师理性的要求，又要兼顾学生的兴趣。

(二) 课题研究促进教师专业化水平的提高。

课题组研究教师所撰写的论文、所上的课例（赛课）、资源等多次在全国、省、市、区获奖（前面已列举）。2004年，教师吴红丽被破格评为中学高级教师，并被评为成都市科研工作先进个人、青白江区学科带头人；2004年，教师李植武被评为中学高级教师，并被评为青白江区学科带头人；2004年，教师罗勇被评为成都市优秀青年教师；2005年，教师钟翊被评为校教坛新秀；教师吴红丽、李植武多次在成都市继续教育、英特尔®未来教育培训中担任主讲教师。教师李植武多次被邀作为区域性课题组赛课活动的评委，被区域性课题组评为先进个人。

(三) 课题研究促进学校的软硬件建设

1. 2004年，学校教科室荣获"成都市优秀教科室"称号。2004年，学校顺利通过了四川省现代教育技术示范校的验收，检查教育科研的专家称"成都市大弯中学校的现代教育技术科研水平处于四川省的前列"。2004年，我校课题组顺利通过了区域性课题组的中期评估，达优秀等级，并被评为优秀课题组。2005年，在四川省远程教育现场会上，课题组研究教师上了"探索规律"课程作为远程教育"模式三"的示范课，并受到了与会代表的好评。

2. 为了课题研究能顺利进行，2004年学校投入30余万元，增建了一个有70台计算机的网络教室，并投入了5万余元购买了教育教学软件。

(四) 课题研究促进学生的信息素养提高

1. 从上网络课看出，学生在网络环境下筛选、加工信息的能力有所提高。另外，学生能协助教师处理成绩，并能处理校、区、市运动会的数据等。

2. 2003年，有1名学生在全国青少年信息学奥林匹克竞赛分区联赛中获全国二等奖；2004年，本校学生在全国青少年信息学奥林匹克竞赛分区联赛中获全国二等奖（4名）、三等奖（1名）；2004年，本校学生在全国中小学生电脑制作活动比赛中获全国二等奖（1名）、四川省二等奖（1名）、成都市二等奖（1名）、青白江区一等奖（2名）。

六、课题研究的体会与今后努力的方向

1. 课题研究的体会如下：

(1) 网络环境下的教学确实提高了教学效益。

原因有如下三点：①网络环境下的课堂不只是一间教室，它和互联网相连，增加了课堂的容量，扩大了学生的视野。②学生喜欢上网，把课堂搬到网上，学生感到新奇，吸引了他们的注意力。③在网络环境下的教学更注重学生主体作用的体现，充分体现了对学生自主学习、合作学习、探究学习能力的培养。

(2) 网络环境下的教学能充分体现学生的自主学习。

在设计网络课件时，一般都设计了一个导航条，学生点击导航条上的不同栏目，就可以学习不同的教学内容。在教师的要求下，学生可以自主点击学习的内容，自己把控，难度大的内容可以多花一些时间，而难度小的可以少花一些时间；同时，学生还可根据课件的交互功能进行学习。

(3) 网络环境下的教学能充分体现学生的合作学习。

一般的网络课件都设有论坛，学生可通过论坛和同学进行合作学习。在讨论问题时，你的合作伙伴可以是教师，可以是班上的同学，也可以是全班，甚至可以是登录到该论坛的任何一个人。在网络上合作讨论的深刻和宽泛的程度是常规教学无法比拟的。

(4) 网络环境下的教学能充分体现学生的探究性学习。

课程改革中提出，教材只是一种教辅工具。因此，我们在设计网络课件时，提供的材料不仅仅是教材上的内容，一般都要提供与本节课有关的内容的链接。如我们在设计"探索规律"一课时，就给出了网站或网页"日历上的数学""日历探秘网""多功能在线日历"等的链接；在制作专题学习网站"高中议论文"时，我们不仅提供了很多文人的佳作，还提供了 2000—2004 年各省的高考满分作文，还提供了我校学生的优秀议论文，有利于学生从更大的范围去探究、去学习。

(5) 网络课件的设计及网络课的举行需要的人力和物力比常规教学更多。

研究组成员设计网络课要经过以下五个步骤：①选课，写教学设计，研究组成员研究课程可行性；②相关技术人员和上课教师共同设计，研究组成员对网络课件进行斟酌，并提出修改意见进行修改；③应用该网络课件进行试课，研究组成员再研究，总结课程的改进意见和教学设计、网络课件的修改意见，再进行修改；④正式上网络课，请兄弟学校的教师听课、评课，并进行问卷调查；⑤问卷调查分析。这样的流程很耗费人力。再者，要上网络课没有网络教室也是不行的,一个网络教室至少需要 20 万~30 万元。

(6) 网络环境下的教学,理科较文科的难度更大。

目前,课题组成员认为文科的网络教学相对容易一些,这是由文科的特点所决定的。因为文科容易扩展,课堂气氛相对活跃,容易体现学生的自主学习、合作学习、探究性学习。而理科则相对难一些,理科逻辑性强,将逻辑性强的知识内容展示给听课的教师,相对来说更不容易活跃课堂气氛。由于以上原因,听课教师认为文科的网络课比理科的网络课好看得多,展示出来的创新能力也比理科强。

(7) 课题组的成员认为,在网络环境下的教学,教师的主导作用不容易体现出来,有时可能会出现不容易控制的局面。

2. 今后努力的方向如下:

(1) 从问卷调查反馈中可以看出,在体现学生自主学习、合作学习、探究性学习上,从研究的初期到后期,并没有提高很多,以后我们应加强在网络环境下体现学生自主学习、合作学习、探究性学习能力的研究。

(2) 加强在网络环境下的理科教学研究。

(3) 加强在网络环境下的学科教学评价研究。

在教学评价中渗透"学分制"思想
——中学信息技术教学改革初探

钟 翊

案例内容

教学评价的目的在于教学的诊断、反馈、评定和激励,这些是教学过程的重要环节和有机组成部分。

在信息技术课程教学活动中,目前采用的仍是以学科知识为中心,以掌握知识的多少为标准,以卷面考试或上机考试为主要手段,以考试成绩为指南的教育评价体系。

每年,我校初二年级的学生都要参加"成都市初中生信息技术学科统一考试"。但在教学工作中,笔者发现这一评价方式从客观上难以激发学生的学习兴趣,不利于学生的合理知识结构的形成和对信息技术技能的掌握,更不利于学生综合素质的提高。究其原因,主要表现在以下三个方面:

1. 成都市组织的统考在难度上明显低于学生平时的学习水平。由于本校为学生学习信息技术学科提供了较为完备的设施和环境,使学生在课堂上有条件学习课本之外的学科知识（如 Internet 网络基础、用 PowerPoint 制作简单动画、用 FrontPage 制作网页等），但这些内容在统考中涉及不多。

2. 统考的要求不高，使平时的教学很难调动学生的学习积极性，学生存有侥幸心理。

3. 考试时间短，只注重操作的过程和方法，学生缺少创作空间，学生的主体意识体现不强。

教育部颁发的《中小学信息技术课程指导纲要（试行）》明确提出，中小学信息技术课程的任务是：培养学生对信息技术的兴趣和意识，让学生了解或掌握信息技术的技能，使学生具有获取信息、传输信息、处理信息和应用信息技术手段的能力，并形成良好的文化素养，为他们适应信息社会的学习、工作和生活打下基础。因此，中小学信息技术课程教学要时刻关注对学生学习兴趣的培养。

中小学信息技术学科具有不同于其他学科的特点。①它是一门实践操作性学科，知识涵盖范围广，更新速度快；②它不是一个专业，也不是一种理论，而是一种工具、一种技能，把信息技术的方法和手段应用于解决实际问题是这门学科的灵魂。鉴于此，我们应避免将信息技术学科按照学习其他普通学科的方法来讲，也不应使用老方法去考核学生的学习效果。

那么，应该如何对信息技术教学做出公正、务实、有效的评价呢？

德国著名教育家第斯多惠认为，时代越前进，社会生产和社会生活越发达，对学生的要求越是多方面的，越不能以同样的尺度要求一切并要求所有的人，越不应压制个人的自由和个性的发展等。因此，我们在教学评价中必须考虑学生天性的差异，并采取不同的方式促进其独特的发展。

信息技术学科应考虑学生天性的差异，摆脱传统的教育评价方法，使教学能让学生在宽松、自主的学习环境中进行知识的探究与意义建构，促进其个性发展。

笔者积极探索应用信息技术培养学生创新精神和实践能力的方法与途径，尝试在信息技术学科教育评价中渗透"学分制"的思想，采用"认知理论＋实践操作＋创新思维"模式的教育评价体系，取得了一定的效果。

首先，笔者为即将参加"成都市初中生信息技术学科统一考试"的初二学生设置了 150 个学分的学习任务（表 2-3-25）。

表 2-3-25

内容		学分分值	要求	说明
Office 2000 操作技巧	Word 字处理	5 分	熟练地输入文字，能够编辑、排版、输入表格。	这一部分内容在学生初一的学习过程中涉及较多，对学生的要求较高，学分分值设置得较低。
	Excel 电子表格	10 分	熟练地输入数据、处理数据和分析数据。	
	PowerPoint 幻灯片制作	15 分	制作多张幻灯片，实现简单动画，灵活应用超级链接。	
	FrontPage（或其他网页制作工具）网页制作	25 分	能够制作动态网页，实现交互。	鼓励学生为校园网制作班级网页，并选拔优秀作品参加省、市级比赛。
Windows 操作技巧		15 分	能管理文件，运行应用程序，定制开始菜单和任务栏等。	学生平时对这一部分内容重视不够，但使用操作系统管理计算机的能力非常重要，因此分值较高。
Qbasic 语言编程方法		30 分	能使用分支语句、循环语句等编写程序解决实际问题。	计算机语言的编程较难掌握，应鼓励学生大胆尝试，为参加信息技术比赛作好准备。
自学内容（内容不限）		25 分	能通过自学获取一定的知识（如应用软件使用方法、硬件维护等）。	鼓励学生自主学习、主动发展，培养学生的自学能力，以适应现代社会的知识更新、技术更新。
创意实践（必修）		25 分	能创造性地进行应用，或发现新技巧。	培养学生的创新意识，灵活地运用所学知识，创造性地应用与实践。

除"创意实践"部分为必修内容外，学生可以自主选择其中的任何一部分进行学习，并在一学期的信息技术课的课堂上自行选择时间进行考核。

在考核过程中，一般设一项任务，每项任务都有简单的基本要求，让学生明确任务，不干涉学生完成任务的步骤。在设计考核任务时，注意要给学生留出足够的创新空间。教师评价时要因人而异，鼓励学生在主动求知过程中即兴创作，突破预定目标的束缚，培养学生的创造性和创新能力。

能修满 80 个学分的学生，统考免试，信息技术学科成绩为"优秀"；修满 70 个学分的学生，统考免试，信息技术学科成绩为"良"；修满 60 个学分的学生，统考免试，信息技术学科成绩为"及格"；修满50个学分的学生，需要参加成都市组织的统一考试，考试合格者，信息技术学科成绩为"合格"。达不到上述要求者，综合评定为"不合格"。

在初中阶段，学生通过一年半的学习，已初步掌握了考核要求的内容。学生可以选择自己感兴趣或擅长的方向深入学习。如有的学生对使用计算机语言编写程序很感兴趣，但初中阶段的教材中涉及这方面的内容不多，学生可以在教师的指导下利用这一学期的时间积极探究编程的技巧和方法，从而形成正确的编程思维；一些喜欢网页制作的同学也可以在这里找到展现自我的广阔空间；还有些同学平时对计算机硬件知识积累较多，在考核过程中教师让学生亲自动手维修计算机硬件，以此激发学生的学习兴趣。

以前，信息技术的考核时间一般限制在一节课（40分钟），这对于大多数的学生来说，很难在考试中体现出自己的真实水平。如笔者在一次"画图"的单元检测中，让学生自由创作一幅作品。全班的学生虽然都能够完成，但考试时间太短、压力较大，因此画出的作品大多都比较粗糙，且在色彩搭配方面也显得不足。这种考核方法虽然能够使结果"立竿见影"，但考核时间太短是不能公正评价教学的一个直接原因。

笔者采用新的"学分制"考核方法后，一些学生在"创意实践"部分也把"画图"作为考核的内容，由于考核时间由学生自行决定，学生有充足的时间去创作，这一次完成的作品精制、生动且极富灵性。学生甚至尝试用制作平面图画的工具来表现立体效果，体现了学生的用心，使笔者感到学生的创造力是无穷的。用较长时间完成作品任务，这种评价方式带有课题研究的性质，其目的是培养学生的创新精神和实践能力、提高学生的信息处理能力、检验学生的学习效果。因此，整个过程对学生是开放的、自主的。这种评价方法有利于对教师的教学做出公正的评价，有利于检测学生的综合能力，但评价时间过长也是一个不可回避的问题。

在新的考核办法实施以后，绝大多数学生反映，他们非常喜欢这种新的方式，现在的考试是掌握在自己的手中的，他们能快乐地参与考试，发挥自己的特长，展示自己的实力，更加喜欢这门学科。

总之，新的考核方式将信息技术教育与先进的教育思想相结合，体现了学生是考核的真正主人，把学生真正作为主体，为学生建立了自主的、创造性的学习环境，为学生进行创造提供了广阔的空间。学生可以根据自己的兴趣、爱好来选择题目和内容，根据自己的能力达到自己的目标。因此，这是一种以兴趣、特长和任务驱动为主的考核方法。考核没有统一的答案，学生可以充分发挥自己的创造力，调动和培养了学生的创造潜能，提高了学生应用计算机解决实际问题和研究问题的能力。

课程评价对英语教学的影响
——形成性评价在高中英语教学中的作用

彭玉婷

案例内容

教学评价是高中英语教学中的一个重要环节，而有效的形成性评价有利于学生提高英语综合素质。本案例旨在通过教学实践，检验形成性评价对高中英语教学的影响。

一、高中英语终结性评价辨析

评价是收集有关学生学习情况的信息，并以此为依据做出教学决策的过程。实践证明，科学的评价活动是教育活动科学化的需要，正确运用教育评价对提高教育质量、促进学生主动学习有着至关重要的作用。

21世纪，外语已成为衡量学生综合素质必不可少的一部分。目前，高中英语评价以终结性评价（期末考试成绩）为主导，以考试成绩来评定学生的学习能力。尽管它有一些优点（如以百分制的分数能客观地反映学生英语成绩的高低，便于教师和学生掌握学习情况等），但它所带来的负面影响也是不容忽视的。由于这种评价方式是以考试成绩作为最终评判的标准，这无疑过分强化了考试分数的作用，致使学校、教师甚至学生过多关注卷面分数，而忽略了学生的学习过程。再者，"分数"并不等于"能力"，"哑巴英语"就是改革英语教学的直接原因。相当一部分学生学习英语的动机和目的就是为了考试，这种"工具型"的学习动机显然不易激发学生学习英语的积极性，也不利于其持久保持学习兴趣。同时，由于学生的学习基础和智力水平的差异，对于不同的学生，成功的定义也是不一样的。一旦学生成绩不理想，他们便会感到焦虑、自卑和自责，学习的自信心也会因此受到严重打击。另外，目前各级各类英语考试的内容大多采用选择性评价的方式，重在考查学生对知识的识记能力。外语是听、说、读、写、译相结合的一门综合性课程，单纯的选择性评价也不能全面地考查学生的英语综合素质和应用能力。现代高中英语教学着重关注的是学生的英语应用能力。终结性评价在很大程度上误导了学生只重视语言知识的记忆与背诵，而忽视了对语言运用能力和交际能力的提高。传统的终结性评价方式在很大程度上忽视了学生在学习中的主体性、能动性和创造性，已不适应现代高中英语教学的需要。

二、形成性评价在高中英语教学中的运用

那么,如何才能更科学全面地考查学生的英语综合素质,同时又能以评价方式来促进学生的学习呢?

建构主义学习理论提倡以学习者为中心,强调学生对知识的主动探索、主动发现和对所学知识意义的主动建构,强调学习者的认知主体作用,并要求全面地评价学习者的学习(如学生的学习动机、学习兴趣、学习能力等),评价的标准从知识转向了能力。

因此,我们在实验过程中确定了以形成性评价为主导的课堂评价方式。在此基础上,我们确定了以下的实验方案:

我们选取了高中一年级的两个班进行教学实验,一个班为实验班,另一个班为对照班。在实验班采用形成性评价为主导,结合终结性评价,注重对学生学习过程的指导和学习结果的考查;在对照班只采用终结性评价,忽略学生的学习过程,以检验形成性评价对学生英语学习结果和英语学习策略的运用的作用,并试图探索原因,以此提高教师的英语教学水平,最终提高学生的英语学习效果,为学生发展提供有力支持。

1. 实验实施。

在开学第一周教师对学生英语水平进行前测,用高一模拟题作试卷,由同一个教师采用同一标准进行阅卷,学期结束时以期末成绩作为后测成绩,仍由同一个教师采用同一标准进行阅卷;学习策略采用调查问卷——英语语言学习策略量表 SILL,包括如下六种题型:①记忆策略9题;②认知策略14题;③补偿策略6题;④元认知策略9题;⑤社交策略6题;⑥情感策略6题。答案采用李克特5级分类(5-Point Likert Scale)从1级表示"从来不使用该策略"到5级"总是使用该策略"。同时,在开学第一周进行学生英语学习策略调查,学期结束时再进行一次调查,以对比学生学习策略的使用水平的变化。

实验班教学时我们主要强调学生对自己学习过程的评价、学生之间的相互评价和教师对学生学习过程的评价。

(1)学生自评。

听力方面:我们制定了"听力情况反馈表",用于记录学生每次听力题的对错题数与重听的次数,以及学生感觉的难易程度。在每次听力练习后,该表由学生自己填写。老师定期检查学生的填表情况,并根据表上的数据与学生讨论其听力进步的情况及存在的问题,提出有效的建议。

"听力情况反馈表"是学生进行自我评价的工具。在填表的过程中,学生通过统计对错题数与重听的次数,对自己的听力情况有更清晰的认识;通

过对比前后的数据，评价自己学习的效果，从而总结有效的学习方法，最终使学生形成自己的学习策略。

阅读方面：我们要求学生进行课外阅读并完成阅读报告。阅读报告用于记录学生阅读课外英语读物的情况。每篇报告包含五部分内容，即题目、所用时间、阅读前的问题、阅读后的收获和评语。

阅读报告改变了原有的训练方法，使学生重拾阅读的乐趣。学生通过看文章的标题，猜测文章的内容，决定自己是否选择阅读这篇文章，然后带着自己想了解的问题进行阅读，最后记下收获。

（2）学生互评。

在学习过程中，学生之间的相互评价有着至关重要的作用。我们将实验班进行分组，以小组为单位完成学习任务，同时对小组成员的学习条件、过程及效果进行评价。在实验中我们以口语和写作为主要实验内容。

口语训练中，我们让学生进行自由组合，以四人为一小组，各小组成员合作完成口语训练题。各小组成员分别承担一定的责任，并对其他小组成员的工作表现给予评价。在完成口语训练题后，各小组之间再进行一次相互评价。

完成写作后，分小组进行评价。让学生首先完成小组其他成员的作文阅读；其次共同完成对作文的评价，找出各小组成员作文的优缺点，并提出修改意见；最后完成自己作文的修改，并向其他小组的成员进行展示。

（3）教师课堂评价。

课堂评价的目的是收集与学生成绩有关的有效而可信的信息。多年以来，在高中英语教学中，客观评分的选择题一直处于主导地位。由于很多题目不能转化为这类题目，一些非常重要的学业目标就没有得到相应的评价，在标准化测验流行的状况下更是如此。在重视学生综合素质的今天，这种单一的评价方式已不适应高中英语教学的需要。因此，我们在课堂评价中，采用了选择性反应评价、论述式评价、表现性评价及交流式评价相结合的方式，对不同的学习任务采用不同的评价方式。在课堂上教师主要对学生的知识和观点、推理能力、表现性技能、产生成果的能力及情感倾向等进行评价。

以阅读课为例，我们将课堂的评价目标分解为了解和理解、推理、表现性技能、成果、情感倾向等。具体的操作方式见表2-3-26。

表 2-3-26

学业目标	具体内容	评价方式
了解和理解	文中词汇和知识背景	选择性反应评价
推理	细读文章，领会其含义	论述式评价、选择性反应评价
表现性技能	流利地朗读	表现性评价
成果	用图表展示对文章的理解	表现性评价
情感倾向	我喜欢阅读	交流式评价

2. 实验结果。

经过一学期的实验后，我们对实验班和对照班的学生进行了一次问卷调查，实验班与对照班英语成绩数据见表 2-3-27，实验班与对照班学习策略数据见表 2-3-28。

表 2-3-27

	实验班	对照班
实验前	37.5	40.5
实验后	48.6	51.3

表 2-3-28

		记忆策略（平均）	认知策略（平均）	补偿策略（平均）	元认知策略（平均）	情感策略（平均）	社交策略（平均）
实验班	实验前	2.64	2.43	3.05	2.58	3.02	2.62
	实验后	2.86	2.63	3.21	2.77	3.21	2.75
对照班	实验前	2.51	2.41	3.10	2.56	2.76	2.70
	实验后	2.61	2.59	3.20	2.62	2.72	2.72

三、原因探析

认知语言学认为语言习得是内在能力和客观经验共同作用的结果。认知的发展是一个不断吸收和融合的过程。在处理语言时，人脑不断在新的语言知识和旧知识的体系之间建立联系，不断提高学生的思维认知能力。环境和交往在语言习得过程中起着重要的作用。语言学习者对语言各部分的驾驭，不仅仅是模仿和重复，而是建立在理解的基础之上。形成性评价是在教育过程中为了调节和完善教学活动，引导教育过程正确而高效地前进而对学生的学习结果和教师的教育效果采取的评价方式。形成性评价重视对学生学习过程的评估和评判，它通过多种渠道收集、综合和分析学生日常学习的信息，了解学生的知识、能力、兴趣和需求，着眼于学生潜力的发展。因此，形成性评价给予了学生极大的发展空间，有利于培养学生学习的兴趣，增强其学习的动机和学习的自信心。

自我评价是自身行为的主要调节器。学生自评是促进学生反思自己的行为，找出自身缺点与不足的最佳途径。高中学生的英语基础普遍不高，也没有养成良好的学习习惯。在学习中的自我评价有助于学生正确认识自己，从而激发学生自主学习。在实验班中，学生通过对自己的学习活动进行自我评价，更直观地了解自己学习的整个过程，明确自己的长处和不足，以便自己不断调整学习的各个要素。

互评是学生获取信息的一条重要渠道。互评对学生提出了更高的要求：一方面，互评使学生站在一定的高度，客观公正地对同学做出评价（如上课的投入程度，与自己的合作，对学习的兴趣、态度、策略，完成作业的态度、质量、效率等），并诚恳地向他们提出建议；另一方面，互评能充分发挥学生的主体作用。

这两种评价手段不仅能培养学生正确评价自我的能力，而且有助于提高学生的自信心与反思和自我调控学习的能力。通过直接的评价体验，调动了学生的学习积极性，让学生真正成为学习的主人。

综上所述，我们可以看到形成性评价在现代高中英语教学中有着重要的作用。与传统的终结性评价相比，它更强调学生的英语综合素质。因此，形成性评价在高中的评价体系中的应用有助于促进学生学习英语，培养学生的英语应用能力。由于高一学生的英语基础知识相对薄弱，因而形成性评价短期内对学生的非智力因素的影响更为显著。

新高考背景下教师绩效管理与评价的思考
——以成都市大弯中学为例

赵泽高　佘永聪

案例内容

2014年，随着《国务院关于深化考试招生制度改革的实施意见》的提出，在教师管理、学校选人用人、学校未来发展等方面必将产生深远的影响。在新高考背景下，如何应对给学校教师绩效管理与评价带来的挑战，是本案例思索的一个问题。本案例拟以"德、能、勤、绩"为核心，以"确定评价内容，划分评价维度，选择评价方法"为研究思路，研究适合本校发展的绩效管理与评价体系，希望对当下的中学教学管理改革有所裨益。

一、评价内容的确定

成都市大弯中学校创建于1957年，是四川省首批"国家级示范性普通高中""四川省最佳文明单位""成都市首批高中新课改样板校"。学校占地约200亩，现有80多个教学班，学生近4000人，其总体办学水平居四川省名校前列。在新高考的背景下，要为国家培养出"能选择，会适应，敢创新，善合作"的综合性人才，这对教师的专业综合素质提出了更高的要求。因此，我们提出，要培养"师德高尚、勤奋肯干、素质过硬，专业全面"的高水平教师队伍，即意味着要对教师的"德，能、勤、绩"四个方面进行评价。

二、评价维度的划分

成都市大弯中学以往对教师的评价分为了四个方面，即"德、能、勤、绩"，具体内容见表2-3-29。

表2-3-29

类型	考核评价内容
德	忠诚党和人民的教育事业，树立高尚的道德情操和精神追求，不断增强自身的社会责任意识，树立良好的社会公众形象；增强自身的社会责任，树立维护学生合法权益、保护学生安全的责任意识；要有先进的教育理念，遵循教育规律，自觉实施素质教育；自觉抵制有偿家教，不准利用职务谋取私利，不准以任何理由、任何方式干扰正常的教育教学秩序，损害学生利益；树立终身学习的理念，不断更新知识结构，勇于探索创新，不断提高自身专业素养和教育教学水平。
能	教育能力主要考核教师组织管理学生和结合学科内容或工作内容实施德育的能力；教学能力主要考核教师钻研课程标准和教材设计、组织课堂教学、应用现代教育技术等方面的能力；教育科研能力主要考核教师开展教育教学研究与改革、撰写教育科研论文、开发校本教材、开设选修课、组织研究性学习、总结提炼教育教学经验等方面的能力；服务能力主要考核教师服务学生、服务教学的意识和能力；教师专业发展主要考核教师拓展专业知识、提高专业素养等方面的能力。
勤	包括教育教学工作量、教学常规、出勤和学校兼职等方面的情况。教育教学工作量主要考核教师任课时数和职员工作量的情况；教学常规主要考核教师"教学六认真"情况；出勤主要考核教师遵守学校各种考勤制度的情况；学校兼职主要考核教师担任中层以上干部及学校其他工作岗位的情况。
绩	包括教育教学效果、教研业绩和专业发展等方面的内容。教育效果主要考核教师所教班级的班风、学风，学生学习和行为习惯等方面的情况；教学效果主要考核教师完成教学任务，所教学生的学科素质、创新能力发展情况、学科班级合格率、巩固率、学科成绩，以及帮助学困生等方面的情况；教研业绩主要考核教师教育教学研究与改革、教学竞赛、论文撰写等方面的情况；专业发展主要考核教师继续教育、技能培训、学历提升等方面的情况。

原有评价维度有以下三个优点：①对教师评价的一级维度明确清晰；②二级维度划分全面到位；③对每一个维度评价的内容进行了详尽叙述。

同时也有如下两个缺点：①二级维度的评价标准虽然叙述详尽，但评价方法单一，多采用定性评价的方法；②没有划分每一个维度所占的分值。

结合新高考的特点，在新高考背景下，更应关注教师在学科教学中如何培养学生的核心素养，注重师德，注重教师创新、探究、合作等能力及自身综合素质的发展，使用多种评价方法，对我校原有的评价维度进行了一些调整，以适应高考改革的需要。

（一）对"德"的评价维度的划分

在新高考背景下，更加注重"育人"，也更加注重对教师道德的评价。我校原有的对师德的评价已经比较全面，只需对内容进行进一步的明确划分和稍加补充修改即可。具体内容见表2－3－30。

表2－3－30

德（10分）	1. 遵守《中小学教师职业道德规范》和履行《中华人民共和国教育法》《中华人民共和国义务教育法》《中华人民共和国教师法》等法律法规。（1分）
	2. 遵守学校各项规章制度。（1分）
	3. 要有坚定的理想信念，忠诚党和人民的教育事业。（1分）
	4. 树立高尚的道德情操和精神追求，不断增强自身的社会责任意识，树立良好的社会公众形象。（1分）
	5. 树立维护学生合法权益、保护学生安全的责任意识。（1分）
	6. 要有先进的教育理念，遵循教育规律，自觉实施素质教育。（1分）
	7. 自觉抵制有偿家教，不准利用职务谋取私利，不准以任何理由、任何方式干扰正常的教育教学秩序，损害学生利益。（1分）
	8. 使用正确的教学方法，以平等态度对待学生、以高尚情操熏陶学生、以人格魅力感染学生。（1分）
	9. 关心爱护全体学生，尊重学生人格，促进学生在品德、智力、体质等方面全面发展。（1分）
	10. 热爱学生，因材施教。（1分）

（二）对"能"的评价维度的划分

原有的考核制度对"能"的二级评价维度进行了划分，分别是教育能力、教学能力、教育科研能力、服务能力和教师专业发展能力。原有的评价维度划分有点模糊（如将教职工的服务能力与教师的教学能力混在了一起），三级划分的维度还是有可取之处的。根据新高考对教师评价的要求，我们对

"能"的评价维度的划分见表2-3-31。

表2-3-31

能（40分）	教育教学能力（20分）	1. 钻研课程标准和教材，开发利用教育资源。（4分）
		2. 设计和组织课堂教学，编写教案、学案。（4分）
		3. 应用现代教育技术教学。（4分）
		4. 反思能力，能及时反思自己的教学并修正。（4分）
		5. 具备良好的语言表达能力和沟通能力。（4分）
	科研能力（10分）	1. 撰写教育科研论文。（2分）
		2. 开发校本教材。（2分）
		3. 开设选修课。（2分）
		4. 参与课题研究。（2分）
		5. 参与区域性教学研究培训。（2分）
	创新能力（5分）	1. 具有现代教育观念和创造性思维。（1分）
		2. 能创造出新的教育教学方法。（1分）
		3. 能优化教育教学过程。（1分）
		4. 能创造出新的教育教学模式和新课型。（1分）
		5. 注重信息技术与课程、教学的整合。（1分）
	提升能力（5分）	1. 主动进行学历提升。（1分）
		2. 积极参与校、区等各级教研。（1分）
		3. 积极参加各项赛课。（1分）
		4. 积极参加各项培训。（1分）
		5. 主动进行技能提升。（1分）

（三）对"勤"的评价维度的划分

原有评价制度对"勤"的界定已经很清楚，故只需分别针对各项维度确定权值即可。具体内容见表2-3-32。

表 2-3-32

勤（10分）	1. 按照备课组要求备课。（1分）
	2. 按时进行作业批阅。（1分）
	3. 不迟到、不早退。（1分）
	4. 上课不使用手机。（1分）
	5. 按照学校要求准时监考。（1分）
	6. 按时完成学科的各级各类教研、培训任务、继续教育。（1分）
	7. 不无故旷课。（1分）
	8. 按时参加学校会议。（1分）
	9. 每学期阅读5~10本书。（1分）
	10. 完成教学任务。（1分）

（四）对"绩"的评价维度的划分

新高考的要求主要是针对教师"绩"的要求，尤其是对学生成绩的评价，直接影响了对教师教学业绩的评价。在对这一维度进行划分时，尤其要注意对过程维度的划分。具体内容见表2-3-33。

表 2-3-33

绩（40分）	教育教学效果（20分）	1. 学生学科核心素养的养成。（3分）
		2. 学生自主、合作、探究和创新能力的培养。（5分）
		3. 完成教学任务及升学任务。（2分）
		4. 学困生转化。（5分）
		5. 高精尖人才培养。（5分）
	教研业绩（15分）	1. 赛课获奖。（3分）
		2. 论文获奖。（3分）
		3. 参与课题研究获奖。（3分）
		4. 开发校本教材。（3分）
		5. 开设选修课。（3分）
	专业发展（5分）	1. 获得学历提升证书。（1分）
		2. 获得技能提升证书。（1分）
		3. 参与各级各类教研，并获得学时证明。（1分）
		4. 参与各级各类培训，并获得证书。（1分）
		5. 每年有自己的职业生涯发展规划。（1分）

三、选择评价方法

在划分了评价维度之后，就要为每一个维度选择合适的评价方法，才能真正达到评价的效果，提高学校的管理效率，提升教师的综合素质，提高学校的办学水平。

（一）如何评价"德"

在对教师师德进行评价时，拟采用同事评价法、自我评价法和学生评价法。由于师德是教师自我修养内化的过程，也是自我道德外化的过程，因此既需要自我的评价，也需要外界的评价。再者，师德是一个抽象的概念，不可量化，故不能采用定量评价，只能采用定性评价。

首先，建立评价小组，即评价对象、第一评价者（同事）及第二评价者（学生）。评价周期为一年。其次，初步面谈。初步面谈时，除了强调保密性原则，评价者与评价对象之间必须相互尊重，评价对象向评价者推荐第二评价者。再次，第二次面谈。第二次面谈时，评价对象先进行自我评价，实事求是地列举自己的优点与缺点，第一评价者和第二评价者可以将"德"的评价维度作为分析评价对象优缺点的参照依据。最后，举行总结会议，完成评价报告的撰写。评价者要允许评价对象对评价报告发表意见，同时，评价者要给予评价对象帮助和建议。

（二）如何评价"能"

"能"这个评价维度分为四个二级评价维度，在每一个二级评价维度下又有三级评价维度。针对每一个二级评价维度，有不同的评价方法。

针对教育教学能力，拟采用教学档案袋评价法中的展示性教学档案袋（表2-3-34）。由于教育能力的体现和提升是一个长期的过程，不是很快就可以见效的，这是由教育的本质所决定的。比如，某教师具有实施德育的能力，何以体现？教师具有合作能力，何以体现？不能靠分数体现，只有靠实施德育活动、师生活动中的一些资料（如图片、奖状、访谈记录，学生日记等形式）进行体现。将这些资料放入档案袋中，就是教师教育能力的体现。

表2-3-34

类型	目的	阅读者	资料	书面反思
展示性教学档案袋	展示教师的教育能力和合作能力	相关管理者	奖状、图片、访谈记录、学生日记等	—

针对创新能力，拟采用课堂听课评价法。由于教师教学能力的外显主要

体现在外在的上课的过程中。将课堂中的教学行为和创新行为进行观察量化,是较好的一种评价方式。可采用随堂听课评价法(推门听课)和常规听课评价法(预约听课)。评价者一般是备课组长、年级组长、教研组长、中层干部或同事,在评价过程中评价者要做好详细的听课记录,上完课后要与评价对象进行评价交流,并做好意见反馈。课堂听课评价标准见表2-3-35。

课堂听课记录

评价对象:
评价者:
年级:
科目:
听课过程:

表2-3-35

评价指标	评价标准	等级(优、良、中、差)
教学目的与要求	教学目的明确。	
	教学目的不够明确,课堂教学不按要求进行。	
教学内容的组织	教学内容安排恰当,讲授正确、科学,课堂结构优化,教学重点突出,富有逻辑关系,巧妙地突破难点,课堂容量适度。	
	教学内容安排恰当,课堂结构较合理,教学重点较突出,课堂容量较适度。	
	教学内容安排较恰当,课堂结构较合理。	
	教学内容安排不当,重点不突出,课堂容量小。	

◆ 以"适佳"为核心的生态教育实践探索

续表

评价指标	评价标准	等级（优、良、中、差）
教学方法的选择	教学方法适当，注意启发、创新；注重反馈，及时调节；讲、练、自学、讨论、个别辅导安排合理且富有实效；能运用现代化教学手段。	
	教学方法适当，注意启发、创新，注意反馈，及时调节，主导与主题处理关系好。	
	教学方法较适当，能进行启发式教学，教师主导作用发挥较好。	
	教学方法不适当，不注意启发思维，课堂环节安排不合理。	
学生核心素养的培养	学生能正确掌握基本概念、规律和基础知识，能灵活运用基础知识，教给学生学习方法，坚持因材施教、分类指导，培养实践创新能力等核心素养。	
	学生能正确掌握基本概念、规律和基础知识，能灵活运用基础知识；注意培养学生的核心素养。	
	学生能掌握基础概念、规律和基础知识，能初步运用基础知识。	
	学生对基本概念、规律和基础知识掌握较差，运用基础知识的能力也较差，没有形成良好的学习方法，养成良好的学习习惯	
教学效果	课堂教学气氛热烈紧张而愉快生动，学生兴趣浓；教学效率高；语言清晰，板书有条理，操作规范；完成教学任务；学生在人文底蕴、科学精神、学习方法、健康生活、责任担当、实践创新等方面得到提升。	
	学生在人文底蕴、科学精神、学习方法、健康生活、责任担当、实践创新等方面得到提升；语言、板书、操作等教学基本功较好；教学任务完成较好。	
	教学效果一般，教师教学能力一般，课堂无亮点。	
	教学效果差，学生没有主动学习的热情，教学环节按部就班，没有创新。	

针对科研能力和提升能力，可以采用定量分析评价的方式。这是因为两种能力中的内容是可以通过量化的形式来评价的。科研能力与提升能力评价见表2-3-36。

表 2-3-36

评价标准	分值
1. 撰写教育科研论文 2 篇，并获奖。	2 分
2. 开发校本教材，担任主编或副主编。	2 分
3. 开设选修课，每学期不少于 10 节。	1 分
4. 参与课题研究，有课题研究成果。	2 分
5. 参加区域性教学研究培训，有培训证明。	1 分
6. 获得学历提升证书。	1 分
7. 获得技能提升证书。	1 分
8. 参加各级各类教研，每学期不少于 60 学时。	1 分
9. 获得赛课获奖证书。	2 分
10. 每学期有教学反思笔记，不少于 10 篇。	2 分

（三）如何评价"勤"

原有评价制度对"勤"的界定已经很清楚，只需分别针对各项维度确定权值即可。拟采用定量评价分析法，评价者为评价对象本人和教务处工作人员。具体内容见表 2-3-37。

表 2-3-37

	评价标准	分值
勤（10分）	1. 按照备课组要求备课。	1 分，备课组长检查。
	2. 按时进行作业批阅。	1 分，备课组长检查。
	3. 不迟到、不早退。	1 分，迟到早退一次扣 0.2 分。
	4. 上课不使用手机。	1 分，被检查或举报一次扣 0.2 分。
	5. 按照学校要求准时监考。	1 分，旷考一次扣 0.2 分。
	6. 按时完成学科各级各类教研、培训任务、继续教育。	1 分。
	7. 不无故旷课。	1 分，旷课一次扣 0.2 分。
	8. 按时参加学校会议。	1 分，缺席一次扣 0.1 分。
	9. 每学期阅读 5~10 本书。	1 分，不足 5 本 0 分。
	10. 完成教学工作量。	完成或超额完成工作量 1 分。
		未完成 0.5 分。

在对教师教学工作量完成与否进行评价时，要考虑客观条件。由于在新

高考背景下，有可能教师没有工作，或者在高考科目考试结束前工作量超课时，但在高考科目考试结束后工作量又不够。学校应根据实际情况，在每一学期核定教师工作量，因特殊情况（如学生不选这位教师的课）而工作量不足的教师，可以采取"区管校聘"的方式，满足教师的工作量。

（四）如何评价"绩"

针对教育效果，拟采用问卷调查分析评价法。由于教育效果中涉及班级学风、学生学习行为、态度、习惯等，都是内隐性的表现，不好直接用数据衡量，但可以用发放问卷的形式，通过权重比来确定教师的"绩"。在每学期的前后，分别发放一次问卷，再根据问卷分析调查数据对比来评价教师。

针对教学效果中的"学生学科核心素养的形成"可以采用学生成长档案袋的评价方式，将一个大的档案袋按学科类别分成几个小的档案袋，每一个档案袋上标注相应学科，按照每门学科素养的要求，将学生成长的相关资料装进袋中（如学生作品、证书、日记、作业、照片、谈话记录等）。"学生自主、合作、探究和创新能力的培养""学困生转化""高精尖人才培养""完成教学任务，升学任务"可采用定量分析。教学效果评价见表2-3-38。

表 2-3-38

评价项目	评价标准	分值	得分
学生自主、合作、探究和创新能力的培养，高精尖人才培养（10分）	1. 学生自主创作的作品并获奖。	有作品并获奖（3分）	
		有作品无获奖（2分）	
		无作品（0分）	
	2. 班级学科成绩前后对比，以每学期期中、期末考试成绩为评价依据。	有进步（1分）	
		无进步（0分）	
	3. 学生参加教育行政、业务主管部门组织的学科竞赛获奖。	获奖（3分）	
		无获奖（0分）	
	4. 学生课题研究，论文发表，专利申请。	有（3分）	
		无（0分）	
完成教学任务、升学任务（2分）	按上级要求下达的目标是否完成。	是（2分）	
		否（2分）	

续表

评价项目	评价标准	分值	得分
学困生转化 （5分）	学困生转化率。	超过70%（5分）	
		超过50%（3分）	
		超过30%（2分）	
		30%以下（1分）	
		转化率为负（0分）	

特别提出的是，在评价"完成升学任务"这一指标时，尤其要注重运用等级增量评价法。以前，大家都是平行班，各班成绩起点相同；新高考实施后，由于组班模式发生了变化，导致各班成绩起点不同。如何衡量一个教师的教学效果？可以采用增量评价法。

所谓"增量评价法"，可以概括为"以入口定出口""从起点看变化"，科学客观地评价班级和学科的进步，评价教师的绩效。以学生的发展来对教师教学质量进行发展性增量评价，除对学生学业水平评价之外，还包括对师德师风、劳动纪律、履岗过程、教研教学成果、过程管理考核等方面的评价，对教师课堂教学行为按新课程理念进行评价，激励教师参与课堂教学改革。增量评价法主要分为均分增量评价、名次增量评价和等级增量评价。名次增量评价和等级增量评价在实际应用过程中各有特点，可以结合使用。名次增量评价细微具体，但用于评价教师教学情况时工作量大，过于烦琐，因此不适合分析学生个体学情。等级增量评价对学生的个体学情分析不够精准，在两次考试中名次变化而等级未变的情况是很常见的，但对于班级整体而言，各等级的人数变化还是能反映班级整体情况，因此，等级增量评价适用于评价教师的教学成效。高考改革之后，在短期内，高考的属性没有发生根本变化，对学生成绩的关注依然是学校教学的核心之一。在高考改革之后的差异化教学模式中，如何在保证公平、科学的前提下配置教师、激励教师和评价教师，等级增量评价的理念和方法值得借鉴。当然，在增量的维度上，可以有不同的选择和指向。例如，当综合素质评价成为高考录取"两依据、一参考"的重要元素之后，教师对于学生综合素质的提升，也应纳入教师评价的范畴中。

1. 均分增量评价。

第一步，算出均分差：

(1) $y_1 = x_1 - x_0$

式中　x_0——分班时年级平均分；

x_1——分班时班级平均分。

(2) $y_2 = x_2 - x$

式中　x——本次年级平均分；

　　　x_2——本次班级平均分。

第二步，算出均分增量：

$\Delta y = y_2 - y_1$

$\Delta y > 0$，进步；

$\Delta y < 0$，退步。

注意事项：

每次考试既可以和分班时比较，也可以和上次成绩比较。计算年级和班级平均分，要取两次都参加考试的学生。

2. 名次增量评价。

(1) 事先准备。

①将某选考科目学生按分班前成绩排序。

②将该选考科目学生按本次考试成绩排序。

(2) 评价。

①比较教学班进步和退步学生人数（主要指标）。

②比较教学班全体学生进步和退步总名次（次要指标）。

3. 等级增量评价。

(1) 事先准备。

①将某选考科目学生按分班前成绩排序，按一定比例设置等级（15％A、30％B、30％C、20％D、5％E）。

②将该选考科目学生按本次考试成绩排序，按相同比例划分等级。

(2) 评价。

①比较教学班各等级人数变化。

②重点关注 A 等、B 等和 E 等的变化。

针对教研业绩和专业发展，可以采用定量分析法。教研业绩与专业发展评价见表 2-3-39。

表 2-3-39

评价标准	分值（20分）	得分
1. 撰写、发表教育科研论文。(3分)	国家级 3 分	
	省级 2.5 分	
	市级 2 分	
	区级 1.5 分	
	校级 1 分	
2. 开发校本教材，担任主编或副主编。(3分)	主编 3 分	
	副主编 2 分	
	参编 1 分	
3. 开设选修课，每学期不少于 10 节。(3分)	10 节以上 3 分	
	10 节以下 1 分	
4. 参与课题研究，有课题研究成果。(3分)	主研 3 分	
	参研 2 分	
5. 获得赛课获奖证书。(3分)	国家级 3 分	
	省级 2.5 分	
	市级 2 分	
	区级 1.5 分	
	校级 1 分	
6、获得学历提升证书。(1分)	有 1 分，无 0 分	
7. 获得技能提升证书。(1分)	有 1 分，无 0 分	
8. 参加各级各类教研，每学期不少于 60 学时。(1分)	60 学时以上（包括 60 学时），1 分	
	60 学时以下，0 分	
9. 参加各级各类培训，并获得证书。(1分)	有 1 分，无 0 分	
	有 1 分，无 0 分	
10. 每学期有教学反思笔记，不少于 10 篇。(1分)	有 1 分，无 0 分	
	有 1 分，无 0 分	

我们将进一步结合实际，对教师绩效评价与管理做到"细节、高效、公平、合理"。高考的改革将继续督促我们奋勇前行。

成都市大弯中学体育组创新模块评价

成都市大弯中学体育组

案例内容

成都市大弯中学校体育与健康课程
高中模块教学实施方案

一、指导思想

紧紧围绕"以学生的发展为本"这一课改出发点，认真执行《体育与健康课程标准》，牢固树立"健康第一、强体育德"的教育思想，在课改实验中正确把握好三维目标，把学生的发展视为课程改革的最高利益，将课程改革看作师生共建的历程，在促进学生发展的过程中开发教师的潜能，因校制宜、创造性地开展选项教学。

二、目标定位

（一）学生学习目标

1. 爱好运动，积极参与各种体育运动，形成终身体育的意识和习惯，能测试和评价自身体质健康状况，制订可行的个人锻炼计划，具有一定的体育文化欣赏能力。

2. 熟练掌握1~2项健身运动的基本方法和技能，能科学地进行体育锻炼。提高自己的运动能力，掌握常见运动创伤的处置方法。

3. 全面发展与健康有关的各种体能，提高运动能力；熟练掌握几种我国传统的养生保健方法，能选择人体需要的健康营养食品，形成健康的行为习惯。

4. 根据自己的能力设置体育学习目标，自觉通过体育活动改善心理状态，建立良好的人际关系，养成积极乐观的生活态度，运用适宜的方法调节自己的情绪；在运动中体验运动的乐趣和成功的感觉，正确处理竞争与合作的关系，体现出良好的体育道德和体育精神。

（二）学科建设目标

1. 倡导全面、和谐发展的教育。以传授运动技能为载体，强调形成积极主动的学习态度，在获得基础知识与基本技能的同时，使学生学会学习和形成正确的价值观。

2. 建立新的课程结构。改变目前体育课程结构过于强调学科本位、内容过多和缺乏整合的现状，适应学生发展的需求，体现体育课程结构的均衡性、综合性和选择性。

3. 体现课程内容的现代化。改变现行体育课程内容"难、繁、偏、旧"的现状，关注学生的学习兴趣和经验，注重培养学生终身体育的意识和能力。

4. 促进学习方式的变革。改变现行体育课程的实施过于强调接受学习、机械训练的现状，关注学生的个体差异和需求，倡导学生主动参与、乐于探究、勇于实践，培养学生获取新知识的能力、分析和解决问题的能力及交流与合作的能力。

5. 形成正确的评价观念。改变现行体育课程的评价过分强调运动成绩的现象和过于注重甄别的功能的现状，发挥体育课程评价促进学生发展、教师提高和改进教学实践的功能。

三、学校基本情况分析

（一）学校学生情况

我校学生较多，高中有52个班，初中有30个班。由于是城乡学校，学生的体育兴趣比较广泛，学生对自身喜欢的运动项目有着一定的专项基础。但由于人数多，进行选项教学需要合理的安排课务，操作方面有一定困难。

（二）学校体育教师的资源配备

我校体育老师在编人员有16个，但其中有一个担任学生处副主任，兼职体育教学，课务较少；还有一部分教师要承担初中部的体育教学，进行选项教学，使得体育教师课务相应增多，工作量较大，开设选项教学有一定困难。

（三）学校体育场地和器材设施

由于我校位于成都市北部郊区。现有400 m塑胶场地，足球场一个，篮球场有8个，乒乓球台25个，羽毛球场6个，排球场3个。在器材上，我校相对较为充足，完全可以满足选项教学的需要。

（四）学校选项教学的基础

我校于1998年开始在中学实行选项教学，内涵和新课标精神相符合，基本教学形式也相差无几，只是在成绩的评定上有不同之处。原来采用传统的成绩评定方法，以学生的技能掌握情况为主要的评价依据，而新课标以学分制来评定学生学习的五个领域的综合成绩。

四、选项教学具体操作程序

结合本校实际情况，在高一、高二进行选项教学，学分管理，实施方案如下（高三参照执行）。

（一）确定选项学习内容的流程

图 2-3-3 为选项学习内容的流程。

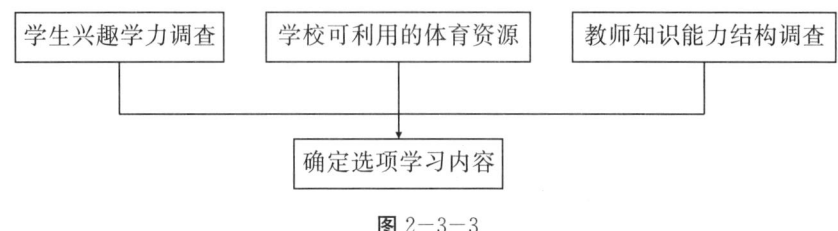

图 2-3-3

在开校第一天，我们发放了体育选项学习学生基本状况调查表并回收，对学生的兴趣爱好和选项的意愿进行全面的调查和分析，并结合教师的知识能力结构及学校的体育资源状况，以"健康第一、强体育德"的指导思想作为选编教学内容的基本出发点，遵循学生身心发展规律和兴趣爱好，坚持健身性与文化性相结合，科学性和可接受性相结合的原则。成都市大弯中学体育与健康学分分配见表 2-3-40，成都市大弯中学选修课程安排见表 2-3-41。

表 2-3-40

系列	模块	指导教师	内容	上课时段	可获学分
球类	篮球		较为熟练地掌握篮球运动中的技战术，参加各种篮球比赛。	高一下期至高二全年	每学期2学分
	排球		较为熟练地掌握排球运动中的技战术，参加各种排球比赛。	高一下期至高二全年	每学期2学分
	足球		较为熟练地掌握足球运动中的技战术，参加各种足球比赛。	高一下期至高二全年	每学期2学分
	乒乓球		较为熟练地掌握乒乓球运动中的技战术，参加各种乒乓球比赛。	高一下期至高二全年	每学期2学分
	羽毛球		较为熟练地掌握羽毛球运动中的技战术，参加各种羽毛球比赛。	高一下期至高二全年	每学期2学分
田径	跨栏跑		较为熟练地掌握一两项田径运动技能。	高一上	1学分
	田径基础		较为熟练地掌握一两项田径运动技能。	高三上	1学分

续表

系列	模块	指导教师	内容	上课时段	可获学分
武术	太极拳		较为熟练地掌握24式太极拳技术动作。	高三上	1学分
健康教育专题系列	健康知识		按水平五要求进行。	高一至高三	1学分
体能专题系列	体能		按水平五要求进行。	高一至高三	1学分

表 2-3-41

阶段	必修项目	选修项目
高一年级	广播体操和跨栏。 技能目标：通过学习，学生能熟练完成全套广播体操，基本掌握跨栏跑技术。	篮球、排球、乒乓球、足球、羽毛球。 技能目标：通过学习，学生能初步掌握篮球、排球、足球、羽毛球、乒乓球的基本技术。
高二年级	—	篮球、排球、乒乓球、足球、羽毛球。 技能目标：通过学习，学生能初步掌握篮球、排球、足球、羽毛球、乒乓球的基本战术。
高三年级	田径（跑、跳、投）、太极拳。 技能目标：通过学习，学生能较为熟练地掌握简化太极24式的打法，基本掌握田径的跑、跳、投技术。	篮球、乒乓球、足球、羽毛球、体育与健康（理论考试）。 技能目标：通过学习，学生能较熟练地掌握篮球、排球、足球、羽毛球、乒乓球的基本战术。理解体育与健康理论知识，能够把所学理论知识运用到运动与生活中。

（二）学生选项需达成的目标

1. 学生先行了解学校开设的选项学习的内容及各项内容开课教师的基本情况。为达到体育目标，充分发挥学生主体作用和教师的主导作用，学校实行"完全开放式"教学。

2. 学生根据自己的兴趣与学习能力，每学期进行一次选项，学生有自主选择教师、上课内容的权利。在选项课前两周，学生可以自己调整选项内容，两周以后就不能再做调整。

3. 教师根据学生的选择情况编制教学班，确定学生选项学习的时间。

（三）课堂教学实施

1. 根据学校教育的总体要求和体育课程的自身规律，在高一上学期期末，试行选修课程，让学生发现自己感兴趣的项目，找到能够长期坚持的体育项目，高一下学期到高二全年都实行选项课教学。

2. 重视理论与实践相结合。在运动实践中注意渗透相关理论知识，运用多种形式和现代教学技术手段，安排约10%的理论教学内容（每学期约3学时），扩大学生的体育知识面，提高学生的认知能力。

3. 建立专项备课组制度。建立跨年级的、以选项内容为依据的专项备课组，教师按自己的专长任课并积极探究选项教学的特点，各专项组的教师根据我校实际情况，选择或编写具有学校特色的教材。并对教材进行分析，确定重点、难点，根据教材内容，探索新的教学方法、突破口，努力实践新课改。

4. 选项教学实行学习走班制，即年级内打破班级制，几个平行班安排在同一课时进行授课，以学生所选择的体育学习内容组织基本教学班。这种基本形式对于选项教学非常必要。其优点主要体现在可以发挥每个体育教师的专长，使资源得到最大合理化地利用。每个教师都有自己最为擅长的专项，在以学习内容组织基本教学班的教学过程中，这种特长可以充分得以展示。随着教学的深入，这对教师进一步提高自身的业务水平也有较大的促进作用。选修结束，班级也随之解散，因此这种班级是阶段性的编班。

（四）教学评估

学生评价实行学分制，在学分制的管理上，我们要做以下四项工作。

1. 宣传和说明学分在体育学科中的分配情况，并就具体体育教学中学分分配情况做了详细解释，让每一个学生明确了解到每一个体育学分是怎么得来的。

2. 指导学生选择体育学分，保证每个学生在三年体育教学和活动中修满12个学分（每个学分18学时）。结合我校实际情况，其中有些课程是学生可以自行选择的，教师要指导他们正确而合理地选择；有5个课程是必修学分，包括体育与健康知识、田径、体操、太极拳、跨栏。

3. 保证学生获得体育课程学分并达到基本要求。

4. 必修学分课程和选修学分课程之间的安排方式。我们初步拟定必修学分课——"健康知识"安排在高中三年中，不安排在某一个阶段集中完成，可以以专题的方式完成。而田径课则作为必选项目在高三阶段学习完成。

评价的主要内容有以下四点：

（1）学生体质健康情况——执行《学生体质健康标准》。

（2）知识与技能——对体育与健康的认识，科学锻炼的方法，体育技战术知识与运用能力，有关健康知识的掌握与运用，与不同学习水平相关的运动技能水平及运用情况。

（3）学习态度——学生对待学习与练习的态度，以及在学习和锻炼活动中的行为表现。

（4）情意表现与合作精神——学生在体育学习中的情绪、自信心和意志表现，对他人的理解与尊重，交往与合作精神。

（五）评定标准与评定方法

1. 评定标准。

"体育与健康"课程学习的评定应采用绝对标准与相对标准相结合的方法进行，如在《学生体质健康标准》的得分和等级评定中采用绝对标准。运动技能成绩和体能成绩的评定可采用定量和定性相结合的评定方法进行。也就是说，有些内容的考核在定量评价的基础上，可结合每一位学生的基础及提高的幅度进行最终的定性评定。在有关知识的考核中，可采用定量和定性相结合的评价方法进行。

2. 评定方法。

（1）《学生体质健康标准》的实施，可采用每学期测试的方式进行，学年成绩以两学期中的每一项的最优成绩计入总成绩。

（2）运动参与、心理健康、社会适应三个方面主要是观察记录学生对学习与练习的态度和行为表现，以及学生在体育学习和锻炼中的情绪、自信心和意志表现，对他人的理解与尊重，交往与合作精神。可采用自评、小组互评、教师评等形式记录学生在每一单元学习过程中的情况，在期末综合这些情况进行总评。具体的单元评价的有关内容可根据课程标准的要求和学生实际，各年级自行设置评定的具体内容。

（3）运动技能和体能的评价是过程性评价与终结性评价相结合的动态评价，既要看学生的成绩等级，又要看学生提高幅度的等级，以此进行评价。评价采用自评、互评、教师评的形式进行。

①测试内容一般测试三次，为鼓励和保护学生的学习积极性，对成绩不理想的学生，可根据学生的要求再给一次测试机会。

②测试内容可根据课程教学进度和学生实际情况有选择地进行测试（即学生可采用选项的方法进行）。

③每一个考核项目的成绩可根据学生成绩提高的幅度决定。

观察学生成绩提高幅度的初试成绩可以是本学期的，也可以是跨学期的。如果本学期只进行了一次测试，可以参照上学期的最后一次测试成绩，但不同项目的成绩不能相互参照。

④学生对体育与健康知识的掌握情况的评定可结合单元评定，以理论考核、课外作业、专题答辩等形式，采用等第制和自评、小组评、教师评的方法进行。

⑤期末可根据各项单元评定，结合学生自评、互评、教师评对学生的知识、体能和运动能力、情感态度等方面采用合格、不合格的等第制或评语进行综合评价。

教学效果评价：

通过学生体质监测来获取数据，并进行对比分析。建立学生体质管理系统（数据库查询系统）。

五、排课的方法

排课要求如下：其一，通过积极争取，体育课从上午第二节开始排课，实施选项学习的高中三个年级全部实现交叉上课，避免了场地与器材的冲突；其二，每一位任课教师基本保证每周17个课时，达到满工作量（部分教师兼任初中的体育教学）。

六、实行选项学习应注意的问题

（一）满足学生兴趣

选项学习的前提是满足学生的学习兴趣，发展学生的特长。学生应该享有选择学习模块的主要或最大权利，脱离这一点，选项学习就是失败的。因此，在学生选项报名人数不均等的情况下，尽量不要进行行政干预，调整学生的选项志愿，而可以考虑增加教学班，来保证学生的学习兴趣。

（二）打造教师群体

开设体育选项教学，促进学生运动能力、身体素质的提高，需要一支观念新、素质高、善思考、勤努力的教师群体，打造一支适应新课程实施的教师群体是实施新课程的关键。因此，体育教师自身要不断地学习，深入研究，通过自学、校本培训、学术交流等不同形式，不断提升自身的业务水平。

（三）加强教学管理

建立专项教学备课组制度，加强备课组的教研活动，在牢固树立新课程观的前提下，全力改革课堂教学，以选项学习为主要特点，以自主活动和体验、探索为主要形式，以培养学生的创新精神、提高学生实践能力、形成健康体魄、完善健全人格为主要目标，建立现代的课堂教学体系。同时，由于选项人数的不均等，特别是某些模块学生太多，要加强与班主任的沟通，发挥体育骨干的力量，做好学生管理工作。

（四）改革教学评价

评价制度改革既是课程改革的重要内容，也是体育选项教学得以顺利进行的重要保证，同时又是实施课改的重点和难点。因此，需要积极探索新型的教学评价体系，促进学生发展，教师提高，学校课程有效地实施。

（五）加大场地设施建设

由于选项学习采用专项分班，班级人数较少，但同时上课的教师人数较多，对于场地设施的需求增加，这需要适度增加学校对体育场地设施的投入，保证选项教学的顺利进行。

但是从方案中也可以看出，选项教学的内容多集中在球类上，民族民间体育类项目和新兴运动类项目相对缺乏，开设的水平层次也较少，尤其对有效发展学生运动能力具有重要作用的器械体操也很少受到关注。如何通过选项教学努力实现学生全面主动发展，加强和提高教师自身专项教学能力，应引起我们的思考。

24式简化太极拳考试方法及标准

一、方法

(1) 学生以小组为单位，听音乐进行考试。

(2) 太极拳评分标准最高为100分。

(3) 根据演练技巧及错误动作进行扣分。

(4) 缺课三分之一者不得参加考试和补考。

(5) 因病、因事未测和不及格者，在测验后一周内由任课教师进行补考。

二、标准

（一）手型、手法、步型、步法、腿法符合规格要求

凡每出现一次轻微错误扣2分，每出现一次显著错误扣3分，每出现一次严重错误扣5分；一个动作同时出现多种错误时，扣6~10分。

（二）运劲顺达、力点准确、连贯圆活、手眼身法步配合协调

凡与要求轻微不符者，扣1~3分，显著不符者扣4~6分，严重不符者，扣7~10分。

（三）神态自然、意识集中、速度适宜、风格突出

凡与要求轻微不符者，扣1~3分，显著不符者扣4~6分，严重不符者，扣7~10分。

（四）没有完成套路

凡学生没有完成套路中途退场者，不予评分。

（五）遗忘

每出现一次遗忘，根据不同程度，扣 1~3 分。

（六）失去平衡

每出现一次摇晃扣 1 分，每出现一次附加支撑扣 2 分，连续出现附加支撑扣 3 分。

（七）重做

凡考生因动作遗忘、失误等造成考试中断者，可重做一次，扣 10 分（从 90 分打起），依次类推。

（八）套路考试时间（以 24 式太极拳的音乐时间为准）

所做动作应与音乐相符。凡完成套路超出或不足规定时间达 1~5 s 扣 2 分，达 5.1~10 s 扣 3 分，依次类推（无音乐除外）。

（九）动作数量

动作数量超出或不足，每多或少一个动作扣 3 分。

（十）动作方向

凡偏离规定方向 45°以上，每出现一次扣 1 分。

太极拳成绩考核见表 2-3-42。

表 2-3-42

优秀	良好	及格	不及格
80 分以上	79~70 分	69~60 分	60 分以下

成都市大弯中学 2020 年课堂教学大比武
——基于目标达成的课堂教学评价表

成都市大弯中学学术委员会

案例内容

具体案例内容见表 2-3-43。

表 2-3-43

授课人		课题名称			
评价维度	评价标准			权重	得分
教学目标的确立与展示（10 分）	①教学目标正确恰当、能达成、可检测。 ②教学目标明确展示。			10	
教学目标的实施与达成（60 分）	①教师着装得体，端庄大方。 ②教态自然，语言精练。 ③注重情境创设，紧紧围绕目标进行有效设问，问题设置有梯度，有层次。 ④及时整理提炼学生生成的问题，适时、适度指导学生的学习活动，矫正纠错、提炼总结。 ⑤有合理恰当的方式、工具评价学生课堂目标的达成度。			25	
	学生精神饱满，兴趣深厚，学习投入，探究积极，思维活跃，展示自信，见解独到。			25	
	①课堂环节衔接紧凑，时间调控合理，落实到位。 ②教师讲授累计用时不超过 25 分钟，凸显学生主体地位。			10	
教学目标的检测与效果（30 分）	知识掌握：教师当堂落实问题训练，学生答题准确率高，知识目标达成度好。			10	
	方法运用：学会解决问题的方法，形成有效的学习策略和学科思维，养成良好的学习习惯。			10	
	能力形成：学生发现问题、表述问题、解决问题、综合运用等各方面的能力得到提高，学科素养得到提升。			10	
评课人			总分	100	

第三篇 成果篇

第一章　学生成果

时间	项目	等级	姓名
2016.12	第十届（2016年）全国中学生语文能力竞赛	全国三等奖	易之哲
2016.12	第十届（2016年）全国中学生语文能力竞赛	全国三等奖	谢柔嘉
2016.12	第十届（2016年）全国中学生语文能力竞赛	全国二等奖	陈　卓
2016.12	第十届（2016年）全国中学生语文能力竞赛	全国二等奖	谢宗霖
2016.12	第十届（2016年）全国中学生语文能力竞赛	全国二等奖	曾涵琳
2016.12	第十届（2016年）全国中学生语文能力竞赛	全国二等奖	梁兴奕
2016.12	第十届（2016年）全国中学生语文能力竞赛	全国二等奖	张若龄
2016.12	第十届（2016年）全国中学生语文能力竞赛	全国一等奖	黄　鑫
2015.12	2015年全国中学生英语能力竞赛	四川省二等奖	刘仪筱
2017.6	2017年四川高中学生化学竞赛（预赛）	四川省二等奖	廖礼科
2017.6	2017年四川高中学生化学竞赛（预赛）	四川省一等奖	谢诗忆
2017.6	2017年四川高中学生化学竞赛（预赛）	四川省一等奖	温宇航
2017.6	2017年四川高中学生化学竞赛（预赛）	四川省二等奖	林雨眠
2017.6	2017年四川高中学生化学竞赛（预赛）	四川省二等奖	李飞亚
2017.6	2017年四川高中学生化学竞赛（预赛）	四川省二等奖	赖周阳
2017.6	2017年四川高中学生化学竞赛（预赛）	四川省二等奖	钟　情
2017.6	2017年四川高中学生化学竞赛（预赛）	四川省三等奖	刘俊杰
2017.6	2017年四川高中学生化学竞赛（预赛）	四川省三等奖	叶运祥
2017.6	2017年四川高中学生化学竞赛（预赛）	四川省三等奖	周海玲

续表

时间	项目	等级	姓名
2017.6	2017年四川高中学生化学竞赛（预赛）	四川省三等奖	赵一茹
2017.6	2017年四川高中学生化学竞赛（预赛）	四川省二等奖	李晓芳
2017.6	2017年四川高中学生化学竞赛（预赛）	四川省三等奖	梁雪妮
2017.6	2017年四川高中学生化学竞赛（预赛）	四川省三等奖	陈晓茹
2017.6	2017年四川高中学生化学竞赛（预赛）	四川省三等奖	黄　巍
2017.6	2017年四川高中学生化学竞赛（预赛）	四川省一等奖	刘光举
2017.6	2017年四川高中学生化学竞赛（预赛）	四川省一等奖	马文迪
2017.6	2017年四川高中学生化学竞赛（预赛）	四川省一等奖	汤诗奕
2017.6	2017年四川高中学生化学竞赛（预赛）	四川省一等奖	吴子锐
2017.6	2017年四川高中学生化学竞赛（预赛）	四川省一等奖	李旭龙
2017.6	2017年四川高中学生化学竞赛（预赛）	四川省一等奖	欧宇轩
2017.6	2017年四川高中学生化学竞赛（预赛）	四川省二等奖	李兴国
2017.6	2017年四川高中学生化学竞赛（预赛）	四川省二等奖	田　恒
2017.6	2017年四川高中学生化学竞赛（预赛）	四川省二等奖	丁琦峰
2017.6	2017年四川高中学生化学竞赛（预赛）	四川省二等奖	汪峰宇
2017.6	2017年四川高中学生化学竞赛（预赛）	四川省二等奖	郑　龙
2017.6	2017年四川高中学生化学竞赛（预赛）	四川省二等奖	吴　淼
2017.6	2017年四川高中学生化学竞赛（预赛）	四川省二等奖	李靖宇
2017.6	2017年四川高中学生化学竞赛（预赛）	四川省二等奖	钟晨曦
2017.6	2017年四川高中学生化学竞赛（预赛）	四川省二等奖	谢正江
2017.6	2017年四川高中学生化学竞赛（预赛）	四川省二等奖	陈彦瑞
2017.6	2017年四川高中学生化学竞赛（预赛）	四川省二等奖	杨用帆
2017.6	2017年四川高中学生化学竞赛（预赛）	四川省二等奖	方言灵
2017.6	2017年四川高中学生化学竞赛（预赛）	四川省二等奖	雷鸣霄
2017.6	2017年四川高中学生化学竞赛（预赛）	四川省三等奖	李肖潇
2017.6	2017年四川高中学生化学竞赛（预赛）	四川省三等奖	李　政
2017.6	2017年四川高中学生化学竞赛（预赛）	四川省三等奖	曾夕月
2017.6	2017年四川高中学生化学竞赛（预赛）	四川省三等奖	乔　贝

续表

时间	项目	等级	姓名
2017.6	2017年四川高中学生化学竞赛（预赛）	四川省二等奖	蒲海灏
2017.6	2017年四川高中学生化学竞赛（预赛）	四川省三等奖	康宇皓
2017.6	2017年四川高中学生化学竞赛（预赛）	四川省二等奖	蒋兴露
2017.6	2017年四川高中学生化学竞赛（预赛）	四川省二等奖	钟　悦
2017.6	2017年四川高中学生化学竞赛（预赛）	四川省三等奖	邓谢琴
2017.6	2017年四川高中学生化学竞赛（预赛）	四川省三等奖	胡雯馨
2017.6	2017年四川高中学生化学竞赛（预赛）	四川省三等奖	米建成
2017.6	2017年四川高中学生化学竞赛（预赛）	四川省三等奖	彭海洁
2017.6	2017年四川高中学生化学竞赛（预赛）	四川省三等奖	吴　宇
2017.6	2017年四川高中学生化学竞赛（预赛）	四川省一等奖	骆睿昊
2017.6	2017年四川高中学生化学竞赛（预赛）	四川省一等奖	杨远琴
2017.6	2017年四川高中学生化学竞赛（预赛）	四川省一等奖	陶豪成
2017.6	2017年四川高中学生化学竞赛（预赛）	四川省一等奖	陈　葡
2017.6	2017年四川高中学生化学竞赛（预赛）	四川省二等奖	何瑞麟
2017.6	2017年四川高中学生化学竞赛（预赛）	四川省二等奖	谢瑞东
2017.6	2017年四川高中学生化学竞赛（预赛）	四川省二等奖	唐雨阳
2017.6	2017年四川高中学生化学竞赛（预赛）	四川省二等奖	李　威
2017.6	2017年四川高中学生化学竞赛（预赛）	四川省二等奖	赖周颖
2017.6	2017年四川高中学生化学竞赛（预赛）	四川省二等奖	李玫娟
2017.6	2017年四川高中学生化学竞赛（预赛）	四川省二等奖	徐湛诺
2017.6	2017年四川高中学生化学竞赛（预赛）	四川省二等奖	史书伶
2017.6	2017年四川高中学生化学竞赛（预赛）	四川省三等奖	周裕丰
2017.6	2017年四川高中学生化学竞赛（预赛）	四川省三等奖	凌雪婷
2017.6	2017年四川高中学生化学竞赛（预赛）	四川省三等奖	余梦桃
2017.6	2017年四川高中学生化学竞赛（预赛）	四川省三等奖	蒋启轩
2017.6	2017年四川高中学生化学竞赛（预赛）	四川省三等奖	黄　林
2017.6	2017年四川高中学生化学竞赛（预赛）	四川省三等奖	李雨琦
2017.6	2017年四川高中学生化学竞赛（预赛）	四川省三等奖	覃润峰

续表

时间	项目	等级	姓名
2017.6	2017年四川高中学生化学竞赛（预赛）	四川省三等奖	罗欣怡
2017.6	2017年四川高中学生化学竞赛（预赛）	四川省三等奖	李旭岚
2017.6	2017年四川高中学生化学竞赛（预赛）	四川省三等奖	王建栋
2017.6	2017年四川高中学生化学竞赛（预赛）	四川省一等奖	张云森
2017.6	2017年四川高中学生化学竞赛（预赛）	四川省二等奖	李坤霖
2017.6	2017年四川高中学生化学竞赛（预赛）	四川省三等奖	陈玮隆
2017.6	2017年四川高中学生化学竞赛（预赛）	四川省三等奖	周云帆
2017.6	2017年四川高中学生化学竞赛（预赛）	四川省一等奖	兰　鑫
2017.10	第三十四届全国中学生物理竞赛	全国二等奖	何瑞麟
2017.10	第三十四届全国中学生物理竞赛	全国二等奖	侯方丞杨
2017.10	第三十四届全国中学生物理竞赛	全国二等奖	欧宇轩
2017.10	第三十四届全国中学生物理竞赛	全国三等奖	唐雨阳
2017.10	第三十四届全国中学生物理竞赛	全国三等奖	李靖宇
2017.10	第三十四届全国中学生物理竞赛	全国三等奖	李兴国
2017.10	第三十四届全国中学生物理竞赛	全国三等奖	郭辰宇
2017.10	第三十四届全国中学生物理竞赛	全国三等奖	戴文同
2017.10	第三十四届全国中学生物理竞赛	全国三等奖	马文迪
2017.10	第三十四届全国中学生物理竞赛	全国三等奖	方言灵
2017.10	第三十四届全国中学生物理竞赛	全国三等奖	李　丹
2017.10	第三十四届全国中学生物理竞赛	全国三等奖	易淇嘉
2017.10	第三十四届全国中学生物理竞赛	全国三等奖	谢正江
2017.10	第三十四届全国中学生物理竞赛	全国三等奖	李肖潇
2017.10	第三十四届全国中学生物理竞赛（四川省赛区）	四川省一等奖	郑　龙
2017.10	第三十四届全国中学生物理竞赛（四川省赛区）	四川省一等奖	李旭龙
2017.10	第三十四届全国中学生物理竞赛（四川省赛区）	四川省一等奖	吴　焱
2017.10	第三十四届全国中学生物理竞赛（四川省赛区）	四川省一等奖	李　威
2017.10	第三十四届全国中学生物理竞赛（四川省赛区）	四川省一等奖	周仕民君
2017.10	第三十四届全国中学生物理竞赛（四川省赛区）	四川省一等奖	杨远琴

续表

时间	项目	等级	姓名
2017.10	第三十四届全国中学生物理竞赛（四川省赛区）	四川省一等奖	张　洁
2017.10	第三十四届全国中学生物理竞赛（四川省赛区）	四川省一等奖	李修远
2017.10	第三十四届全国中学生物理竞赛（四川省赛区）	四川省一等奖	黄仁季
2017.10	第三十四届全国中学生物理竞赛（四川省赛区）	四川省一等奖	骆睿昊
2017.10	第三十四届全国中学生物理竞赛（四川省赛区）	四川省一等奖	陈智礼
2017.10	第三十四届全国中学生物理竞赛（四川省赛区）	四川省一等奖	蒲海灏
2017.10	第三十四届全国中学生物理竞赛（四川省赛区）	四川省二等奖	杨用帆
2017.10	第三十四届全国中学生物理竞赛（四川省赛区）	四川省二等奖	陈汀楠
2017.10	第三十四届全国中学生物理竞赛（四川省赛区）	四川省二等奖	汤诗奕
2017.10	第三十四届全国中学生物理竞赛（四川省赛区）	四川省二等奖	廖智卓
2017.10	第三十四届全国中学生物理竞赛（四川省赛区）	四川省二等奖	吴子锐
2017.10	第三十四届全国中学生物理竞赛（四川省赛区）	四川省二等奖	林雨眠
2017.10	第三十四届全国中学生物理竞赛（四川省赛区）	四川省二等奖	葛云舟
2017.10	第三十四届全国中学生物理竞赛（四川省赛区）	四川省二等奖	张　璐
2017.10	第三十四届全国中学生物理竞赛（四川省赛区）	四川省二等奖	陈彦瑞
2017.10	第三十四届全国中学生物理竞赛（四川省赛区）	四川省二等奖	彭洁睿
2017.10	第三十四届全国中学生物理竞赛（四川省赛区）	四川省二等奖	徐谌诺
2017.10	第三十四届全国中学生物理竞赛（四川省赛区）	四川省二等奖	蒋启轩
2017.10	第三十四届全国中学生物理竞赛（四川省赛区）	四川省二等奖	雷云飞
2017.10	第三十四届全国中学生物理竞赛（四川省赛区）	四川省二等奖	彭　芃
2017.10	第三十四届全国中学生物理竞赛（四川省赛区）	四川省二等奖	田　恒
2017.10	第三十四届全国中学生物理竞赛（四川省赛区）	四川省二等奖	向哲乐
2017.10	第三十四届全国中学生物理竞赛（四川省赛区）	四川省二等奖	王雨萱
2017.10	第三十四届全国中学生物理竞赛（四川省赛区）	四川省二等奖	张垚磊
2017.10	第三十四届全国中学生物理竞赛（四川省赛区）	四川省二等奖	曾夕月
2017.10	第三十四届全国中学生物理竞赛（四川省赛区）	四川省二等奖	汪峰宇
2017.10	第三十四届全国中学生物理竞赛（四川省赛区）	四川省二等奖	乔　贝
2017.10	第三十四届全国中学生物理竞赛（四川省赛区）	四川省二等奖	郭文轩

续表

时间	项目	等级	姓名
2017.10	第三十四届全国中学生物理竞赛（四川省赛区）	四川省二等奖	余伟龙
2017.10	第三十四届全国中学生物理竞赛（四川省赛区）	四川省三等奖	赵一茹
2017.10	第三十四届全国中学生物理竞赛（四川省赛区）	四川省三等奖	刘光举
2017.10	第三十四届全国中学生物理竞赛（四川省赛区）	四川省三等奖	张黄永芳
2017.10	第三十四届全国中学生物理竞赛（四川省赛区）	四川省三等奖	邱 爽
2017.10	第三十四届全国中学生物理竞赛（四川省赛区）	四川省三等奖	陈青青
2017.10	第三十四届全国中学生物理竞赛（四川省赛区）	四川省三等奖	蒋兴露
2017.10	第三十四届全国中学生物理竞赛（四川省赛区）	四川省三等奖	陈昱阳
2017.10	第三十四届全国中学生物理竞赛（四川省赛区）	四川省三等奖	钟 情
2017.10	第三十四届全国中学生物理竞赛（四川省赛区）	四川省三等奖	张逸畅
2017.10	第三十四届全国中学生物理竞赛（四川省赛区）	四川省三等奖	钟晨曦
2017.10	第三十四届全国中学生物理竞赛（四川省赛区）	四川省三等奖	何 洁
2017.10	第三十四届全国中学生物理竞赛（四川省赛区）	四川省三等奖	曾 迅
2017.10	第三十四届全国中学生物理竞赛（四川省赛区）	四川省三等奖	丁 琪
2017.10	第三十四届全国中学生物理竞赛（四川省赛区）	四川省三等奖	黄红琳
2017.10	第三十四届全国中学生物理竞赛（四川省赛区）	四川省三等奖	刘俊杰
2017.10	第三十四届全国中学生物理竞赛（四川省赛区）	四川省三等奖	李怡伽
2017.10	第三十四届全国中学生物理竞赛（四川省赛区）	四川省三等奖	谢瑞东
2017.10	第三十四届全国中学生物理竞赛（四川省赛区）	四川省三等奖	徐 倩
2017.10	第三十四届全国中学生物理竞赛（四川省赛区）	四川省三等奖	兰 鑫
2017.10	第三十四届全国中学生物理竞赛（四川省赛区）	四川省三等奖	许馨玥
2017.10	第三十四届全国中学生物理竞赛（四川省赛区）	四川省三等奖	米建成
2017.10	第三十四届全国中学生物理竞赛（四川省赛区）	四川省三等奖	喻凌枫
2017.10	第三十四届全国中学生物理竞赛（四川省赛区）	四川省三等奖	张登锋
2017.10	第三十四届全国中学生物理竞赛（四川省赛区）	四川省三等奖	李 政
2017.10	第三十四届全国中学生物理竞赛（四川省赛区）	四川省三等奖	陈 雪
2017.10	第三十四届全国中学生物理竞赛（四川省赛区）	四川省三等奖	刘欣涵
2017.10	第三十四届全国中学生物理竞赛（四川省赛区）	四川省三等奖	王佳芮

续表

时间	项目	等级	姓名
2017.10	第三十四届全国中学生物理竞赛（四川省赛区）	四川省三等奖	谢雅欣
2017.10	第三十四届全国中学生物理竞赛（四川省赛区）	四川省三等奖	付 正
2017.10	第三十四届全国中学生物理竞赛（四川省赛区）	四川省三等奖	毛雨舟
2017.10	第三十四届全国中学生物理竞赛（四川省赛区）	四川省三等奖	兰 豪
2017.10	第三十四届全国中学生物理竞赛（四川省赛区）	四川省三等奖	严展鹏
2018	全国高中数学联赛	全国三等奖	郑 龙
2017.10	第31届中国化学奥林匹克（初赛）	全国三等奖	李旭龙
2017	第31届中国化学奥林匹克（初赛）	全国三等奖	骆睿昊
2017	第31届中国化学奥林匹克（四川省赛区）	四川省一等奖	欧宇轩
2017	第31届中国化学奥林匹克（四川省赛区）	四川省一等奖	杨远琴
2017	第31届中国化学奥林匹克（四川省赛区）	四川省一等奖	兰 鑫
2017	第31届中国化学奥林匹克（四川省赛区）	四川省三等奖	陶家成
2017	第31届中国化学奥林匹克（四川省赛区）	四川省一等奖	马文迪
2017	第31届中国化学奥林匹克（四川省赛区）	四川省一等奖	汤诗奕
2017	第31届中国化学奥林匹克（四川省赛区）	四川省二等奖	陈 萄
2017	第31届中国化学奥林匹克（四川省赛区）	四川省二等奖	刘光举
2017	第31届中国化学奥林匹克（四川省赛区）	四川省一等奖	温宇航
2017	第31届中国化学奥林匹克（四川省赛区）	四川省一等奖	谢诗忆
2017	第31届中国化学奥林匹克（四川省赛区）	四川省一等奖	张云森
2017	第31届中国化学奥林匹克（四川省赛区）	四川省一等奖	吴子锐
2018	2017年全国中学生生物学联赛	全国三等奖	骆睿昊
2018	2017年全国中学生生物学联赛	全国三等奖	戴文同
2018	2017年全国中学生生物学联赛	四川省二等奖	刘佳瑞
2018	2017年全国中学生生物学联赛	四川省二等奖	余伟龙
2018	2017年全国中学生生物学联赛	四川省三等奖	贾 韬
2018	2017年全国中学生生物学联赛	四川省三等奖	石俊轲
2018	2017年全国中学生生物学联赛	四川省三等奖	侯方丞杨
2018	2017年全国中学生生物学联赛	四川省三等奖	何瑞麟

续表

时间	项目	等级	姓名
2018	2017年全国中学生生物学联赛	四川省三等奖	李兴国
2016	四川省第十二届中小学生优秀艺术人才大赛成都赛区青白江区声乐专业初中组	四川省三等奖	刘子卓
2016	2016年全国中学生英语能力竞赛	四川省三等奖	刘乙苇
2016	2016年全国中学生英语能力竞赛	四川省三等奖	陈韵蕙
2016	2016年全国中学生英语能力竞赛	四川省二等奖	黄佳妮
2016	2016年全国中学生英语能力竞赛	四川省二等奖	罗励圣
2016	2016年全国中学生英语能力竞赛	四川省一等奖	冯诗棋
2016	2016年全国中学生英语能力竞赛	四川省一等奖	黄　洋
2016	2016年全国中学生英语能力竞赛	全国三等奖	胡仕文
2016	2016年全国中学生英语能力竞赛	四川省三等奖	牟　洋
2016	2016年全国中学生英语能力竞赛	四川省三等奖	雷　镭
2016	2016年全国中学生英语能力竞赛	四川省三等奖	吴沛航
2016	2016年全国中学生英语能力竞赛	四川省三等奖	曾　柔
2016	2016年全国中学生英语能力竞赛	四川省二等奖	许可昕
2016	2016年全国中学生英语能力竞赛	四川省二等奖	田欣月
2016	2016年全国中学生英语能力竞赛	四川省一等奖	廖晨杰
2016	第十届（2016年）全国中学生语文能力竞赛	全国三等奖	邓　昕
2016	第十届（2016年）全国中学生语文能力竞赛	全国三等奖	张治渝
2016	2016年全国中学生英语能力竞赛	全国三等奖	何丽春
2016	2016年全国中学生英语能力竞赛	全国三等奖	任欣纯
2016	2016年全国中学生英语能力竞赛	全国三等奖	黄懿婧
2016	2016年全国中学生英语能力竞赛	四川省二等奖	颜与时
2016	2016年全国中学生英语能力竞赛	四川省二等奖	李　杰
2016	2016年全国中学生英语能力竞赛	四川省二等奖	鲁昕瞳
2016	2016年全国中学生英语能力竞赛	四川省二等奖	杨　爽
2016	2016年全国中学生英语能力竞赛	四川省三等奖	刘陈子颖
2016	2016年全国中学生英语能力竞赛	四川省三等奖	朱　荻
2016	2016年全国中学生英语能力竞赛	全国二等奖	朱桁炜

续表

时间	项目	等级	姓名
2016	2016年全国中学生英语能力竞赛	全国二等奖	杜佳璐
2016	2016年全国中学生英语能力竞赛	全国三等奖	何 玉
2016	2016年全国中学生英语能力竞赛	四川省一等奖	秦筱筱
2016	2016年全国中学生英语能力竞赛	四川省一等奖	黎可乐
2016	2016年全国中学生英语能力竞赛	四川省一等奖	闵雨欣
2016	2016年全国中学生英语能力竞赛	四川省二等奖	谭贝尔
2016	2016年全国中学生英语能力竞赛	四川省二等奖	朱柯颖
2016	2016年全国中学生英语能力竞赛	四川省二等奖	范芳瑶
2016	2016年全国中学生英语能力竞赛	四川省三等奖	魏 馨
2016	2016年全国中学生英语能力竞赛	四川省三等奖	张桢祺
2016	2016年全国中学生英语能力竞赛	四川省三等奖	王源昊
2017	2017年全国中学生英语能力竞赛	全国三等奖	刘美琪
2018	在第十二届"语文报杯"全国中学生作文大赛"失路，征途"	四川省二等奖	米 粒
2018	在第十二届"语文报杯"全国中学生作文大赛"尘寰凡旅"	四川省一等奖	贾明菲
2018	在第十二届"语文报杯"全国中学生作文大赛"小巷"	四川省二等奖	贾启越
2018	在第十二届"语文报杯"全国中学生作文大赛"逆旅之行，步履不停"	四川省一等奖	张雨婷
2019	论文"浴雪咏梅"已在《读天下》杂志发表	四川省一等奖	张 熠
2017	2017年全国中学生英语能力竞赛	四川省三等奖	林雨眠
2017	2017年全国中学生英语能力竞赛	四川省三等奖	杨双瑞
2017	2017年全国中学生英语能力竞赛	四川省三等奖	刘欣涵
2017	2017年全国中学生英语能力竞赛	四川省三等奖	谷志伟
2017	2017年全国中学生英语能力竞赛	四川省三等奖	宋男杰
2017	2017年全国中学生英语能力竞赛	四川省三等奖	李世成
2017	2017年全国中学生英语能力竞赛	四川省二等奖	李 莹
2017	2017年全国中学生英语能力竞赛	四川省二等奖	曾绮峰
2017	2017年全国中学生英语能力竞赛	四川省二等奖	张雨婷

续表

时间	项目	等级	姓名
2017	2017年全国中学生英语能力竞赛	四川省二等奖	徐　睿
2017	2017年全国中学生英语能力竞赛	四川省一等奖	葛云舟
2017	2017年全国中学生英语能力竞赛	四川省一等奖	刘光举
2017	2017年全国中学生英语能力竞赛	四川省一等奖	米　粒
2017	2017年全国中学生英语能力竞赛	全国三等奖	骆睿昊
2019	2018年四川高中学生化学竞赛（预赛）	四川省二等奖	兰旻玟
2019	2018年四川高中学生化学竞赛（预赛）	四川省二等奖	陈　磊
2019	2018年四川高中学生化学竞赛（预赛）	四川省二等奖	杨翼铭
2019	2018年四川高中学生化学竞赛（预赛）	四川省二等奖	张世芮
2019	2018年四川高中学生化学竞赛（预赛）	四川省二等奖	邱　爽
2019	2018年四川高中学生化学竞赛（预赛）	四川省二等奖	王佳芮
2019	2018年四川高中学生化学竞赛（预赛）	四川省二等奖	王云逸
2019	2018年四川高中学生化学竞赛（预赛）	四川省二等奖	谭　盾
2019	2018年四川高中学生化学竞赛（预赛）	四川省二等奖	邱　航
2019	2018年四川高中学生化学竞赛（预赛）	四川省二等奖	唐龙轩
2019	2018年四川高中学生化学竞赛（预赛）	四川省二等奖	何　洁
2019	2018年四川高中学生化学竞赛（预赛）	四川省二等奖	付　正
2019	2018年四川高中学生化学竞赛（预赛）	四川省二等奖	孙资恒
2019	2018年四川高中学生化学竞赛（预赛）	四川省二等奖	李肇奇
2019	2018年四川高中学生化学竞赛（预赛）	四川省二等奖	蔡正曦
2019	2018年四川高中学生化学竞赛（预赛）	四川省二等奖	李秋雨
2019	2018年四川高中学生化学竞赛（预赛）	四川省二等奖	朱柯莹
2019	2018年四川高中学生化学竞赛（预赛）	四川省二等奖	邓昕怡
2019	2018年四川高中学生化学竞赛（预赛）	四川省二等奖	汪昊添
2019	2018年四川高中学生化学竞赛（预赛）	四川省二等奖	高楚灵
2019	2018年四川高中学生化学竞赛（预赛）	四川省二等奖	李秋彤
2019	2018年四川高中学生化学竞赛（预赛）	四川省二等奖	冯　喆
2019	2018年四川高中学生化学竞赛（预赛）	四川省二等奖	杨　柳

续表

时间	项目	等级	姓名
2019	2018年四川高中学生化学竞赛（预赛）	四川省二等奖	代佳颖
2019	2018年四川高中学生化学竞赛（预赛）	四川省二等奖	孙亚涛
2019	2018年四川高中学生化学竞赛（预赛）	四川省二等奖	刘延俊
2019	2018年四川高中学生化学竞赛（预赛）	四川省二等奖	蔡宇航
2019	2018年四川高中学生化学竞赛（预赛）	四川省二等奖	许迎盈
2019	2018年四川高中学生化学竞赛（预赛）	四川省二等奖	廖 航
2019	2018年四川高中学生化学竞赛（预赛）	四川省二等奖	李湘滢
2019	2018年四川高中学生化学竞赛（预赛）	四川省二等奖	丁 琪
2019	2018年四川高中学生化学竞赛（预赛）	四川省二等奖	尹紫妍
2019	2018年四川高中学生化学竞赛（预赛）	四川省二等奖	王诗艺
2019	2018年四川高中学生化学竞赛（预赛）	四川省二等奖	胡舒羽
2019	2018年四川高中学生化学竞赛（预赛）	四川省二等奖	吴秋敏
2019	2018年四川高中学生化学竞赛（预赛）	四川省二等奖	兰 豪
2019	2018年四川高中学生化学竞赛（预赛）	四川省二等奖	陈余萍
2019	2018年四川高中学生化学竞赛（预赛）	四川省二等奖	黄红琳
2019	2018年四川高中学生化学竞赛（预赛）	四川省二等奖	林 琴
2019	2018年四川高中学生化学竞赛（预赛）	四川省二等奖	史语谦
2019	2018年四川高中学生化学竞赛（预赛）	四川省二等奖	邓传龙
2019	2018年四川高中学生化学竞赛（预赛）	四川省二等奖	徐 车
2019	2018年四川高中学生化学竞赛（预赛）	四川省二等奖	乔鸿瑞
2019	2018年四川高中学生化学竞赛（预赛）	四川省二等奖	谢凯琴
2019	2018年四川高中学生化学竞赛（预赛）	四川省二等奖	周万翔
2019	2018年四川高中学生化学竞赛（预赛）	四川省二等奖	程白凡
2019	2018年四川高中学生化学竞赛（预赛）	四川省二等奖	周子言
2019	2018年四川高中学生化学竞赛（预赛）	四川省二等奖	张 宇
2019	2018年四川高中学生化学竞赛（预赛）	四川省二等奖	卜超宇
2019	2018年四川高中学生化学竞赛（预赛）	四川省二等奖	明福容
2019	2018年四川高中学生化学竞赛（预赛）	四川省二等奖	吴旭辉

◆ 以"适佳"为核心的生态教育实践探索

续表

时间	项目	等级	姓名
2019	2018年四川高中学生化学竞赛（预赛）	四川省三等奖	康继航
2019	2018年四川高中学生化学竞赛（预赛）	四川省三等奖	罗文韬
2019	2018年四川高中学生化学竞赛（预赛）	四川省三等奖	曾　迅
2019	2018年四川高中学生化学竞赛（预赛）	四川省三等奖	李云瀚
2019	2018年四川高中学生化学竞赛（预赛）	四川省三等奖	陈星阳
2019	2018年四川高中学生化学竞赛（预赛）	四川省三等奖	张登锋
2019	2018年四川高中学生化学竞赛（预赛）	四川省三等奖	刘代娴
2019	2018年四川高中学生化学竞赛（预赛）	四川省三等奖	刘　畅
2019	2018年四川高中学生化学竞赛（预赛）	四川省三等奖	刘肖雯
2019	2018年四川高中学生化学竞赛（预赛）	四川省三等奖	刘芷君
2019	2018年四川高中学生化学竞赛（预赛）	四川省三等奖	熊菲菲
2019	2018年四川高中学生化学竞赛（预赛）	四川省三等奖	何　川
2019	2018年四川高中学生化学竞赛（预赛）	四川省三等奖	张　林
2019	2018年四川高中学生化学竞赛（预赛）	四川省三等奖	任宇鸿
2019	2018年四川高中学生化学竞赛（预赛）	四川省三等奖	杨永溢
2019	2018年四川高中学生化学竞赛（预赛）	四川省三等奖	李天浩
2017	2017年全国中学生英语能力竞赛	四川省一等奖	刘　浩
2017	2017年全国中学生英语能力竞赛	四川省一等奖	陆娟娟
2017	2017年全国中学生英语能力竞赛	全国一等奖	将瑞雯
2017	2017年全国中学生英语能力竞赛	全国一等奖	舒凤齐
2017	2017年全国中学生英语能力竞赛	全国三等奖	常思琦
2017	2017年全国中学生英语能力竞赛	全国三等奖	陆娟娟
2017	2017年全国中学生英语能力竞赛	四川省三等奖	刘欣芸
2017	2017年全国中学生英语能力竞赛	四川省三等奖	罗兴宇
2017	2017年全国中学生英语能力竞赛	四川省二等奖	李　力
2017	2017年全国中学生英语能力竞赛	四川省二等奖	张　靖
2019	第二十届"语文报杯"全国中学生作文大赛	四川省二等奖	王兴怡
2019	第二十届"语文报杯"全国中学生作文大赛	四川省三等奖	肖盛雯

续表

时间	项目	等级	姓名
2019	第二十届"语文报杯"全国中学生作文大赛	四川省二等奖	罗世通
2019	第二十届"语文报杯"全国中学生作文大赛	四川省三等奖	张 熠
2019	第二十届"语文报杯"全国中学生作文大赛	四川省二等奖	周心悦
2019	第二十届"语文报杯"全国中学生作文大赛	四川省三等奖	任宇翔
2019	第二十届"语文报杯"全国中学生作文大赛	四川省二等奖	曾子涵
2019	第二十届"语文报杯"全国中学生作文大赛	四川省二等奖	蔡天一
2019	第二十届"语文报杯"全国中学生作文大赛	全国二等奖	邱晨宇
2018.10	第35届全国中学生物理竞赛	全国二等奖	李肇奇
2018.10	第35届全国中学生物理竞赛	全国二等奖	阮益闽
2018.10	第35届全国中学生物理竞赛	全国二等奖	杨翼铭
2018.10	第35届全国中学生物理竞赛	全国二等奖	陈璐颖
2018.10	第35届全国中学生物理竞赛	全国三等奖	曾 迅
2018.10	第35届全国中学生物理竞赛	全国三等奖	钟浩凌
2018.10	第35届全国中学生物理竞赛	全国三等奖	王嘉豪
2018.10	第35届全国中学生物理竞赛	全国三等奖	王曦玥
2018.10	第35届全国中学生物理竞赛	全国三等奖	严展鹏
2018.10	第35届全国中学生物理竞赛	全国三等奖	陈 磊
2018.10	第35届全国中学生物理竞赛	四川省三等奖	刘镇玮
2018.10	第35届全国中学生物理竞赛	全国三等奖	白凤阳
2018.10	第35届全国中学生物理竞赛	全国三等奖	王诗艺
2018.10	第35届全国中学生物理竞赛	全国三等奖	彭 顺
2018.10	第35届全国中学生物理竞赛	全国三等奖	孙亚涛
2018.10	第35届全国中学生物理竞赛	四川省一等奖	谭 盾
2018.10	第35届全国中学生物理竞赛	四川省一等奖	吕炜乐
2018.10	第35届全国中学生物理竞赛	四川省一等奖	康财勇
2018.10	第35届全国中学生物理竞赛	四川省一等奖	余欣芸
2018.10	第35届全国中学生物理竞赛	四川省一等奖	王佳芮
2018.10	第35届全国中学生物理竞赛	四川省一等奖	向哲乐

续表

时间	项目	等级	姓名
2018.10	第35届全国中学生物理竞赛	四川省一等奖	孙　童
2018.10	第35届全国中学生物理竞赛	四川省一等奖	韩东川
2018.10	第35届全国中学生物理竞赛	四川省一等奖	刘延俊
2018.10	第35届全国中学生物理竞赛	四川省一等奖	李佳洋
2018.10	第35届全国中学生物理竞赛	四川省一等奖	丁　琪
2018.10	第35届全国中学生物理竞赛	四川省一等奖	邱　航
2018.10	第35届全国中学生物理竞赛	四川省一等奖	陈余萍
2018.10	第35届全国中学生物理竞赛	四川省一等奖	王云逸
2018.10	第35届全国中学生物理竞赛	四川省二等奖	杨　柳
2018.10	第35届全国中学生物理竞赛	四川省二等奖	张逸畅
2018.10	第35届全国中学生物理竞赛	四川省二等奖	付仕作
2018.10	第35届全国中学生物理竞赛	四川省二等奖	陈文贤
2018.10	第35届全国中学生物理竞赛	四川省二等奖	喻凌枫
2018.10	第35届全国中学生物理竞赛	四川省二等奖	伍泽辉
2018.10	第35届全国中学生物理竞赛	四川省二等奖	卜超宇
2018.10	第35届全国中学生物理竞赛	四川省二等奖	袁心怡
2018.10	第35届全国中学生物理竞赛	四川省二等奖	曾文炟
2018.10	第35届全国中学生物理竞赛	四川省二等奖	彭荣皓
2018.10	第35届全国中学生物理竞赛	四川省二等奖	张捷龙
2018.10	第35届全国中学生物理竞赛	四川省二等奖	钟郑南
2018.10	第35届全国中学生物理竞赛	四川省二等奖	朱志强
2018.10	第35届全国中学生物理竞赛	四川省二等奖	邓朝睿
2018.10	第35届全国中学生物理竞赛	四川省二等奖	曾宏渝
2018.10	第35届全国中学生物理竞赛	四川省二等奖	周万翔
2018.10	第35届全国中学生物理竞赛	四川省二等奖	杨永溢
2018.10	第35届全国中学生物理竞赛	四川省二等奖	吴　潼
2018.10	第35届全国中学生物理竞赛	四川省二等奖	苟　磊
2018.10	第35届全国中学生物理竞赛	四川省二等奖	孙华山

续表

时间	项目	等级	姓名
2018.10	第35届全国中学生物理竞赛	四川省二等奖	周笑宇
2018.10	第35届全国中学生物理竞赛	四川省二等奖	刘肖雯
2018.10	第35届全国中学生物理竞赛	四川省二等奖	何　川
2018.10	第35届全国中学生物理竞赛	四川省二等奖	邓桢榴
2018.10	第35届全国中学生物理竞赛	四川省二等奖	付　正
2018.10	第35届全国中学生物理竞赛	四川省二等奖	毛雨舟
2018.10	第35届全国中学生物理竞赛	四川省三等奖	曾　妮
2018.10	第35届全国中学生物理竞赛	四川省三等奖	曹宇锋
2018.10	第35届全国中学生物理竞赛	四川省三等奖	陈星阳
2018.10	第35届全国中学生物理竞赛	四川省三等奖	邱　爽
2018.10	第35届全国中学生物理竞赛	四川省三等奖	何漾舟
2018.10	第35届全国中学生物理竞赛	四川省三等奖	唐龙轩
2018.10	第35届全国中学生物理竞赛	四川省三等奖	康继航
2018.10	第35届全国中学生物理竞赛	四川省三等奖	龚锦曦
2018.10	第35届全国中学生物理竞赛	四川省三等奖	罗　杰
2018.10	第35届全国中学生物理竞赛	四川省三等奖	廖　航
2018.10	第35届全国中学生物理竞赛	四川省三等奖	胡　涛
2018.10	第35届全国中学生物理竞赛	四川省三等奖	李秋雨
2018.10	第35届全国中学生物理竞赛	四川省三等奖	邱玉骋
2018.10	第35届全国中学生物理竞赛	四川省三等奖	肖程源
2018.10	第35届全国中学生物理竞赛	四川省三等奖	兰旻玟
2018.10	第35届全国中学生物理竞赛	四川省三等奖	李湘滢
2018.10	第35届全国中学生物理竞赛	四川省三等奖	周锦翌
2018.10	第35届全国中学生物理竞赛	四川省三等奖	许迎盈
2018.10	第35届全国中学生物理竞赛	四川省三等奖	刘煜靖
2018.10	第35届全国中学生物理竞赛	四川省三等奖	陈瑞琪
2018.10	第35届全国中学生物理竞赛	四川省三等奖	李秋彤
2018.10	第35届全国中学生物理竞赛	四川省三等奖	胡　超

续表

时间	项目	等级	姓名
2018.10	第35届全国中学生物理竞赛	四川省三等奖	刘代娴
2018.10	第35届全国中学生物理竞赛	四川省三等奖	杨 志
2018.10	第35届全国中学生物理竞赛	四川省三等奖	程白凡
2018.10	第35届全国中学生物理竞赛	四川省三等奖	翁关雄
2018.10	第35届全国中学生物理竞赛	四川省三等奖	蔡宇航
2018.10	第35届全国中学生物理竞赛	四川省三等奖	刘于正
2018.10	第35届全国中学生物理竞赛	四川省三等奖	易刚政
2018.10	第35届全国中学生物理竞赛	四川省三等奖	植 爻
2018.10	第35届全国中学生物理竞赛	四川省三等奖	黄乾冲
2018.10	第35届全国中学生物理竞赛	四川省三等奖	汪昊添
2018.10	第35届全国中学生物理竞赛	四川省三等奖	李昌运
2018	第35届全国中学生物理竞赛	四川省三等奖	李信岩
2018	第35届全国中学生物理竞赛	四川省三等奖	罗龙坤
2019	2018年全国中学生生物学联赛	四川省三等奖	张登锋
2019	2018年全国中学生生物学联赛	四川省二等奖	严展鹏
2019	2018年全国中学生生物学联赛	四川省二等奖	邓桢橘
2019	2018年全国中学生生物学联赛	四川省三等奖	尹紫妍
2019	2018年全国中学生生物学联赛	四川省一等奖	梁莹霄
2019	2018年全国中学生生物学联赛	四川省三等奖	冯 喆
2017.12.10	2017年全国中学生英语能力竞赛	全国二等奖	彭歆森
2017.12.10	2017年全国中学生英语能力竞赛	全国二等奖	谢雯灵
2017.12.10	2017年全国中学生英语能力竞赛	全国三等奖	林 巧
2017.12.10	2017年全国中学生英语能力竞赛	四川省一等奖	许 喆
2017.12.10	2017年全国中学生英语能力竞赛	四川省一等奖	石可昕
2017.12.10	2017年全国中学生英语能力竞赛	四川省二等奖	白智恒
2017.12.10	2017年全国中学生英语能力竞赛	四川省二等奖	李玥颖
2017.12.10	2017年全国中学生英语能力竞赛	四川省二等奖	王书敏
2017.12.10	2017年全国中学生英语能力竞赛	四川省三等奖	孙瑷园

续表

时间	项目	等级	姓名
2017.12.10	2017年全国中学生英语能力竞赛	四川省三等奖	樊　娜
2017.12.10	2017年全国中学生英语能力竞赛	四川省三等奖	徐浩洋
2017.12.10	2017年全国中学生英语能力竞赛	四川省三等奖	余思莹
2017.12.10	2017年全国中学生英语能力竞赛	全国二等奖	康志望
2017.12.10	2017年全国中学生英语能力竞赛	全国三等奖	廖思琪
2017.12.10	2017年全国中学生英语能力竞赛	四川省一等奖	张静怡
2017.12.10	2017年全国中学生英语能力竞赛	四川省二等奖	徐　纯
2017.12.10	2017年全国中学生英语能力竞赛	四川省二等奖	卢津晶
2017.12.10	2017年全国中学生英语能力竞赛	四川省三等奖	蒋灵林
2017.12.10	2017年全国中学生英语能力竞赛	四川省三等奖	黄永乐
2018.10	首届四川省青少年创意编程与设计活动初中组	四川省一等奖	杨羽洁
2018.10	首届四川省青少年创意编程与设计活动初中组	四川省一等奖	洪子轩
2017.12.10	2017年全国中学生英语能力竞赛	全国三等奖	常思琦
2017.12.10	2017年全国中学生英语能力竞赛	四川省一等奖	刘　浩
2017.12.10	2017年全国中学生英语能力竞赛	全国三等奖	陆娟娟
2017.12.10	2017年全国中学生英语能力竞赛	全国一等奖	蒋瑞雯
2017.12.10	2017年全国中学生英语能力竞赛	全国一等奖	舒凤齐
2018.4.20	第二十八届全国中学应用物理竞赛	全国二等奖	秦诗懿
2018.4.20	第二十八届全国中学应用物理竞赛	全国三等奖	李肇成
2018.4.20	第二十八届全国中学应用物理竞赛	四川省一等奖	赵文杰
2018.4.20	第二十八届全国中学应用物理竞赛	四川省一等奖	周　海
2018.4.20	第二十八届全国中学应用物理竞赛	四川省一等奖	常晨晨
2018.4.20	第二十八届全国中学应用物理竞赛	四川省一等奖	赵瑞潇
2018.4.20	第二十八届全国中学应用物理竞赛	四川省一等奖	许可昕
2018.4.20	第二十八届全国中学应用物理竞赛	四川省二等奖	唐　雨
2018.4.20	第二十八届全国中学应用物理竞赛	四川省二等奖	邹宇森
2018.4.20	第二十八届全国中学应用物理竞赛	四川省二等奖	熊　欣
2018.4.20	第二十八届全国中学应用物理竞赛	四川省二等奖	熊文博

续表

时间	项目	等级	姓名
2018.4.20	第二十八届全国中学应用物理竞赛	四川省二等奖	向　彤
2018.4.20	第二十八届全国中学应用物理竞赛	四川省二等奖	雷伊萌
2018.4.20	第二十八届全国中学应用物理竞赛	四川省二等奖	吴佳逊
2018.4.20	第二十八届全国中学应用物理竞赛	四川省二等奖	曾　乐
2018.4.20	第二十八届全国中学应用物理竞赛	四川省二等奖	钟安富
2018.4.20	第二十八届全国中学应用物理竞赛	四川省二等奖	唐文婷
2018.4.20	第二十八届全国中学应用物理竞赛	四川省三等奖	梁惜曾
2018.4.20	第二十八届全国中学应用物理竞赛	四川省三等奖	刘　杰
2018.4.20	第二十八届全国中学应用物理竞赛	四川省三等奖	岳　鹏
2018.4.20	第二十八届全国中学应用物理竞赛	四川省三等奖	陈庆涛
2018.4.20	第二十八届全国中学应用物理竞赛	四川省三等奖	唐　金
2018.4.20	第二十八届全国中学应用物理竞赛	四川省三等奖	刘开瑞
2018.4.20	第二十八届全国中学应用物理竞赛	四川省三等奖	刘佳晨
2018.4.20	第二十八届全国中学应用物理竞赛	四川省三等奖	唐梦瑶
2018.4.20	第二十八届全国中学应用物理竞赛	四川省三等奖	段睿泽
2018.4.20	第二十八届全国中学应用物理竞赛	四川省三等奖	雷静仪
2018.4.20	第二十八届全国中学应用物理竞赛	四川省三等奖	田欣月
2018.4.20	第二十八届全国中学应用物理竞赛	四川省三等奖	马　博
2018.4.20	第二十八届全国中学应用物理竞赛	四川省三等奖	田汶夕
2018.4.20	第二十八届全国中学应用物理竞赛	四川省三等奖	邓云桓
2018.4.20	第二十八届全国中学应用物理竞赛	四川省三等奖	廖晨杰
2018.4.20	第二十八届全国中学应用物理竞赛	四川省三等奖	许龙瑀
2018.4.20	第二十八届全国中学应用物理竞赛	四川省三等奖	牟　洋
2018.4.20	第二十八届全国中学应用物理竞赛	四川省三等奖	王宇昊
2018.4.20	第二十八届全国中学应用物理竞赛	四川省三等奖	杨瑞彤
2018.4.20	第28届全国中学应用物理竞赛	四川省一等奖	李子越
2018.4.20	第28届全国中学应用物理竞赛	四川省一等奖	李可树
2018.4.20	第28届全国中学应用物理竞赛	四川省一等奖	徐浩宇

续表

时间	项目	等级	姓名
2017.12.10	2017年全国中学生英语能力竞赛	全国一等奖	陈 菲
2018.4.20	第28届全国中学应用物理竞赛	四川省二等奖	钟健乙
2018.4.20	第28届全国中学应用物理竞赛	四川省一等奖	吴宇涵
2018.4.20	第28届全国中学应用物理竞赛	四川省一等奖	温周燊
2018.10	第32届中国化学奥林匹克（初赛）	全国二等奖	王云逸
2018.10	2018年全国高中学生化学竞赛（四川省级赛区）	四川省三等奖	张捷龙
2018.10	2018年全国高中学生化学竞赛（四川省级赛区）	四川省三等奖	李佳洋
2018.10	2018年全国高中学生化学竞赛（四川省级赛区）	四川省三等奖	乔鸿瑞
2018.10	2018年全国高中学生化学竞赛（四川省级赛区）	四川省二等奖	陈璐颖
2018.10	2018年全国高中学生化学竞赛（四川省级赛区）	四川省二等奖	王嘉豪
2018.10	2018年全国高中学生化学竞赛（四川省级赛区）	四川省二等奖	龚锦曦
2018.10	2018年全国高中学生化学竞赛（四川省级赛区）	四川省二等奖	徐 车
2018.10	2018年全国高中学生化学竞赛（四川省级赛区）	四川省二等奖	严展鹏
2018.10	2018年全国高中学生化学竞赛（四川省级赛区）	四川省二等奖	喻凌枫
2018.10	2018年全国高中学生化学竞赛（四川省级赛区）	四川省一等奖	张逸畅
2018.10	2018年全国高中学生化学竞赛（四川省级赛区）	四川省一等奖	兰 豪
2018.10	2018年全国高中学生化学竞赛（四川省级赛区）	四川省一等奖	周若馨
2018.10	2018年全国高中学生化学竞赛（四川省级赛区）	四川省一等奖	苟 磊
2018.10	2018年全国高中学生化学竞赛（四川省级赛区）	四川省一等奖	孙亚涛
2018.10	2018年全国高中学生化学竞赛（四川省级赛区）	四川省一等奖	兰旻玟
2018.10	2018年全国高中学生化学竞赛（四川省级赛区）	四川省一等奖	向哲乐
2018.10	2018年全国高中学生化学竞赛（四川省级赛区）	四川省一等奖	杨翼铭
2018.10	2018年全国高中学生化学竞赛（四川省级赛区）	四川省一等奖	付 正
2018.10	2018年全国高中学生化学竞赛（四川省级赛区）	四川省一等奖	邓桢榴
2018.10	2018年全国高中学生化学竞赛（四川省级赛区）	四川省一等奖	阮益闽
2017	2017年全国中学生英语能力竞赛	四川省一等奖	田屿柯
2017	2017年全国中学生英语能力竞赛	四川省一等奖	杨熙蕾
2017	2017年全国中学生英语能力竞赛	四川省三等奖	文 豪

续表

时间	项目	等级	姓名
2017	2017年全国中学生英语能力竞赛	四川省三等奖	廖三乐
2017	2017年全国中学生英语能力竞赛	四川省三等奖	陈雯萱
2017	2017年全国中学生英语能力竞赛	四川省三等奖	蔡涅馨
2017	2017年全国中学生英语能力竞赛	四川省二等奖	陈昊
2017	2017年全国中学生英语能力竞赛	四川省二等奖	汪雨馨
2017	2017年全国中学生英语能力竞赛	四川省二等奖	张茜茜
2017	2017年全国中学生英语能力竞赛	全国二等奖	杨知周
2017	2017年全国中学生英语能力竞赛	全国三等奖	旷哲瀚
2017	2017年全国中学生英语能力竞赛	全国三等奖	骆依璞
2018.6	2018年四川省高中数学竞赛	四川省三等奖	丁琪
2017.12.10	2017年全国中学生英语能力竞赛	全国二等奖	秦莜莜
2017.12.10	2017年全国中学生英语能力竞赛	全国三等奖	崔伊佳
2017.12.10	2017年全国中学生英语能力竞赛	四川省一等奖	尹佳逸
2017.12.10	2017年全国中学生英语能力竞赛	四川省一等奖	张桢祺
2017.12.10	2017年全国中学生英语能力竞赛	四川省二等奖	黎可乐
2017.12.10	2017年全国中学生英语能力竞赛	四川省二等奖	闵雨欣
2017.12.10	2017年全国中学生英语能力竞赛	四川省二等奖	何玉
2017.12.10	2017年全国中学生英语能力竞赛	四川省三等奖	邓雨欣
2017.12.10	2017年全国中学生英语能力竞赛	四川省三等奖	罗兴宇
2017.12.10	2017年全国中学生英语能力竞赛	四川省三等奖	刘子仪
2017.12.10	2017年全国中学生英语能力竞赛	四川省三等奖	魏馨
2018.10	2018全国高中数学联赛	四川省二等奖	邓桢榴
2018.6	2018年四川省高中数学竞赛	四川省三等奖	邓桢榴
2018.6	2018年四川省高中数学竞赛	四川省三等奖	阮益闽
2018.6	2018年四川省高中数学竞赛	四川省二等奖	陈璐颖
2017.12.10	2017年全国中学生英语能力竞赛	四川省三等奖	安至柔
2017.12.10	2017年全国中学生英语能力竞赛	全国二等奖	何佑宏
2017.12.10	2017年全国中学生英语能力竞赛	全国二等奖	何誉

续表

时间	项目	等级	姓名
2017.12.10	2017年全国中学生英语能力竞赛	全国三等奖	梁 州
2017.12.10	2017年全国中学生英语能力竞赛	四川省一等奖	曾 豪
2017.12.10	2017年全国中学生英语能力竞赛	四川省一等奖	赖心兰
2017.12.10	2017年全国中学生英语能力竞赛	四川省二等奖	万雨婷
2017.12.10	2017年全国中学生英语能力竞赛	四川省二等奖	虎 蕊
2017.12.10	2017年全国中学生英语能力竞赛	四川省三等奖	张亚秋
2017.12.10	2017年全国中学生英语能力竞赛	四川省二等奖	袁语若
2018.9	2018全国高中数学联合竞赛	全国二等奖	邓桢楢
2018.6	2018年四川省高中数学竞赛	四川省二等奖	陈璐颖
2018.6	2018年四川省高中数学竞赛	四川省三等奖	丁 琪
2018.6	2018年四川省高中数学竞赛	四川省三等奖	邓桢楢
2018.6	2018年四川省高中数学竞赛	四川省三等奖	阮益闽
2018.12.16	第十二届2018全国中学生语文能力竞赛	全国一等奖	戴宇彤
2018.12.16	第十二届2018全国中学生语文能力竞赛	全国三等奖	伟浩鋆
2018.12.16	第十二届2018全国中学生语文能力竞赛	全国三等奖	黄馨田
2018.12.18	第十二届2018全国中学生语文能力竞赛	四川省二等奖	刘 莉
2018.12.18	第十二届2018全国中学生语文能力竞赛	四川省三等奖	曾 巧
2018.12.18	第十二届2018全国中学生语文能力竞赛	四川省三等奖	刘天贻
2018.12.18	第十二届2018全国中学生语文能力竞赛	四川省三等奖	彭 好
2018.12.9	2018年全国中学生英语能力竞赛	全国三等奖	李欣雨
2018.12.9	2018年全国中学生英语能力竞赛	全国二等奖	黄懿婧
2018.12.9	2018年全国中学生英语能力竞赛	全国二等奖	何子静
2018.12.9	2018年全国中学生英语能力竞赛	全国一等奖	黄 鑫
2018.12.9	2018年全国中学生英语能力竞赛	全国三等奖	张雅茜
2018.12.9	2018年全国中学生英语能力竞赛	四川省一等奖	杨曹颖
2018.12.9	2018年全国中学生英语能力竞赛	四川省一等奖	刘承鑫
2018.12.9	2018年全国中学生英语能力竞赛	四川省三等奖	吴沛航
2018.12.9	2018年全国中学生英语能力竞赛	四川省三等奖	蒋雨葭

续表

时间	项目	等级	姓名
2018.12.9	2018年全国中学生英语能力竞赛	四川省三等奖	彭　华
2018.12.9	2018年全国中学生英语能力竞赛	四川省三等奖	刘思琪
2018.12.9	2018年全国中学生英语能力竞赛	四川省三等奖	曾程宇
2018.12.9	2018年全国中学生英语能力竞赛	四川省三等奖	曾　玉
2018.12.9	2018年全国中学生英语能力竞赛	四川省三等奖	向　彤
2018.12.9	2018年全国中学生英语能力竞赛	四川省一等奖	李肇成
2018.12.9	2018年全国中学生英语能力竞赛	四川省二等奖	谢宗霖
2018.12.9	2018年全国中学生英语能力竞赛	四川省二等奖	唐梦瑶
2018.12.9	2018年全国中学生英语能力竞赛	四川省二等奖	苟雅婷
2018.12.9	2018年全国中学生英语能力竞赛	四川省二等奖	李欣妍
2018.12.9	2018年全国中学生英语能力竞赛	四川省二等奖	杨孜曈
2018.12.9	2018年全国中学生英语能力竞赛	四川省二等奖	白凤姣
2018.12.9	2018年全国中学生英语能力竞赛	四川省二等奖	邹　阳
2018.12.9	2018年全国中学生英语能力竞赛	四川省三等奖	陈明宇
2018.12.9	2018年全国中学生英语能力竞赛	四川省三等奖	曾咏祺
2018.12.9	2018年全国中学生英语能力竞赛	四川省三等奖	邓云桓
2018.12.9	2018年全国中学生英语能力竞赛	四川省三等奖	赖欣然
2018.12.9	2018年全国中学生英语能力竞赛	四川省三等奖	马　博
2018.12.9	2018年全国中学生英语能力竞赛	四川省三等奖	蒋炟豪
2018.12.9	2018年全国中学生英语能力竞赛	四川省三等奖	褚一涵
2018.12.9	2018年全国中学生英语能力竞赛	四川省三等奖	段钰玮
2018.12.9	2018年全国中学生英语能力竞赛	四川省三等奖	陈昊涵
2018.12.9	2018年全国中学生英语能力竞赛	四川省三等奖	张楠镜
2018.12.9	2018年全国中学生英语能力竞赛	四川省三等奖	赵一霖
2018.12.9	2018年全国中学生英语能力竞赛	四川省三等奖	唐雨颀
2019	成都市2018年"少年传承中华传统美德"作品《寻访红色足迹》	四川省三等奖	曾芷瑶
2018	2018年全国中学生英语能力竞赛	四川省三等奖	许露丹
2018	2018年全国中学生英语能力竞赛	全国三等奖	钟华依理

续表

时间	项目	等级	姓名
2018	2018年全国中学生英语能力竞赛	四川省三等奖	袁 泉
2018	2018年全国中学生英语能力竞赛	四川省三等奖	高思琦
2018	2018年全国中学生英语能力竞赛	四川省三等奖	姚 倩
2018	2018年全国中学生英语能力竞赛	四川省二等奖	尧雯静
2018	2018年全国中学生英语能力竞赛	四川省二等奖	李加驰
2018	2018年全国中学生英语能力竞赛	四川省三等奖	沈博仟
2018	2018年全国中学生英语能力竞赛	四川省三等奖	李 力
2018	2018年全国中学生英语能力竞赛	四川省三等奖	张雪莲
2018	2018年全国中学生英语能力竞赛	四川省二等奖	舒凤齐
2018	2018年全国中学生英语能力竞赛	四川省二等奖	陆娟娟
2018	2018年全国中学生英语能力竞赛	全国三等奖	刘 蓓
2020	第三届"全国中小学生经典阅读行动"	四川省二等奖	陈玥锦
2020	第三届"全国中小学生经典阅读行动"	四川省二等奖	陈 蕊
2020	第三届"全国中小学生经典阅读行动"	四川省二等奖	刘 璐
2020	第三届"全国中小学生经典阅读行动"	四川省二等奖	李晓雨
2020	第三届"全国中小学生经典阅读行动"	四川省二等奖	黄 丽
2020	第三届"全国中小学生经典阅读行动"	四川省二等奖	罗家莉
2020	第三届"全国中小学生经典阅读行动"	全国三等奖	黎美馨
2020	第三届"全国中小学生经典阅读行动"	全国三等奖	曾子涵
2020	第三届"全国中小学生经典阅读行动"	国家级	蒋思棋
2020	第三届"全国中小学生经典阅读行动"	国家级	谢馨怡
2020	第三届"全国中小学生经典阅读行动"	国家级	黄溢文
2020	第三届"全国中小学生经典阅读行动"	国家级	曾雨桐
2020	第三届"全国中小学生经典阅读行动"	四川省二等奖	魏 瑶
2020	第三届"全国中小学生经典阅读行动"	四川省一等奖	郭星光
2020	第三届"全国中小学生经典阅读行动"	全国三等奖	王泳霞
2020	第三届"全国中小学生经典阅读行动"	全国三等奖	谢立夏
2020	第三届"全国中小学生经典阅读行动"	全国三等奖	赖之韵

续表

时间	项目	等级	姓名
2020	第三届"全国中小学生经典阅读行动"	国家级	邓念雨
2020	第三届"全国中小学生经典阅读行动"	国家级	李　靖
2020	第三届"全国中小学生经典阅读行动"	国家级	郑雅文
2020	第三届"全国中小学生经典阅读行动"	国家级	巫家欣
2020	第三届"全国中小学生经典阅读行动"	国家级	黄欢欢
2020	第三届"全国中小学生经典阅读行动"	国家级	刘艺菲
2020	第三届"全国中小学生经典阅读行动"	国家级	李　佳
2020	第三届"全国中小学生经典阅读行动"	四川省一等奖	何怡菲
2020	第三届"全国中小学生经典阅读行动"	四川省一等奖	刘蝶莺
2020	第三届"全国中小学生经典阅读行动"	四川省一等奖	张　苗
2020	第三届"全国中小学生经典阅读行动"	四川省一等奖	贾若雪
2020	第三届"全国中小学生经典阅读行动"	四川省二等奖	范艺婷
2020	第三届"全国中小学生经典阅读行动"	四川省二等奖	兰诗琪
2020	第三届"全国中小学生经典阅读行动"	四川省二等奖	刘佳茹
2020	第三届"全国中小学生经典阅读行动"	四川省二等奖	张黄蓉
2020	第三届"全国中小学生经典阅读行动"	四川省二等奖	许梦玲
2020	第三届"全国中小学生经典阅读行动"	国家级	肖盛雯
2020	第三届"全国中小学生经典阅读行动"	四川省一等奖	周心悦
2020	第三届"全国中小学生经典阅读行动"	国家级	李　茜
2020	第三届"全国中小学生经典阅读行动"	国家级	徐思芸
2020	第三届"全国中小学生经典阅读行动"	国家级	杨　达
2020	第三届"全国中小学生经典阅读行动"	四川省一等奖	谢丹妮
2020	第三届"全国中小学生经典阅读行动"	四川省二等奖	文　熙
2020	第三届"全国中小学生经典阅读行动"	四川省一等奖	曹天铭
2020	第三届"全国中小学生经典阅读行动"	四川省二等奖	石文怡
2020	第十七届"叶圣陶杯"全国中学生新作文大赛	全国三等奖	黄　科
2020	第十七届"叶圣陶杯"全国中学生新作文大赛	全国三等奖	宾浩成
2020	第十七届"叶圣陶杯"全国中学生新作文大赛	全国三等奖	舒　畅

续表

时间	项目	等级	姓名
2020	第十七届"叶圣陶杯"全国中学生新作文大赛	国家级	范艺婷
2020	第十七届"叶圣陶杯"全国中学生新作文大赛	全国三等奖	刘显虎
2020	第十七届"叶圣陶杯"全国中学生新作文大赛	全国二等奖	王艺霖
2020	第十七届"叶圣陶杯"全国中学生新作文大赛	全国三等奖	谭宇航
2020	第十七届"叶圣陶杯"全国中学生新作文大赛	国家级	兰　珂
2020	第十七届"叶圣陶杯"全国中学生新作文大赛	国家级	黄　程
2020	第十七届"叶圣陶杯"全国中学生新作文大赛	国家级	龙　芫
2020	第十七届"叶圣陶杯"全国中学生新作文大赛	国家级	叶道新
2020	第十七届"叶圣陶杯"全国中学生新作文大赛	全国三等奖	马宇平
2020	第十七届"叶圣陶杯"全国中学生新作文大赛	国家级	康存懿
2020	第十七届"叶圣陶杯"全国中学生新作文大赛	全国一等奖	曾子涵
2020	第十七届"叶圣陶杯"全国中学生新作文大赛	国家级	刘锦涛
2020	第十七届"叶圣陶杯"全国中学生新作文大赛	国家级	张子阳
2020	第十七届"叶圣陶杯"全国中学生新作文大赛	国家级	吴　芸
2020	第十七届"叶圣陶杯"全国中学生新作文大赛	全国一等奖	刘世懿
2020	第十七届"叶圣陶杯"全国中学生新作文大赛	全国二等奖	杨晓婉
2020	第十七届"叶圣陶杯"全国中学生新作文大赛	全国三等奖	闵　婕
2020	第十七届"叶圣陶杯"全国中学生新作文大赛	全国三等奖	黄　鑫
2020	第十七届"叶圣陶杯"全国中学生新作文大赛	全国三等奖	曾语桐
2020	第十七届"叶圣陶杯"全国中学生新作文大赛	国家级	付志豪
2020	第十七届"叶圣陶杯"全国中学生新作文大赛	全国二等奖	何　鑫
2020	第十七届"叶圣陶杯"全国中学生新作文大赛	全国三等奖	胡仕文
2020	第十七届"叶圣陶杯"全国中学生新作文大赛	全国二等奖	黄欢欢
2020	第十七届"叶圣陶杯"全国中学生新作文大赛	全国二等奖	晏永和
2020	第十七届"叶圣陶杯"全国中学生新作文大赛	全国三等奖	钟雨浠
2020	第十七届"叶圣陶杯"全国中学生新作文大赛	全国三等奖	黄溢文
2020	第十七届"叶圣陶杯"全国中学生新作文大赛	全国三等奖	刘乙苇
2020	第十七届"叶圣陶杯"全国中学生新作文大赛	国家级	余萧宁

续表

时间	项目	等级	姓名
2020	第十七届"叶圣陶杯"全国中学生新作文大赛	国家级	郑雅文
2020	第十七届"叶圣陶杯"全国中学生新作文大赛	全国二等奖	钟真云
2020	第十七届"叶圣陶杯"全国中学生新作文大赛	全国三等奖	李邦艳
2020	第十七届"叶圣陶杯"全国中学生新作文大赛	国家级	金子杰
2020	第十七届"叶圣陶杯"全国中学生新作文大赛	国家级	陈逸遥
2020	第十七届"叶圣陶杯"全国中学生新作文大赛	国家级	黄云昊
2020	第十七届"叶圣陶杯"全国中学生新作文大赛	国家级	王　波
2020	第十七届"叶圣陶杯"全国中学生新作文大赛	全国二等奖	王泳霞
2020	第十七届"叶圣陶杯"全国中学生新作文大赛	全国三等奖	雍静萱
2020	第十七届"叶圣陶杯"全国中学生新作文大赛	国家级	曾陈慧
2020	第十七届"叶圣陶杯"全国中学生新作文大赛	国家级	曾　希
2020	第十七届"叶圣陶杯"全国中学生新作文大赛	国家级	李锐毅
2020	第十七届"叶圣陶杯"全国中学生新作文大赛	全国二等奖	罗世通
2020	第十七届"叶圣陶杯"全国中学生新作文大赛	国家级	杨　达
2020	第十七届"叶圣陶杯"全国中学生新作文大赛	国家级	黄婉盈
2020	第十七届"叶圣陶杯"全国中学生新作文大赛	国家级	李宇芊
2020	第十七届"叶圣陶杯"全国中学生新作文大赛	国家级	刘璐杰
2020	第十七届"叶圣陶杯"全国中学生新作文大赛	国家级	廖慧越
2020	第十七届"叶圣陶杯"全国中学生新作文大赛	国家级	周骏飞
2020	第十七届"叶圣陶杯"全国中学生新作文大赛	全国二等奖	王雨璐
2020	第十七届"叶圣陶杯"全国中学生新作文大赛	全国三等奖	晋晓雨
2020	第十七届"叶圣陶杯"全国中学生新作文大赛	国家级	陶师骏
2020	第十七届"叶圣陶杯"全国中学生新作文大赛	全国三等奖	周帅康
2020	第十七届"叶圣陶杯"全国中学生新作文大赛	全国三等奖	翁赖雨
2020	第十七届"叶圣陶杯"全国中学生新作文大赛	国家级	张佳怡
2021	2020年四川省中小学电脑制作活动微视频	四川省一等奖	钟巧琳
2020	第十八届全国中小学信息技术创新与实践大赛	全国三等奖	程可可
2021	希望之星 英语风采大赛	四川省二等奖	程　卓

续表

时间	项目	等级	姓名
2020	第三十七届全国中学生物理竞赛	四川省三等奖	周维宇
2019	第十三届全国中学生语文能力测评	全国一等奖	王诗语
2019	第十三届全国中学生语文能力测评	全国一等奖	陈霄航
2019	第十三届全国中学生语文能力测评	全国一等奖	徐嘉俊
2019	第十三届全国中学生语文能力测评	全国二等奖	李彤雁
2019	第十三届全国中学生语文能力测评	全国二等奖	刘璐宁
2019	第十三届全国中学生语文能力测评	全国二等奖	冯梓洋
2019	第十三届全国中学生语文能力测评	全国三等奖	吴 霜
2019	第十三届全国中学生语文能力测评	全国三等奖	吴彤瑶
2019	第十三届全国中学生语文能力测评	全国三等奖	李思怡
2019	第十三届全国中学生语文能力测评	全国二等奖	张宇涵
2019	第十三届全国中学生语文能力测评	全国三等奖	陈未琦
2019	第十三届全国中学生语文能力测评	全国三等奖	陈钰茜
2021	全国中学应用物理竞赛	四川省一等奖	王 岚
2021	全国中学应用物理竞赛	四川省一等奖	任学之
2021	全国中学应用物理竞赛	四川省二等奖	曾浩轩
2021	全国中学应用物理竞赛	四川省二等奖	宋煜博
2021	全国中学应用物理竞赛	四川省二等奖	刘鑫舟
2021	全国中学应用物理竞赛	四川省三等奖	翁浩源
2021	全国中学应用物理竞赛	四川省三等奖	王国磊
2021	全国中学应用物理竞赛	四川省三等奖	钟林恩
2021	全国中学应用物理竞赛	四川省三等奖	熊睿涵
2021	全国中学应用物理竞赛	四川省三等奖	方锡阳
2021	全国中学应用物理竞赛	四川省三等奖	董鸿鑫
2021	全国中学应用物理竞赛	四川省三等奖	高裕博
2021	全国中学应用物理竞赛	四川省三等奖	范宇州
2020	全国中小学生经典阅读	四川省一等奖	陈 悦
2020	全国中小学生经典阅读	四川省一等奖	黄增妮

续表

时间	项目	等级	姓名
2020	全国中小学生经典阅读	四川省一等奖	晋意洁
2020	全国中小学生经典阅读	全国一等奖	邓传庆
2020	全国中小学生经典阅读	四川省一等奖	罗 易
2020	全国中小学生经典阅读	全国二等奖	邱怡可
2020	全国中小学生经典阅读	四川省一等奖	文张缘
2020	全国中小学生经典阅读	四川省一等奖	向 旸
2020	全国中小学生经典阅读	四川省一等奖	张 婷
2020	全国中小学生经典阅读	全国二等奖	张婉婷
2021	第三十届全国中学应用物理竞赛	四川省一等奖	陈思宁
2021	第三十届全国中学应用物理竞赛	四川省一等奖	陈 意
2021	第三十届全国中学应用物理竞赛	四川省一等奖	廖正强
2021	第三十届全国中学应用物理竞赛	四川省一等奖	阳林旺
2021	第三十届全国中学应用物理竞赛	四川省一等奖	杨熙蕾
2021	第三十届全国中学应用物理竞赛	四川省二等奖	陈清晨
2021	第三十届全国中学应用物理竞赛	四川省二等奖	陈文康杰
2021	第三十届全国中学应用物理竞赛	四川省二等奖	侯若琰
2021	第三十届全国中学应用物理竞赛	四川省二等奖	刘鑫禹
2021	第三十届全国中学应用物理竞赛	四川省二等奖	彭宇畅
2021	第三十届全国中学应用物理竞赛	四川省二等奖	唐泽君
2021	第三十届全国中学应用物理竞赛	四川省二等奖	文 豪
2021	第三十届全国中学应用物理竞赛	四川省二等奖	张凯程
2021	第三十届全国中学应用物理竞赛	四川省二等奖	张灵圣
2021	第三十届全国中学应用物理竞赛	四川省三等奖	蔡涅馨
2021	第三十届全国中学应用物理竞赛	四川省三等奖	陈鹏澳
2021	第三十届全国中学应用物理竞赛	四川省三等奖	陈蕴韬
2021	第三十届全国中学应用物理竞赛	四川省三等奖	陈镇元
2021	第三十届全国中学应用物理竞赛	四川省三等奖	冯彪建
2021	第三十届全国中学应用物理竞赛	四川省三等奖	胡 旭

续表

时间	项目	等级	姓名
2021	第三十届全国中学应用物理竞赛	四川省三等奖	蒋宇程
2021	第三十届全国中学应用物理竞赛	四川省三等奖	罗君言
2021	第三十届全国中学应用物理竞赛	四川省三等奖	骆依璞
2021	第三十届全国中学应用物理竞赛	四川省三等奖	庞卿宇
2021	第三十届全国中学应用物理竞赛	四川省三等奖	田屹柯
2021	第三十届全国中学应用物理竞赛	四川省三等奖	王成馨
2021	第三十届全国中学应用物理竞赛	四川省三等奖	王一帆
2021	第三十届全国中学应用物理竞赛	四川省三等奖	文子好
2021	第三十届全国中学应用物理竞赛	四川省三等奖	夏祖睿
2021	第三十届全国中学应用物理竞赛	四川省三等奖	杨奕帆
2021	第三十届全国中学应用物理竞赛	四川省三等奖	余泉霖
2021	第三十届全国中学应用物理竞赛	四川省三等奖	张 孛
2021	第三十届全国中学应用物理竞赛	全国三等奖	旷哲瀚
2021	第三十届全国中学应用物理竞赛	全国二等奖	杨知周
2020	第四届全国中小学生经典阅读行动	全国一等奖	唐思佳
2020	第四届全国中小学生经典阅读行动	全国二等奖	周星羽
2020	第四届全国中小学生经典阅读行动	全国二等奖	徐 纯
2020	第四届全国中小学生经典阅读行动	全国二等奖	温璐瑶
2020	第四届全国中小学生经典阅读行动	全国二等奖	廖思琪
2020	第四届全国中小学生经典阅读行动	四川省一等奖	钟 蕊
2020	第四届全国中小学生经典阅读行动	四川省一等奖	邓舒畅
2020	第四届全国中小学生经典阅读行动	四川省一等奖	郑奕然
2020	第四届全国中小学生经典阅读行动	四川省一等奖	吴倩兮
2020	第四届全国中小学生经典阅读行动	四川省一等奖	许浩宇
2020	第四届全国中小学生经典阅读行动	四川省一等奖	曾静雯
2020	第四届全国中小学生经典阅读行动	四川省一等奖	周子程
2020	第四届全国中小学生经典阅读行动	四川省一等奖	张祯祺
2020	第四届全国中小学生经典阅读行动	四川省一等奖	宋钰浩

续表

时间	项目	等级	姓名
2020	第四届全国中小学生经典阅读行动	四川省一等奖	张静怡
2020	第四届全国中小学生经典阅读行动	四川省一等奖	王　婷
2020	第四届全国中小学生经典阅读行动	四川省一等奖	卢　晶
2020	第四届全国中小学生经典阅读行动	四川省一等奖	林　巧
2020	第四届全国中小学生经典阅读行动	四川省一等奖	蒋林灵
2020	四川省第16届中小学电脑制作活动	四川省一等奖	钟巧琳
2020	四川省第16届中小学电脑制作活动	四川省一等奖	张煜堃
2020	第35届四川省青少年科技创新大赛	四川省三等奖	崔皓锦
2020	第十八届全国中小学信息技术创新与实践大赛 编程猫创新编程	四川省三等奖	程可可
2020	第十八届全国中小学信息技术创新与实践大赛 编程猫创新编程	四川省三等奖	史祯希
2020	全国中学生应用物理知识竞赛	全国一等奖	黄　立
2020	全国中学生应用物理知识竞赛	四川省一等奖	秦　杨
2020	全国中学生应用物理知识竞赛	四川省一等奖	向茹懿
2020	全国中学生应用物理知识竞赛	四川省一等奖	王　琅
2020	全国中学生应用物理知识竞赛	四川省一等奖	唐振东
2020	全国中学生应用物理知识竞赛	四川省二等奖	余　强
2020	全国中学生应用物理知识竞赛	四川省二等奖	钟霖霏
2020	全国中学生应用物理知识竞赛	四川省二等奖	秦文卓
2020	全国中学生应用物理知识竞赛	四川省二等奖	张　然
2020	全国中学生应用物理知识竞赛	四川省二等奖	周轩宇
2020	全国中学生应用物理知识竞赛	四川省二等奖	陈培燚
2020	全国中学生应用物理知识竞赛	四川省二等奖	王明远
2020	全国中学生应用物理知识竞赛	四川省二等奖	樊俊杰
2020	全国中学生应用物理知识竞赛	四川省二等奖	张　鑫
2020	全国中学生应用物理知识竞赛	四川省三等奖	王李思琪
2020	全国中学生应用物理知识竞赛	四川省三等奖	赵芸鑫
2020	全国中学生应用物理知识竞赛	四川省三等奖	叶雨静

续表

时间	项目	等级	姓名
2020	全国中学生应用物理知识竞赛	四川省三等奖	温静怡
2020	全国中学生应用物理知识竞赛	四川省三等奖	黄安媞
2020	全国中学生应用物理知识竞赛	四川省三等奖	林峻锋
2020	全国中学生应用物理知识竞赛	四川省三等奖	邱 艳
2020	全国中学生应用物理知识竞赛	四川省三等奖	王乾宇
2020	全国中学生应用物理知识竞赛	四川省三等奖	庄 丽
2020	全国中学生应用物理知识竞赛	四川省三等奖	伍佳媛
2020	全国中学生应用物理知识竞赛	四川省三等奖	刘 旋
2020	全国中学生应用物理知识竞赛	四川省三等奖	曾蓝逸
2020	全国中学生应用物理知识竞赛	四川省三等奖	晏韩洋
2020	全国中学生应用物理知识竞赛	四川省三等奖	彭 也
2020	全国中学生应用物理知识竞赛	四川省三等奖	余雅慧
2020	全国中学生应用物理知识竞赛	四川省三等奖	万美灵
2019	CCF2019非专业级软件能力认证	国家级	林世杰
2021	2020年四川省中小学电脑制作活动微视频	四川省一等奖	张煜堃
2020	2020年外研杯素养大赛	四川省一等奖	黄增妮
2020	2020年外研杯素养大赛	四川省二等奖	罗 易
2020	2020年外研杯素养大赛	四川省二等奖	梁 洲
2020	2020年外研杯素养大赛	四川省二等奖	何佑宏
2020	2020年外研杯素养大赛	四川省三等奖	陈果果
2020	2020年外研杯素养大赛	四川省三等奖	陈绍利
2020	2020年外研杯素养大赛	四川省三等奖	刘倩玲
2020	2020年外研杯素养大赛	四川省三等奖	张桂贤
2020	2020年外研杯素养大赛	四川省三等奖	王德佳
2020	2020年外研杯素养大赛	四川省三等奖	张 婷
2020	2020年外研杯素养大赛	四川省三等奖	钟雪茹
2020	2020年外研杯素养大赛	四川省三等奖	钟 森
2020	2020年外研杯素养大赛	四川省三等奖	张婉婷

第二章　教师成果

时间	获奖名称	获奖级别	教师
2019.3	核心素养背景下对"生成性教学"概念的再认识	成都市二等奖	余永聪
2019.3	利用思维导图融合教学过程，有助于提高生物学科素养	成都市三等奖	李鹏飞
2019.3	"微时代"下高中数学阅读能力的培养	成都市三等奖	张丽君
2017.11	"协会引领我成长"	四川省二等奖	赵泽高
2018.5	一线教改小故事"惩罚他，呵护她，这是一个问题"	成都市二等奖	王　轲
2018.5	一线教改小故事"课题式教学使我的教学更轻松"	成都市三等奖	戴　颖
2018.5	一线教改小故事"璞玉到美玉——我们共同成长"	成都市二等奖	管胜男
2018.6	中学生物学实验教学的反思	成都市二等奖	宋相国 王明华
2018.4	语篇分析与高中英语完形填空教学实践尝试与反思	成都市一等奖	卢子素
2018.4	浅谈在高中英语阅读教学中渗透批判性思维	成都市二等奖	蔡　莉
2018.6	高中青白江区域地理认知策略	成都市二等奖	陈　权
2018.6	从试题中折射初中地理的教育"三观"	成都市三等奖	杨　梅
2018.4	基于对数字环境支持下 RCKI 概念的高中英语课堂的实践与分析	成都市一等奖	李　虹

续表

时间	获奖名称	获奖级别	教师
2018.7	研究报告"新课程背景下走班制课堂教学管理研究"第十六届基础教育优秀教育科研成果奖	成都市二等奖	王成勇 蔡 苑 何露明 罗 林 戴 颖
2018.9	2018年成都市中学生心理健康教育优秀研究成果"我的生涯魔法石"教学设计	成都市二等奖	张亚娇
2018.9	2018年成都市中学生心理健康教育优秀研究成果"你好，职业"教学设计	成都市二等奖	杨柳絮
2018.9	2018年成都市中学生心理健康教育优秀研究成果"健全中学生性价值观的研究"课题研究报告	成都市一等奖	何世东
2018.9	2017—2018年课改论文"高中生物学实验教学的实践研究"	成都市三等奖	宋相国 王明华
2018.9	2017—2018年课改论文"基于青白江教育云平台的翻转课堂教学模式探究"	成都市二等奖	李 虹 于文慧
2018.9	2017—2018年课改论文"历史学科核心素养在课堂中的渗透与反思"	成都市三等奖	杨春龙
2018.9	2017—2018年课改论文"巧借五种'干预'，化解中学耐久跑困境"	成都市三等奖	汪玉涛 蒋 慧
2018.9	2017—2018年课改论文"平板电脑在高中语文课堂教学中的运用策略初探"	成都市三等奖	余永聪
2018.9	2017—2018年课改论文"语篇分析与高中英语完形填空教学实践尝试与反思"	成都市三等奖	卢子素
2018.9	2017—2018年课改论文"浅谈在高中英语阅读教学中渗透批判性思维"	成都市三等奖	蔡 莉
2018.9	2017—2018年课改论文"借鉴语文课阅读归纳法，提高高中思想政治课教学的有效性"	成都市一等奖	陈绍有
2018.9	第十六届基础教育优秀教育科研成果"新课程背景下走班制课堂教学管理研究"	成都市二等奖	王成勇 蔡 苑 何露明 罗 林 戴 敏
2018.8	"问道关键处，坐看云起时——例谈政治课堂有效提问"	成都市二等奖	刘 娟
2018.11	"教师信息化教学能力多层次模糊综合评判模型的理论构建"	国家一等奖	于文慧

续表

时间	获奖名称	获奖级别	教师
2018.3	"谈信息技术与语文学科教学的整合"	成都市三等奖	蔡 苑
2018.10	"鲁迅立人教育思想探讨及实践"参与奖	成都市二等奖	宋相国
2018.10	"职业价值观浅谈"	成都市一等奖	何世东
2018.6	"发展学生核心素养为宗旨的活动元教学实践与思考——以'化学能与电能'为例"	成都市二等奖	谢利春
2018.8	"问到关键处,坐看云起时——例谈政治课堂有效提问"	成都市二等奖	刘 娟
2018.10	"浅谈如何'翻转'高中语文课堂"	四川省一等奖	戴 敏
2018.4	"'行—知—行'为主线的物理生成性"	成都市一等奖	唐 强
2018.3	"'行—知—行'物理生成性课堂设计策略探讨"	成都市一等奖	唐 强
2018.10	"'互联网+教育'物理生成性课堂教学策略探讨"	四川省一等奖	唐 强
2018.6	"浅析培养初中学生地理综合思维的有效策略"	成都市二等奖	熊丽琴
2018.6	"思维发展 情理共生——基于语文核心素养的高中现状说理散文教学策略研究"	成都市三等奖	陈 丹
2018.10	"基于体验学习圈的初中 Scratch 编程实践研究——以《卡特猫找朋友》为例"	四川省三等奖	张 静
2018.11.23	"基于体验学习圈的初中 Scratch 编程实践研究"	四川省一等奖	张 静
2018.3	"基于体验学习圈的初中 Scratch 编程实践研究——以《妙用消息框》为例"	成都市二等奖	张 静
2018.6	"问苍茫大地,谁主沉浮——《红星照耀中国》整本书阅读具体指导方案"	成都市三等奖	刘 茜
2018.10.18	2018年全国鲁迅校际交流会"鲁迅立人教育思想探讨及实践"征文	成都市二等奖	刘 茜
2018.8	"浅谈新媒体新技术下的高中语文精准教学策略研究"	成都市一等奖	马 颖
2018.4	"基于英语学科素养的高中英语词汇教学实践与思考"	成都市一等奖	王 轲
2018.6	"地理学科核心素养视角下开发中华传统文化校本课程的实践和思考"	成都市二等奖	刘万荣
2018.6	"另一个视角讲述历史——以'百家争鸣'一课为例"	成都市三等奖	陈春红

续表

时间	获奖名称	获奖级别	教师
2018.10	基于对数字环境支持下RCKI概念的高中英语课堂的实践与分析	四川省二等奖	李虹
2018.12	成都市课程创生专题征文"核心素养背景下的高中物理校本课程实践研究"	成都市一等奖	唐强
2018.3	第十四届教改论文"合作学习法在足球教学中的理论与实践"	成都市一等奖	蔡洁
2018.6	浅谈在新课改背景下如何优化预设有效地促进课堂的生成	成都市二等奖	刘维昂
2018.6	数学文化融入中学数学教学的实践研究	成都市二等奖	兰静
2018.10	漫步"云"端,实现教育信息化	四川省二等奖	兰静
2018.6	高中数学学困生成因调查及其转化策略研究	成都市二等奖	张丽君
2018.10	教师信息化教学能力多层次模糊综合评判模型的理论构建	四川省二等奖	于文慧
2018.6	初中语文课堂如何培养学生核心素养	成都市三等奖	李柯
2018.6	历史学科核心素养在课堂中的渗透与反思	成都市二等奖	杨春龙
2018.12	实施群文阅读教学,提升课程创生能力	成都市三等奖	陈显明 庄俊美
2018.6	群文阅读,渐行渐远——我对群文阅读的探索与感受	成都市三等奖	陈显明
2017.12	构建基于互联网+的生态语文课堂	国家级	李芳
2018.6	问渠那得清如许,为有源头活水来——浅谈阅读对写作的积极意义	成都市三等奖	蔡颖超
2018.6	"动态"历史教学:基于学生核心素养教学路径的尝试——从服饰的演变看中国近现代社会变迁	成都市二等奖	樊盼柱
2018.8	试论"小先生制"在高中思想政治讲评课教学过程中的运用	成都市二等奖	林清泉 周丽莉
2018.8	高中生法治意识培养路径探究	成都市二等奖	周丽莉 林清泉
2018.2	课堂提问在高中物理教学中的应用思考	青白江区二等奖	陈森会
2018.4	新型城镇化社青白江区全民健身公共服务治理研究	成都市级	汪玉涛
2018.12.1	PPT模式下全民健身公共服务产品供给体制研究	成都市级	汪玉涛

续表

时间	获奖名称	获奖级别	教师
2018.3	健美操课程在中学共享型网络中的建设与实践研究	成都市二等奖	汪玉涛
2018.11	国家学生体质健康标准视域下提升中学男生上肢力量策略研究	成都市级	汪玉涛
2018.12	"浅谈如何'翻转'高中语文课堂"	国家一等奖	戴敏
2018.12	"'互联网＋教育'物理生成性课堂教学策略探讨"	国家三等奖	唐强
2018.6	多维设置，层级流动，综合评价——关于高中语文走班制的一些构想	成都市二等奖	勾娴
2018.3	代沟理论对班主任工作的启示——从批评性话语分析角度看初中师生间的代沟问题	成都市二等奖	彭玉婷
2018.12	浅谈新课程改革背景下如何优化预设有效地促进课堂的生成	成都市三等奖	刘维昂
2017.4	"用模拟城成都市的思路改革班级管理模式"在2016年成都市中小学信息技术教学优秀论文评比	成都市二等奖	钟翊
2017.3.27	"Process Writing More Effective for Senior High Student in China"	国家一等奖	蔡莉
2017.3.27	"浅谈在高中英语阅读教学中思维导图的渗透"	国家一等奖	蔡莉
2017.6	2017年成都市中学语文教学优秀论文评选"以散文教学为例浅谈初中语文阅读教学中的留白"	成都市二等奖	汪静
2017.6	2017年成都市中学语文教学优秀论文评选"注重梳理知识，提高探究能力——对高中语文梳理探究教学的几点体会和认识"	成都市一等奖	向姗珊
2017.6	2017年成都市中学语文教学优秀论文评选"初中语文作文讲评课多样化方法浅探"	成都市三等奖	万健
2017.6	2017年成都市中学语文教学优秀论文评选"读写结合的优化途径——以初三语文为例"	成都市三等奖	李柯
2017.6	2017年成都市中学语文教学优秀论文评选"构建初中生沉浸式语文课堂的教学策略"	成都市三等奖	刘茜
2017.6	2017年成都市中学语文教学优秀论文评选"课程目标内容化、课程内容教材化、教材内容教学化"	成都市三等奖	梁霄

续表

时间	获奖名称	获奖级别	教师
2017.6	2017年成都市中学语文教学优秀论文评选"谈梳理探究课程中的有效生成——以《姓氏源流与文化寻根》为例"	成都市三等奖	陈 丹
2017.6	2017年成都市中学语文教学优秀论文评选"例谈生态课堂教学之语文课堂导入设计"	成都市三等奖	王署霞
2017.6	2017年成都市中学语文教学优秀论文评选"语文教学中生活化的错误解读"	成都市三等奖	刘大粒
2017.6	2017年成都市中学语文教学优秀论文评选"构建基于群文阅读的高中语文课堂"	成都市三等奖	李 芳
2017.6	2017年成都市中学语文教学优秀论文评选"以'教练型'课堂模式 提升教学效益——语文复习策略研究"	成都市二等奖	蔡颖超
2017.6	2017年成都市中学语文教学优秀论文评选"关注高考导向变化 引导学生思维转换——新高考形式下关于如何引导学生考场作文的方法探究"	成都市二等奖	戴 敏
2017.6	2017年成都市中学语文教学优秀论文评选"丰演讲之翼 助飞语文素养——演讲在提升高中生语文素养中的作用分析"	成都市三等奖	梁 萍
2017.6	2017年成都市中学语文教学优秀论文评选"纵横比较明特点，连珠为网促生成——浅谈高中语文古代文学教学中的联类、比较和生成"	成都市三等奖	勾 娴
2017.6	2017年成都市中学语文教学优秀论文评选"设问探究，让语文教学'活'出精彩——《囚绿记》教学探索思考"	成都市二等奖	马 颖
2017.6	2017年成都市中学语文教学优秀论文评选"四环节四生成 浅谈生成性教学在高中语文教学中的运用"	成都市二等奖	余永聪
2017.6	2017年成都市中学语文教学优秀论文评选"初探教育云平台下初中教学'翻转课堂'"	成都市二等奖	王怡静
2017.6	2017年成都市中学数学教学优秀论文评选"对函数概念教学的一点浅见"	成都市三等奖	刘继远
2017.6	2017年成都市中学数学教学优秀论文评选"以发展学生数学素养为核心的初中课堂探究"	成都市二等奖	刘入嘉
2017.6	2017年成都市中学数学教学优秀论文评选"重视基础之文科数学复习策略"	成都市二等奖	袁天波

续表

时间	获奖名称	获奖级别	教师
2017.4	2017年成都市英语学科论文"翻转课堂模式下的英语写作讲评课研究与实践"	成都市二等奖	贺 刚
2017.5	2017年成都市英语学科论文"如何创造互动有趣的英语课堂"	成都市三等奖	王星杰
2017.4	2017年成都市英语学科论文"浅论良好师生关系在高中英语教学中的重要性"	成都市二等奖	郭文渊
2017.4	2017年成都市英语学科论文"建构主义学习理论与中学英语口语教学"	成都市二等奖	钟小雪
2017.4	2017年成都市英语学科论文"浅谈高中英语阅读中渗透批判性思维"	成都市一等奖	蔡 莉
2017.4	2017年成都市英语学科论文"感受教材 推陈出新"	成都市一等奖	石 懿
2017.4	2017年成都市英语学科论文"'421话题作文整体教学法'助力高中英语作文新授课和复习课教学"	成都市一等奖	卢子素
2017.4	2017年成都市英语学科论文"高中英语阅读文本理解之思维导图"	成都市一等奖	周 莉
2017.4	2017年成都市英语学科论文"浅谈信息技术与英语教学的整合"	成都市一等奖	罗 林
2017.4	2017年成都市英语学科论文"在高中英语阅读教学中运用思维导图，促进思维品质发展的实践、感悟与反思"	成都市一等奖	陈道丽
2017.4	2017年成都市英语学科论文"高三复习阶段高效英语写作训练探讨"	成都市三等奖	龚 杰
2017.6	中小学体育教师专业素质提升途径	成都市一等奖	武 伟
2017.6	体育与健康核心素养视角下中学耐久跑融入心理训练法策略研究	成都市二等奖	汪玉涛
2017.9	心理健康优秀研究成果奖"学校心理健康教育中的特色文化——性健康教育"	成都市二等奖	杨柳絮
2017.9	"大弯中学心理健康特色文化——中学生性教育实践研究"	成都市二等奖	张亚娇
2017.6	浅析地理实践力在地理教学过程中的培养	成都市二等奖	郭建林
2017.3	群文阅读在高中语文教学中的课例及思考——记"为中国未来而读"2016阅读行动论坛学习有感	成都市二等奖	李 芳

续表

时间	获奖名称	获奖级别	教师
2017.3	"互联网+"对中学女子足球情境兴趣培养及技术学习效果实验研究——基于校园足球视角	成都市二等奖	汪玉涛
2017.3	构建"教练型"课堂模式,实现高效化语文复习	成都市三等奖	蔡颖超
2017.9	2017年中小学心理健康教育优秀研究成果《健康课堂》校本教材	成都市二等奖	何世东
2017.6	高中历史"翻转课堂"教学实践随笔	成都市二等奖	杨春龙
2017.9	成都市陶行知研究会首届学术年会论文评选"'生活即教育'思想在中学美术课中的渗透"	成都市二等奖	蒋　慧
2017.9	成都市陶行知研究会首届学术年会论文评选"'生态课堂'的实践研究"	成都市二等奖	武　伟
2017.9	成都市陶行知研究会首届学术年会论文评选"中小学体育教师专业素质提升途径"	成都市二等奖	张亚娇
2017.9	成都市陶行知研究会首届学术年会论文评选"大弯中学心理健康特色文化——中学生性教育实践研究"	成都市一等奖	周丽莉
2017.9	成都市陶行知研究会首届学术年会论文评选"'小先生制'在高中政治课堂的实践探索"	成都市一等奖	刘嫦杰
2017.9	成都市陶行知研究会首届学术年会论文评选"创设情境,使化学实验生活化"	成都市一等奖	王周林
2017.9	成都市陶行知研究会首届学术年会论文评选"高中生物教学中如何提高学生的主观能动性"	成都市一等奖	何世东
2017.9	成都市陶行知研究会首届学术年会论文评选"健全中学生性价值观的研究(课题)"	成都市一等奖	付普强 曾　勇
2017.9	成都市陶行知研究会首届学术年会论文评选"浅谈新课程改革下跨栏探究教学"	成都市一等奖	杨　林
2017.9	成都市陶行知研究会首届学术年会论文评选"天文科创活动对学生创新精神和实践能力的影响"	成都市一等奖	柴　淳
2017.9	成都市陶行知研究会首届学术年会论文评选"思维模式在生物遗传教学中的应用"	成都市一等奖	蔡　莉
2017.9	成都市陶行知研究会首届学术年会论文评选"思维模式在生物遗传教学中的应浅谈高中英语阅读教学中渗透批判性思维"	成都市一等奖	武　伟
2017.12	"点线面结合　提升教学效果"2017年音乐教学论文评选	成都市三等奖	李　军

续表

时间	获奖名称	获奖级别	教师
2017.6	"一堂公开课后对历史教学的反思——新课改背景下历史课情境导入浅谈"	成都市二等奖	刘维昂
2017.6	"优化课堂教学结构，培养学生地理素养"成都市2017年中学地理优秀论文	成都市二等奖	杨 梅
2017.4	"微课——优化物理课堂的新工具"	成都市二等奖	陈森会
2017.4	2016年物理全国卷命题特点及备考策略探析	成都市二等奖	唐 强
2017.6	"微世界，大课堂——微课在化学教学中的应用"	成都市三等奖	杨政梅
2017.7	"论跨学科核心素养在高中政治教育教学过程中的实践"	成都市二等奖	林清泉 唐 薇
2017.7	2017年政治教学论文"基于核心素养的思想政治活动课堂"	成都市二等奖	唐 薇 林清泉
2017.9	"试论小先生制在高中思想政治讲评课教学过程中的应用"	成都市级	林清泉
2017.6	"现代教育技术在历史课堂中的运用"在成都市2017年中学历史优秀论文	成都市三等奖	樊盼柱
2017.7	"浅谈高中政治教材非连续性文本的创造性使用"在2017年政治教学论文评比	成都市二等奖	刘 娟
2017.5	"注重沟通 加强交流——高中生物教学中互动教学模式构建的必要性研究"	成都市二等奖	向 连
2017.5	"化归与转化思想在中学数学教学中的应用"	成都市三等奖	尹大贵
2017.7	"增强中学思想政治教师专业发展的对探究"成都市2017年政治论文评比	成都市二等奖	周丽莉
2017.7	"论思想政治教育的个体价值及在高中政治课教学中的实现途径"	成都市二等奖	张国丹
2017.9	"逆向思维在高中生物学实验改进中的应用——'细胞大小与物质运输关系'和'酵母菌的呼吸方式'实验为例"	成都市二等奖	柴 淳
2017.4	"教师信息化教学能力多层次模糊综合评判模型的理论构建"	成都市二等奖	于文慧
2017.3	"生成性教学理念在高中英语课堂教学中的实践运用"	成都市一等奖	卢子素
2017.3	"整体教学法助力高中英语作文新授课和复习课教学"	成都市二等奖	卢子素

续表

时间	获奖名称	获奖级别	教师
2017.12	对新高考背景下教师的绩效管理与评价的思考	四川省二等奖	王成勇
2017.6	浅谈"隐性课程资源"对学生核心素养的培养	成都市二等奖	同小花
2016.3	"新课改视域下体育课堂'肯德基'三位一体教育探究"在成都市2015年中学德育研究成果评选	成都市二等奖	汪玉涛 付普强
2016.4	教育案例"如何让爱不折不扣"在成都市2015年中学德育研究成果评选	成都市三等奖	唐 微
2016.3	成都市12届教改论文"生成性教学理念在高中英语课堂教学中的实践运用"	成都市二等奖	卢子素
2016.3	成都市12届教改论文"高中语文翻转课堂教学方案探讨"	成都市二等奖	戴 敏
2016.2	成都市12届教改论文"高中生物实验教学的几点思考"	成都市三等奖	王明华
2016.9	2015年成都市中小学信息技术优秀论文"浅谈怎样促进学生主动参与信息技术教学"	成都市二等奖	鲜正凤
2016.7	"充分挖掘教材亮点,巧妙设计课堂活动"	成都市二等奖	鲁 敏
2016.4	用"地"与"理"的动态发展观念实践有效课堂教学的"人地和谐"	成都市二等奖	杨 梅
2016.11	"在阅读教学中培养学生英语阅读能力之我见"	成都市一等奖	刘 凡
2016.6	"浅谈高中英语阅读教学中应用思维导图" 2016年成都市学科论文评比	成都市二等奖	蔡 莉
2016.5	"中学生职业生涯规划教育探析"	成都市一等奖	张亚娇
2016.12	"职业生涯教学研究与实践——谁为我的梦想买单"	成都市二等奖	杨柳絮
2016.6	"以培养学生核心素养为目标的阅读与写作策略探究"	全国一等奖	吴红丽 余永聪
2016.4	"落实语文核心素养,提高学生写作水平"	全国二等奖	向姗姗
2016.7	"基于学生核心素养的生态课程设计与实施"	全国二等奖	吴红丽
2015.6	"学生核心素养教育"	全国二等奖	庞玉康
2016.7	2016年四川省中小学心理健康教育优秀成果"中学校园心理危机干预模式探讨"	四川省二等奖	张亚娇
2016.6	"浅谈班主任的家访工作"	校级	鲁 敏

续表

时间	获奖名称	获奖级别	教师
2016.9	"精心优化教学目标 提高音乐课堂效率" 2015年成都市中小学音乐教师教学论文	成都市一等奖	李 军
2016	"翻转课堂模式在思想政治课中的运用——以《股票和债券》教学为例"	成都市二等奖	唐 微
2016	论文"核心素养落地需要真实的情境"在四川省29届年会获一等奖	四川省一等奖	赵泽高
2016	"浅谈高中班主任管理学生的困惑"	成都市二等奖	唐天利
2016	"浅谈'走班制'教学模式在高中英语中的运用"	成都市一等奖	唐天利
2016	"如何在英语课堂教学中渗透情感教育"	成都市三等奖	刘成文
2016	论文"高中语文'深度阅读'教学实践研究"	四川省二等奖	吴红丽 余永聪
2016	论文"基于生态教育下'生成性课堂教学模式'实践与探究"	四川省二等奖	王成勇
2016	论文"培养学生核心素养的思考与尝试"	四川省三等奖	陈 权
2016	"浅析历史知识在地理教学过程中的应用"	成都市二等奖	郭建林
2016	"浅谈中学历史教学与学生综合素质的培养"	成都市二等奖	杨春龙
2016	"以有效课堂教学行为提升语文教学效益"	成都市三等奖	勾 娴
2016	"就近取材 巧思妙用——例谈高三语文作文素材的积累与运用"	成都市二等奖	陈 丹
2016	"提高初中数学课堂效率的教师语言探究"	成都市二等奖	刘入嘉
2016	"批判性思维理念下高中英语课堂教学的反思与重构"	成都市一等奖	栾 珂
2016	教学案例"复习足球脚背外侧运球技术"	国家级	武 伟
2016	"谈谈高考数学中的数学思想"	成都市三等奖	代丽丽
2016	"新旧人教版物理教材力学习题比较研究"	成都市一等奖	唐 强
2016	"如何进行诗歌教学"	成都市二等奖	张 跃
2016	"高中古文诗词教学初探"	成都市二等奖	张 跃
2016	"活学活用活课堂——用波利亚解题法提高习题效率"	成都市三等奖	张丽君
2016	"浅论如何提高中学生对英语学习的兴趣"	成都市二等奖	郭文渊
2016	"思维导图应用于生物复习课的教学研究"	成都市二等奖	李鹏飞

续表

时间	获奖名称	获奖级别	教师
2016	"'互联网'环境下初中英语入门教学探索"	成都市二等奖	黄 丹
2016	"同课异构 共美课堂"	成都市二等奖	李 芳
2016	"借翻转课堂平台 构语文高效课堂"	成都市三等奖	李 芳
2016	"浅谈如何提高初中语文课堂教学效益"	成都市三等奖	李 柯
2016	"阅读 悦读 跃读——浅谈专题式阅读平台的搭建"	成都市二等奖	余永聪
2016	"互联网 教育模式下的高中物理微课教学"	成都市二等奖	陈森会
2016	"新课改背景下中学生参与体育锻炼动机调查"	成都市二等奖	汪玉涛 蒋 慧
2016	"新课改下初中语文有效阅读初探"	成都市二等奖	汪 静
2016	"中美高中生物学教材实验的比较研究"	成都市三等奖	宋相国
2016	"基于核心概念的教学设计的研究"	成都市二等奖	向 连
2016	"英语教学中的'自主、合作和探究'之我见"	成都市三等奖	罗 林
2016	"浅谈口述史方法在历史教学中的运用——以十年'文化大革命'的内乱一课为例"	成都市二等奖	陈春红
2015.7	"创设高三政治复习课的'有笑'情景"	成都市二等奖	唐 微
2015.4	"隐性课程资源在初中物理教学的实践研究"	成都市二等奖	伍向东
2015.4	"新课改理念下英语教师在教学过程中纠错时存在的误青白江区"	成都市二等奖	龚 杰
2015.5	"巧用教材资源,提高一轮复习的有效性"	成都市二等奖	唐 强
2015.4	"新课程背景下的课堂英语教学研究"	成都市一等奖	唐天利
2015.6	"有感于孔子的教育智慧,对现代翻转课堂提出几点质疑"	成都市二等奖	陈 宏
2015.6	"浅谈新课程标准下如何进行历史教学"	成都市二等奖	鄢 锋
2015.6	"新课改背景下的爱国教育"	成都市二等奖	杨春龙
	"校园'艺术'盛开美育之花"	成都市二等奖	赵泽高
2015.4	"提高英语阅读能力的技巧分析"	成都市二等奖	郭文渊
2015.4	"在英语教学中促进后进生转化之初探"	成都市二等奖	石 懿
2015.6	"浅谈高中历史教学对学生历史思维能力的培养"	成都市二等奖	郭秀芳
2015.2	生物思维教学中思维模式的构建及拓展	成都市一等奖	柴 淳

◆ 以"适佳"为核心的生态教育实践探索

续表

时间	获奖名称	获奖级别	教师
2015.2	大弯中学翻转课堂教学模式实践探究	成都市二等奖	廖 茂 何明娟
2015.2	渗透、拓展、提升——浅谈开展科创小制作的策略	成都市二等奖	吴红丽 余永聪
2015.6	"高三数学试卷讲评课若干误青白江区及有效策略"	成都市二等奖	代丽丽
2015.4	自主发展视野下的高中英语教师专业素养提高	成都市二等奖	蔡 莉
2015.6	论文"初二选班数学分层教学的研究与实践"	成都市二等奖	陈官智
2015.6	论文"高三数学试卷讲评课若干误青白江区及有效策略"	成都市二等奖	代丽丽
2015	课改论文"大弯中学翻转课堂的实证研究"	成都市二等奖	廖 茂
2015.4	浅谈有效提高初中英语写作水平的策略	成都市三等奖	刘成文
2015.4	论物理实验教学生态课堂的建构	成都市一等奖	刘代强
2015.4	生成性教学理念在高中英语课堂教学中的实践探寻	成都市一等奖	卢子素
2015	生成性教学理念在高中英语课堂教学中的实践探寻	成都市二等奖	卢子素
2015	"初中生符号感培养研究与实践"	成都市三等奖	王怡静
2015.4	国际理解教育视角下高中英语选修课的开发	成都市二等奖	易小蔡
2015	课改论文	成都市一等奖	余永聪
2015.7	论文"中学校园心理危机干预模式探讨"	成都市一等奖	张亚娇
2015.6	快乐语文课,轻松学语文——谈高三课前演讲的有效利用	成都市三等奖	蔡颖超
2015.6	教学中的心手相应——选修教材《文与可画筼筜谷偃竹记》教后记	成都市三等奖	管胜男
2015.6	落实以学定教,构建高效课堂	成都市三等奖	刘大粒
2015.6	我所追寻的生态课堂	成都市二等奖	王金萍
2015.6	文章自得方为贵,衣钵相传岂是真——浅论高中语文作文教学的策略	成都市三等奖	向珊珊
2015.6	搭建深度阅读平台 还学生真我风采——公开课"我读史铁生"的课后反思	成都市三等奖	余永聪
2015	初中物理教学中如何开发隐性课程资源	成都市一等奖	伍向东

续表

时间	获奖名称	获奖级别	教师
2015.6	"把握教材精髓，初步梳理青白江区域地理的分析脉络"	成都市二等奖	杨 梅
2015.6	引人入胜　身临其境	成都市二等奖	陈春红
2015.7	浅谈历史知识在哲学生活教学过程中的应用	成都市二等奖	林清泉
2015.4	"浅谈有效提高初中英语写作水平的策略"	成都市三等奖	刘成文
2019	"自主发展视野下的高中英语教师专业素养提高"	成都市二等奖	蔡 莉
2015.6	"实施生态艺术课程、构建和谐校园文化"	成都市三等奖	李 军
2015	"精心优化教学目标、提高音乐课堂效率"	成都市一等奖	李 军
2015.6	"论表象训练在校园足球教学中的延展于应用"	成都市一等奖	蔡 洁

第三章　学校成果

日期	荣誉名称	颁发单位
1978	成都市重点中学	成都市教育局
1990	四川省重点中学	四川省教育厅
2001	四川省国家级示范性普通高中	四川省教育厅
2007.01	青年文明号	共青团成都市委
2007.01	四川省最佳卫生先进单位	四川省爱心工作委员会
2007.05	成都市学校体育工作先进单位	成都市教育局
2007.10	2006—2007学年度普通高中教育教学工作突出奖	成都市教育局
2008.03	平安示范校	成都市公安局青白江分局
2008.11	青年职业见习基地	青白江区劳动局
2008.11	四川省最佳文明单位	四川省文明办
2008.12	2007—2008学年度教育教学工作成绩突出奖	青白江区教育局
2009.05	四川省性健康教育示范学校	四川省教育厅人文社会科学重点研究中心
2009.07	全国教育科学"十一五"规划课题"研究一体教师成长模式研究"课题合作研究基地学校	中智慧工程研究会
2009.07	全国教育科研先进单位	中国教师发展基金会
2009.11	档案规范化管理等级一级水平	成都市档案局
2009.12	全民国际教育工作先进单位	青白江区国际教育委员会

续表

日期	荣誉名称	颁发单位
2009.12	成都市心理健康教育实验学校	成都市教育局
2010.09	2009—2010普通高中教育教学先进学校	成都市教育局
2010.12	成都市教师发展基地学校	成都市教育局
2010.12	2009—2010年度成都市中小学教师继续教育先进单位	成都市教育科学研究院
2010.12	2010先进名校教育集团	青白江区教育局
2011.01	安全管理工作先进单位	青白江区教育局
2011.01	2009—2010年成都市青少年校园足球活动先进单位	成都市教育局
2011.03	2010年统筹城乡教育工作先进单位	青白江区教育局
2011.03	新课程改革先进学校	中国基础教育研究会
2011.05	中国基础教育英语教学研究科研基地	中国教育学会外语教学专业委员会
2011.06	先进基层党组织	青白江区教育局党组
2011.12	成都市科普基地	成都市科学技术局
2011.12	成都市公务员考试工作优秀考点	成都市人事考试工作
2012.01	四川省第七届中小学校园电视评选活动金奖	四川省电化教育管
2012.02	2010—2011学年教育教学工作成效显著	青白江区教育局
2012.03	消防先进单位	青白江区人民政府
2012.09	全成都市创先争优先进基层党组织	中共成都市成都市委
2012.11	2011—2012学年度普通高中教育教学工作优秀学校	成都市教育局
2012.12	电子科技大学优质生源基地	电子科技大学
2012.12	普通高中教育段学籍（学分）管理工作先进单位	成都市教育局
2013.01	成都市教师发展优秀基地学校	成都市教育局
2013.03	公安内保系统安保卫先进单位	成都市公安局青白江分局

续表

日期	荣誉名称	颁发单位
2013.05	中国教育改革与发展研究会理事单位	中国教育改革与发展研究会
2013.08	四川省示范性标准化学生食堂	四川省教育厅
2013.11	2012—2013学年度普通高中教育教学工作优秀学校	成都市教育局
2013.12	四川省一级示范性普通高中	四川省教育厅
2014.02	成都市教育科研课题"高中语文搭建学生深度阅读平台策略的实践研究"考核优秀	成都市教育科学规划领导小组办公室
2014.03	普通中小学办学水平评估优秀学校（2013年度）	青白江区教育局
2014.04	成都市阳光体育示范校	成都市教育局
2014.05	成都市依法治校示范校	成都市教育局
2014.05	结核病综合防治示范校	青白江区结核病防治领导小组办公室
2014.09	2013—2014学年度普通高中教育教学工作优秀学校	成都市教育局
2014.10	成都市教育局颁发2013—2014学年普通高中教育教学工作优秀学校	成都市教育局
2014.12	四川省中学校长协会第九届理事学校	四川省中学校长协会
2015.01	厂务公开民主管理标准化达C级以上单位	青白江区厂务公开工作联席会议办公室
2015.11	成都市教育局颁发2014—2015学年普通高中教育教学工作优秀学校	成都市教育局
2016	领航高中项目学校	成都市教育局
2016	基于技术环境的英语教学整合青白江项目实验基地学校	教育部教育装备与研究发展中心
2016.01	四川省阳光体育示范校	四川省教育厅
2016.01	第一批青白江区级"廉洁学校"暨"党性党风党纪教育示范点"	青白江区教育局办公室

续表

日期	荣誉名称	颁发单位
2016.09	安全教育试验青白江区全国示范学校	中国教育学会
2016.10	成都市中小学心理健康教育特色学校	成都市教育局
2016.12	特色项目学校	青白江区教育局
2016.12	全国新课标（中小学生）作文大赛全国优秀组织奖	全国新课标教育研究中心
2016.12	新课标作文教学示范学校	全国新课标教育研究中心
2016.12	2015—2016学年度安全教育实验青白江区全国示范学校	中国教育学会
2017.01	劳资统计优秀单位	青白江区教育局
2017.02	"一师一优课、一课一名师"先进单位	青白江区教育局
2017.02	教育技术先进单位	青白江区教育局
2017.02	国家教育云平台试点先进单位	青白江区教育局
2017.02	成都市教育科研课题阶段评审优秀单位	成都市教育科学研究院、成都市教育科学规划领导小组办公室
2017.03	青少年机器人大赛优秀组织奖	青白江区教育局
2017.03	教育宣传工作先进单位	青白江区教育局
2017.03	四川省示范性标准化学生食堂	四川省教育厅
2017.06	"四川性社会学余性教育研究中心"列为四川省高校人文社会科学重点研究基地科研项目	四川省教育厅
2017.06	道德风尚奖（校园篮球联赛）	青白江区教育局
2017.09	成都市陶行知研究会副理事长单位	成都市陶行知研究会
2017.09	爱的教育校园行优秀传播奖	中国青少年艾滋病防治教育工程办公室、中华儿慈会青爱工程专项基金办公室、北京青爱教育基金会
2017.11	2016—2017学年普通高中教育教学优秀学校	成都市教育局
2017.12	四川省文明校园	四川省精神文明建设委员会

续表

日期	荣誉名称	颁发单位
2017.11	"教师空间竞赛"先进集体	青白江区教育局
2017.11	"电子白板暨教学课程助手应用竞赛"先进集体	青白江区教育局
2017.11	"青白江电子书包课堂教学竞赛活动"先进集体	青白江区教育局
2017.11	少年儿童经典学习展示系列活动优秀组织奖	青白江区教育局
2017.12	全国新课标作文大赛全国优秀组织奖	中国新课标教育研究会
2017	2017—2018学年普通高中教育教学工作优秀学校	成都市教育局
2017	工业和信息化部部署高校联盟优秀生源基地校	工业和信息化部部署高校联盟（G7）
2017	西南政法大学优质生源基地	西南政法大学
2018	综合督导目标考核一等奖	青白江区教育局
2018	生涯教育示范校	中国管理科学研究院素质教育研究所
2018	成都市科普基地	成都市科学技术局、中共成都市委宣传部、成都市教育局、成都市科学技术协会
2018.01	人事统计先进单位	青白江区教育局
2018.02	第十六届"叶圣陶杯"全国中学生新作文大赛组织奖	中国少年儿童新闻出版总社
2018.02	四川省内对口帮扶藏族彝青白江区贫困县先进集体	中国共产党四川委员会
2018.04	"运动成都"成都市青少年自行车比赛团体总分第一名	成都市体育局、成都市教育局
2018.04	成都教育基地学校	成都市教育科学研究院
2018.05	成都拔尖创新人才早期培养基地学校	成都市教育局、成都市科学技术局、成都市科学技术协会
2018.05	天津商业大学优质生源基地	天津商业大学
2018.08	人防报警设备先进单位	成都市人民防空办公室

续表

日期	荣誉名称	颁发单位
2018.10	"爱的教育校园行"爱心公益奖	中国青少年艾滋病防治教育工程办公室、中华儿慈会青爱工程专项基金办公室、北京青爱教育基金会
2018.11	国际楚才杯作文竞赛优秀生源基地	武汉国际中小学生楚才作文竞赛组委会
2018.12	全国生态文明教育特色学校	中国环境文化教育专家委员会
2018.12	"我家爱学习"读书征文活动优秀组织奖	四川省职业教育与成人教育学会
2019	2019—2020学年普通高中教育教学工作优秀学校	成都市教育局
2019	国际比较教育研究中心	成都市大弯中学、加拿大肯特学校
2019	人事考试考务工作先进单位	成都市人力资源和社会保障局
2019.03	四川大学锦城学院优质生源基地	四川大学锦城学院
2019.03	防灾减灾知识网络竞赛优秀组织单位	青白江区教育局
2019.03	教育技术先进单位	青白江区教育局
2019.03	招生考试工作先进集体	青白江区教育局
2019.03	招生考试工作先进考点	青白江区教育局
2019.04	"一师一优课、一课一名师"晒课活动先进单位	青白江区教育局
2019.04	第三届"全国中小学生经典阅读行动"书香校园	中国鲁迅研究会、中国语文报刊协会
2019.04	俄罗斯喀山国立大学蓉欧教育中心	俄罗斯喀山国立大学
2019.04	库内奥美术学院(中国)考点	库内奥美术学院
2019.04	利沃诺马斯卡尼音乐学院(中国)考点	利沃诺马斯卡尼音乐学院
2019.04	中国-意大利"高精人才"项目合作学校	意大利教育部国际教育司
2019.05	新苗文学社	四川省青少年作家协会
2019.05	建设国际化青白江贡献奖先进集体	青白江区委、青白江区人民政府

续表

日期	荣誉名称	颁发单位
2019.05	成都市中小学财经素养教育基地校	成都市教育科学研究院
2019.05	东北大学优质生源基地	东北大学
2019.05	西南财经大学优质生源基地	西南财经大学
2019.05	吉林大学优秀生源基地	吉林大学
2019.07	2019第六届"海西·舒莱狮杯"国际青少年足球邀请赛最佳团队奖	青岛·成都市体育局
2019.09	2018年度人民防空知识教育工作	成都市青白江区教育局、青白江区人民防空办公室
2019.10	"运动成都"2019成都市中学生篮球传统校比赛（初中女子组）一等奖	成都市体育局、成都市教育局
2019.12	第二届信息技术与教育教学深度融合创新大赛先进集体	青白江区教育局、青白江区总工会
2019.12	第三十五届青少年科技创新大赛团体一等奖	成都市教育局、成都市科学技术协会、成都市科学技术局、共青团成都市委员会
2019.12	成都市环境友好型学校	成都市教育局、成都市生态环境局
2019.12	小作家培养基地校	四川省青少年作家学会
2020.03	全国青少年校园冰雪体育传统特色学校	成都市教育局
2020.03	科普E站示范点	成都市青白江区科学技术协会
2020.04	成都市教育科研先进单位	成都市教育科学规划领导小组办公室
2020.06	教育技术工作"先进单位"	青白江区教育局
2020.07	全国基础外语教育研究培训中心多语种教育发展分中心会员单位	全国基础外语教育研究培训中心
2020.08	中外人文交流特色学校建设计划学校	教育部中外人文交流中心
2020.09	成都市2019—2020年度人事考试优秀考点	成都市人事考试工作联席会议办公室

续表

日期	荣誉名称	颁发单位
2020.10	小学生创新科技作品制作"优秀组织奖"	青白江区教育局
2020.10	青白江区2020年"文轩教育杯"中华经典送写讲系列活动一等奖	中共成都市青白江区委宣传部、精神文明建设办公室语言文字工作委员会、青白江区教育局
2020.11	青白江区第七届青少年机器人大赛"优秀组织奖"	青白江区教育局、青白江区科学技术协会
2020.12	第三十五届青少年科技创新大赛团体一等奖	成都市教育局、成都市科学技术协会、成都市科学技术局、共青团成都市委员会
2020	2020年度学校综合督导目标考核一等奖	青白江区教育局
2020	新时代教育研究与实践基地学校	新时代教育研究学院
2020	成都市教育国际化窗口学校	成都市教育局
2020	成都市廉洁学校	成都市委教育工作委员会
2021.03	2020年财务管理工作考评先进单位	成都市青白江区教育局